国家科技支撑计划城市交通研究项目丛书

城市轨道交通安全评价指南

张素燕　等著

中国建筑工业出版社

图书在版编目（CIP）数据

城市轨道交通安全评价指南 / 张素燕等著 .—北京：中国建筑工业出版社，2018.6

（国家科技支撑计划城市交通研究项目丛书）

ISBN 978-7-112-22295-7

Ⅰ. ①城… Ⅱ. ①张… Ⅲ. ①城市铁路-交通运输安全-安全评价-指南 Ⅳ. ① U239.5-62

中国版本图书馆 CIP 数据核字（2018）第 118535 号

责任编辑：焦 扬 陆新之
责任校对：李美娜

国家科技支撑计划城市交通研究项目丛书

城市轨道交通安全评价指南

张素燕 等著

*

中国建筑工业出版社出版、发行（北京海淀三里河路9号）

各地新华书店、建筑书店经销

北京建筑工业印刷厂制版

北京君升印刷有限公司印刷

*

开本：787×1092毫米 1/16 印张：17¼ 字数：325千字

2018年6月第一版 2018年6月第一次印刷

定价：**60.00**元

ISBN 978-7-112-22295-7

（32180）

前 言

从安全评价的发展历史看，它因在杜绝、减少事故的发生，降低灾害带来的损失及事故原因分析诸方面均发挥了重要的作用，而受到世界各国的重视。我国的城市轨道交通建设已经进入了史无前例的快速发展时期，随着城市轨道交通建设速度和规模的迅速扩大，事故隐患的概率也在不断加大，安全已成为城市轨道交通建设和运营的核心内容。作为城市中大运量客运交通基础设施，如何保障城市轨道交通系统的安全成为管理和技术人员都关注的问题和研究方向。安全评价作为一种有效的安全监管手段，在我国一些行业已经发展得较为成熟，但安全评价在城市轨道交通行业的地位还不明确，城市轨道交通安全评价的开展还处于起步阶段，还没有建立起一套针对城市轨道交通系统特点的有效体系和运行机制。研究建立适合我国的城市轨道交通安全评价体系，是城市轨道交通安全保障系统建立的重要组成部分，包括安全评价体制、安全评价方法、评价内容和监督等内容，对规范保障城市轨道交通的安全系统，包括设备、产品、人员和软件等，将起到极其重要的作用。

2006年，科技部将“城市轨道交通安全保障技术研究”作为课题之一列入国家“十一五”科技支撑计划重点项目“城市综合交通系统功能提升与设施建设关键技术研究”。本指南是该课题的子课题三“城市轨道交通安全评价体系研究”的成果之一。该子课题设置了6个专题研究内容，包括专题一“城市轨道交通安全评价体制研究”、专题二“城市轨道交通危险有害因素分析”、专题三“城市轨道交通安全预评价研究”、专题四“城市轨道交通施工安全评价研究”、专题五“城市轨道交通验收安全评价研究”和专题六“城市轨道交通运营安全评价研究”，由城市轨道交通领域具有丰富经验的科研、规划、设计、建设、运营单位的单位合作研究。

本指南执笔人张素燕为子课题“城市轨道交通安全评价体系研究”负责人。该子课题的承担单位为中国城市规划设计研究院、住房和城乡建设部地铁与轻轨研究中心，主要承担总报告编写和专题一、专题二和专题三的研究，主要研究人员张素燕、秦国栋、张子栋、叶峰、苗彦英、陈燕申；参加研究单位华中科技大学，主要承担专题四和安全评价软件研究，主要研究人员丁烈云、骆汉宾、付菲菲、贾璐、王瑞、郑兰兰、李云霞、盛苗；参加研究单位北京市地下铁道设计研究所，主要承担专题六的研究，主要研究人员蒋玉琨、王娟、谢谦；参加研究单位上海申通轨道交通研究咨询有限公司，承担专题五的研究，主要研究人员宋键、刘加华、毕艳祥、胡少峰、陈菁菁、张琦、韦成燕、徐剑波、张隽怡；参加研究单位北京交通大学，主要承担示范项目研究，主要研究人员燕飞、唐涛、郜春海、商晖、梁俊秀、牛儒；参加研究单位上海志励轨道交通科技有限公司，主要研究人员杜心言、严礼奎等。

本指南在城市轨道交通安全评价研究成果的基础上撰写完成。其中，第3章主要根据专题一的研究成果撰写，第4章和附录A的内容主要根据研究成果示范项目撰写，第5章主要根据专题三的研究成果撰写，第6章主要根据专题五的研究成果撰写，第7章主要根据专题六的研究成果撰写，第8章主要根据专题四的内容撰写。

《城市轨道交通安全评价指南》的目标是为决策者和技术人员建立安全评价制度、实施安全评价体系提供技术支撑。城市轨道交通安全评价提出的城市轨道交通节点安全控制，可作为政府进行城市轨道交通安全管理的依据，定位于城市轨道交通安全许可审批的依据，同时也可作为进行城市轨道交通安全管理的一种手段，其评价结果将为城市轨道交通安全管理提供依据。

本指南是合作研究的结果，在成稿的过程中，"城市轨道交通安全评价体系研究"子课题的研究人员提出了宝贵意见，在此表示衷心感谢！衷心感谢住房和城乡建设部地铁与轻轨研究中心原副主任、中国城市建设研究院有限公司综合交通设计研究院院长秦国栋教授、住房和城乡建设部地铁与轻轨研究中心苗彦英教授在编写过程中的悉心指导。由于本书在研究过程中难免具有局限性，有不足之处恳请读者批评指正。

张素燕

2017年11月

目　录

第1章 安全评价的现状与发展

1.1 国外安全评价的现状与发展

1.1.1 国外安全评价的发展历程

安全评价也称危险评价或风险评价。目前欧美等国称其为风险评价，我国和日本等国称其为安全评价。近些年的研究资料表明，其发展经历了如下几个阶段。

1）第一阶段：起源阶段（20世纪30年代～20世纪60年代）

在20世纪30年代，对保险业的风险管理和风险评价可以看作是现代安全评价的起源，保险费的收取是由所承担的风险大小决定的，即如何衡量风险程度，衡量风险程度的过程就是当时的风险评价。早在17世纪概率论创建，经过后来数学演化，才将数学工具用于决策过程，而在18世纪，船运保险公司首次使用了数理统计和概率论方法用于评估风险和作出决策，可以将其看作后来风险评价的雏形。

2）第二阶段：快速发展阶段（20世纪50年代末～20世纪80年代）

根据研究，20世纪50年代末发展起来的系统安全工程大大推动了风险评价技术的发展。风险评价技术在20世纪60年代得到了很大的发展，发展于金融收益、保险公司，第一次将风险的概念引入决策过程中，其后作为一种用于控制安全和决策过程中先进的和主动的工具。风险管理和风险评估被作为必需的工具，广泛应用于金融业、银行业、重大投资、电信业、公共政策研究、能源、医药、石化、核能、航空和铁路交通等领域。与此同时，系统安全理论也在美国军事国防领域得到实际应用，当时，美国公布了第一个有关系统安全的说明书《空军弹道导弹系统安全工程》，是系统安全理论的首次实际应用。1969年美国国防部批准颁布了最具有代表性的系统安全军事标准《系统安全大纲要点》（MIL-STD-822），对完成系统在安全方面的目标、计划和手段，包括设计、措施和评价，提出了具体要求和程序，对系统整个寿命周期中的安全要求、安全工作项目都作了具体规定。MIL-STD-822系统安全标准从一开始实施，就对世界安全和防火领域产生了巨大影响，迅速为日本、英国和欧洲其他国家引进使用。此后，系统安全工程方法陆续推广到航空、航天、核工业、石油、化工等领域，并不断发展、完善，成为现代系统安全工程的一种新的理论、方法体系，在当今安全科学中占有非常重要的地位。目前，也被各国应用于城市轨道交通系统中。

1964年美国道（DOW）化学公司根据化工生产的特点，首先开发出“火灾、爆炸危险指数评价法”，用于对化工装置进行安全评价，该法已修订若干次，它是以单元重要危险物质在标准状态下的火灾、爆炸或释放出危险性潜在能量大小为基础，同时考虑工艺过程的危险性，计算单元火灾爆炸指数（F&EI），确定危险等级，并提出安全对策措施，使危险降低到人们可以接受的程度。由于该评价方法日趋科学、合理、切合实际，在世界工业界得到一定程度的应用，引起各国的广泛研究、探讨，推动了该评价方法的发展。1974年英国帝国化学公司（ICI）蒙德（Mond）部在道化学公司评价方法的基础上引进了毒性概念，并发展了某些补偿系数，提出了“蒙德火灾、爆炸、毒性指标评价法”。1974年美国原子能委员会在没有核电站事故先例的情况下，应用系统安全工程分析方法，提出了著名的《核电站风险报告》（WASH-1400），并被以后发生的核电站事故所证实。1976年日本劳动省颁布了《化工厂安全评价六阶段法》，该法采用了一整套系统安全工程的综合分析和评价方法，使化工厂的安全性在规划、设计阶段就能得到充分的保证，并陆续开发了匹田法等评价方法。这些从广义上来讲，都属于系统安全评价的范畴。

由于安全评价在减少事故，特别是重大恶性事故方面取得了巨大效益，许多国家政府和生产经营单位愿意投入巨额资金进行安全评价。据统计，美国各公司共雇用了3000名左右的风险专业评价和管理人员，美国、加拿大等国就有50余家专门进行安全评价的“安全评价咨询公司”，且业务繁忙。当前，大多数工业发达国家已将安全评价作为工厂设计和选址、系统设计、工艺过程、事故预防措施及制订应急计划的重要依据。近年来，为了适应安全评价的需要，世界各国开发了包括危险辨识、事故后果模型、事故频率分析、综合危险定量分析等内容的商用化安全评价计算机软件包，随着信息处理技术和事故预防技术的进步，新的实用安全评价软件不断地进入市场。计算机安全评价软件包可以帮助人们找出导致事故发生的主要原因，认识潜在事故的严重程度，并确定降低危险的方法。

3）第三阶段：成熟和推广阶段（20世纪80年代至今）

20世纪70年代以后，世界范围内发生了许多令人震惊的火灾、爆炸、有毒物质的泄漏事故，造成了巨大的人身、财产损失。

欧洲的几起重大工业事故使得英国政府认识到，有必要将政府在重大工业事故中的责任风险进行转移。1974年以前，安全生产管理分散，政出多门，执法监察复杂困难，效率低下。于是，1974年颁布实施了《职业安全健康法》（HSW），并依据该法律的要求，成立了英国安全与健康委员会（HSC）和英国安全与健康执行部（HSE）。从此，形成了现有的安全生产管理系统。经过近30年的发展，HSC和HSE不断适应新的形势，通过不懈的努力和卓有成效的工作，形成了英国成熟和完善的职业安全健康监察管理工作机制，使本国的安全生产绩效得到了极大的改观。

恶性事故造成的人员严重伤亡和巨大的财产损失，促使各国政府、议会立法或颁布规定，规定工程项目、技术开发项目都必须进行安全评价，并对安全设计提出明确的要求。日本《劳动安全卫生法》规定由劳动基准监督署对建设项目实行事先审查和许可证制度；美国对重要工程项目的竣工、投产都要求进行安全评价；英国政府规定，凡未进行安全评价的新建生产经营单位不准开工；欧共体1982年颁布《关于工业活动中重大危险源的指令》，欧共体成员国陆续制定了相应的法律；国际劳工组织（ILO）也先后公布了1988年的《重大事故控制指南》、1990年的《重大工业事故预防实用规程》和1992年的《工作中安全使用化学品实用规程》，对安全评价提出了要求。2002年欧盟未来化学品白皮书中，明确将危险化学品的登记及风险评价作为政府的强制性指令。

系统安全工程的发展和应用，为预测、预防事故的系统安全评价奠定了可靠的基础。安全评价的现实作用又促使许多国家政府、生产经营单位加强对安全评价的研究，开发自己的评价方法，对系统进行事先、事后的评价，分析、预测系统的安全可靠性，努力避免不必要的损失。

1.1.2 国外城市轨道交通安全评价现状

由于称呼不同，目前，国外比较普遍的城市轨道交通系统的安全评价主要是系统的安全评价，也称风险评估，是对全过程安全控制的一种方法，常常成为安全管理体系中的重要环节。例如欧盟及欧盟外的其他自愿采用该方法的国家，如英国CASS安全评估框架，德国TÜV评估体系，主要以EN铁路标准为基准，依托第三方评估机构，对已有线路发生变更事宜时和在建项目进行安全性评估，评估体系通常包括系统定义、危险源（危害）识别、风险评估、基于风险评估提出安全要求及符合安全要求的证明几个阶段。澳大利亚、新加坡和韩国也引进了这套评估框架，并根据各国的具体情况制定了较具体的体系。

1）欧洲铁路安全管理体系

2003年12月，欧盟委员会成立欧洲铁路局，为铁路运输协调部门，机构总部设在法国里尔，由来自欧洲20个国家的公务人员组成。欧洲铁路局成立的目的在于加强欧盟各国在铁路运输方面的合作，同时协调各方力量，加强欧盟地区铁路运输安全。

（1）依据的法律体系

欧盟铁路安全方面的法律法规主要包括：指令、条例、决定、指导、指引或标准等。

①指令（Directive）

欧盟理事会和委员会制订发布，例如欧盟颁布的《铁路安全指令》（2004/49/EC）和《重要事故报告指令》（2009/149/EC）。

《铁路安全指令》对成员国在安全管理方面提出了应遵循的统一要求。发布《铁路安全指令》后，欧洲铁路局、欧盟理事会（EC）和欧盟委员会（EU）陆续发布了配套法规，包括条例、指令、决定、指南和建议，并将指令中需要欧盟委员会通过的每一项规定条款用一项或多项法规，逐步逐项发布落实，构成完整的法规体系。同时，各国根据需要在国家层面对铁路安全制定相应法律法规以满足本国的安全需要。

②条例（Regulation）

欧盟理事会和委员会制订。条例是建立欧洲单一市场的法律基础，具有全面约束力，直接适用于欧盟成员国所有法律的主体。2013年颁布的《通用安全方法中风险评估、评价及撤销条例》（352/2009号）修订版，即402/2013号条例。对各成员国风险评估的统一原则要求做了规定，具体的技术细则则由成员国或其他采用此指令的国家据此制订。

③决定（Decision）

由欧盟理事会或欧盟委员会发布，是执行欧盟法令的一项行政措施，一种执行决议，通常是对执行指令条款的细化规定。决定可以对成员国、公司或个人做出，均具有约束力。例如《根据“铁路安全指令”确定的共同安全目标》（2010/409/EU）。

④指导（Guidance）

由欧洲铁路局（ERA）或各国铁路安全与标准化委员会制订。例如英国铁路安全与标准化委员会（RSSB）根据《铁路安全指令》制定了《危害识别及风险评估技术指导》（GE/GN8642），该文件与《风险降低指导》（GE/GN8643）及《铁路应用：可靠性、可用性、可维护性和安全性规范》（EN 50126）系列标准，为满足风险评估通用安全方法的需要提供详细依据，同时具体化了英国铁路工业执行强制性欧洲风险管理过程的基本框架。

⑤指引（Guideline）

由ERA下属安全部门（Safety Unit）发布，如《国家安全规则生效指引》（ERA—20070920—SAF）。

⑥技术规范（Technical Specifications）及标准

欧洲规范是一种共同的技术规范，一种欧洲技术认可或是实施欧洲标准的国家标准；欧洲（通用）标准将由一个诸如欧洲标准化委员会（CEN）、欧洲电工标准化委员会（CENELEC）或欧洲电信标准学会（ETSI）这样的欧洲标准化机构按照欧洲联盟委员会的指令制定，且其必须在欧共体官方公报上公布。

例如，《欧盟铁路互联互通技术规范》（TSI）是按照欧盟铁路指令，由基础设施的管理部门、铁路公司和该行业的联合机构制定。制定并实施TSI的目的是，通过建立跨欧洲高速铁路系统各子系统之间必要的相互功能关系，确保通过该系统的相容性来满足指令规定的基本要求。

为满足上述欧盟铁路指令的基本要求和TSI的规定，CEN和CENELEC组织制定了技术内容更为详细的标准，以支持欧盟铁路指令和TSI的实施。标准为自愿性质。欧盟要求各成员国把欧洲标准纳入本国标准，各成员国制定的国家标准和技术法规要有高度的透明度，以便相互了解，及时协调。在欧洲一致性制度下的技术标准，被称作“协调标准”，可作为制造商表明其符合性的工具，这些标准阐明了符合指令要求的技术方法。按照协调标准生产的产品，视为符合新方法指令的“基本要求”，可以在欧盟内自由流通。CEN发布的文件形式有多种，主要包括：标准（EN）、协调文件（HR）、技术规范（CEN/TS）、技术报告（CEN/TR）、工作协议（CWA）、工作导则（CEN Guide）以及暂行标准（ENV）。CEN设有“铁路应用”技术委员会（CEN/TC256），负责制定铁路应用标准。EN在世界范围的影响力很大，由于其为实现互联互通的特定应用环境需求，无论TSI还是标准，相对规定的内容详尽，适用性强，所以，许多国家在装备制造及工程建设中大量采用欧洲标准。

（2）安全管理机构

欧盟颁布了铁路安全指令，针对现有铁路系统，规定各成员国必须分清安全管理的主、次责任。每个成员国都应设立安全主管部门，国家安全管理局（NSA），在组织、法律架构和决策方面独立于任何铁路企业、基础设施管理者、投保人和采购方，对于安全没有直接责任。它提供国家监管框架，授权运营，颁发认证并监督运营者的表现。目前主要采用交叉审计的方式监督国家安全局。各国还应设立国家调查机构，调查机构具有独立性，没有决策权。针对重大问题，调查机构向国家安全主管部门（和其他可能涉及的国家主管部门）汇报，主管部门反馈，并提出跟进措施。同时，要求调查机构具有一定的专业能力，并实现本地化。欧盟官方公告机构（NoBo）和欧盟指定机构（DeBo），是铁路认证（审批）和官方公告机构。根据2011年出版的铁路（互操作）欧盟条例，由指定机构按照要求验证是否符合国家通用技术规则。各国认证认可机构如英国皇家认可委员会（UKAS）和英国铁路安全监控机构（HMRI）。

（3）体系构成

安全管理体系（Safety Management System，SMS）定义为：由基础设施管理部门（IM）或铁路运营企业为保证其运营的安全管理，为实现CSTs、国家安全规则和CSMs而建立的组织体系和制度安排，包括法律体系，参与安全管理的机构和安全管理过程。安全管理过程包括安全政策、安全目标、安全程序（满足相关标准和技术规范）、风险评估方法和控制措施、安全培训、安全信息管理及记录，确保事故事件和危险的报告、调查分析和预防措施实施的程序、应急响应计划、经常性SMS内部安全审计规定等。

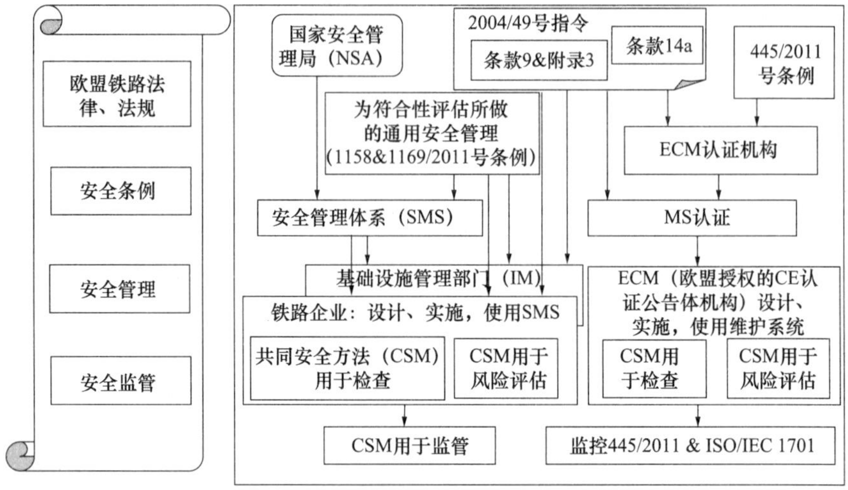

图 1-1　欧洲铁路安全管理体系构架

2）英国的轨道交通安全评估框架

英国是君主立宪制国家，英国首相是政府首脑，领导内阁。城市轨道交通安全管理的现有机构主要为轨道交通安全管理即铁路安全管理的相关部门，隶属于英国运输部管理委员会，上级为英国运输大臣。英国铁路行业安全保障体系吸取了其他工业的经验，目前铁路安全保障体系的发展已非常成熟，行业内各方职责明确，安全保障标准完善，在项目中得到普遍应用。相关资料齐全，可在公共领域获取。并且，英国安全保障相关法规在欧盟统一指令的基础上编制，代表了欧洲的普遍做法。例如英国于2006年颁布了《铁路和其他轨道交通系统安全条例2006》。

（1）英国职业安全健康管理体系机构构成①

主要由英国健康和安全委员会（HSC）、英国健康和安全执行局（HSE）、顾问委员会和地方行政机构等构成。

其中，HSC的主要职责为确保工作人员和公众的健康安全和福利，包括更新和简化法规框架、提供相应的信息和建议促进风险评估技术和知识的发展，依法定程序开展工作等。任务是确保工作中人员的安全卫生风险得到适当控制，即降低风险、保护人员，包括保护工作人员和社会公众。目标是：不断降低伤害率和与工作有关的疾病发生率以及损失的工作日数，不断改善工作环境和预防高危险行业中可能造成灾难性后果的重大事故的发生。

HSC下设许多顾问委员会并形成顾问委员网络，为HSC提供专家意见。各委员的主要职责是评价标准和导则、评价HSC出台的政策或研讨特

① 网络来源 http://www.chinasafety.ac.cn/item/Article_Show.asp?ArticleID = 1216

殊的新问题。HSC顾问委员会的组成如图1-2所示。

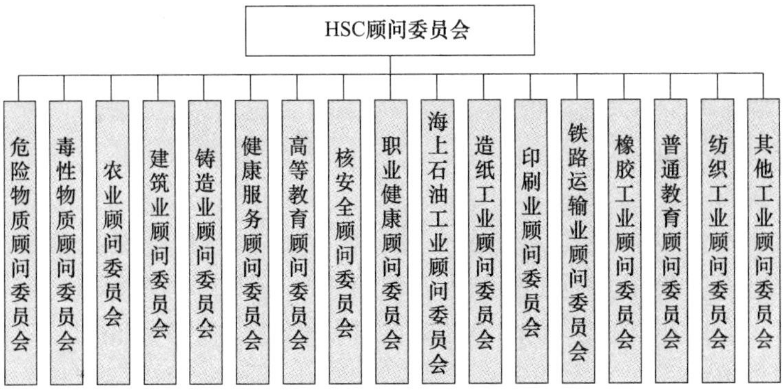

图 1-2 HSC顾问委员会组成框架

其中的危险物质顾问委员会（Advisory Committee on Dangerous Substances简称ACDS）下设重大危险源管理处。

HSE是HSC的具体执行机构，由HSC任命，主要职责是为HSC提供政策、技术、专业建议和支持，进行现场执法监察，监督安全和健康法律的实施，是工作健康安全法的主要执行机构，是一个独立的专门处理相关问题及法律政策制定的政府机构，其工作主要包括以下几个方面：行使危险监察和对造成重大伤亡的情况开展调查，对违反法律的行为采取强制措施直至起诉，制定相关政策和法律的提案，进行调研和提供科学技术上的建议，并向雇主、工人和公众提供工作中危害和危险的信息咨询，促进风险评估和提供技术性知识。其整合了以前的众多独立的监察员，在旧有权力的基础上，增强了他们执法和起诉的权力，使得执法行为更有效率和灵活性，提出了无最高上限的罚款和监禁的惩罚，以提高其在执行法律时的强制力。此外，HSE还为顾问委员会提供大力支持。HSE的监察范围非常广泛，从核设施、矿业到工厂、农场、医院与学校，以及海上石油与天然气的设施和输送网络、危险物质的运输、铁路和其他有关职工和公众的安全防护等。

HSE的组织机构框图如图1-3所示。

此外，在英格兰、苏格兰、威尔士还有地方行政机构负责对工作现场进行管理，实施安全与健康法律监察，如商业零售、批发业、金融、办公场所、旅游业、餐饮业、居民护理中心、休闲及其他服务业等。

（2）英国职业安全健康管理体系的运行机制

在体系中，由工会提名，以雇主、工会和地方政府代表为主成立三方机制的“健康和安全委员会（HSC）”综合指导各下属机构的工作。HSC主要制定合理的健康和安全计划，起草安全与健康法律和标准，其下属的科研机构为其提供研究成果。其主要职责是，监督健康安全管理和拟定政策目标。HSE代表HSC广泛征求各相关方的意见。这些意见通过顾问委员会网络和公开召开的专题讨论会形成。在这一过程中，HSE为顾问委员会提供大力的支持。

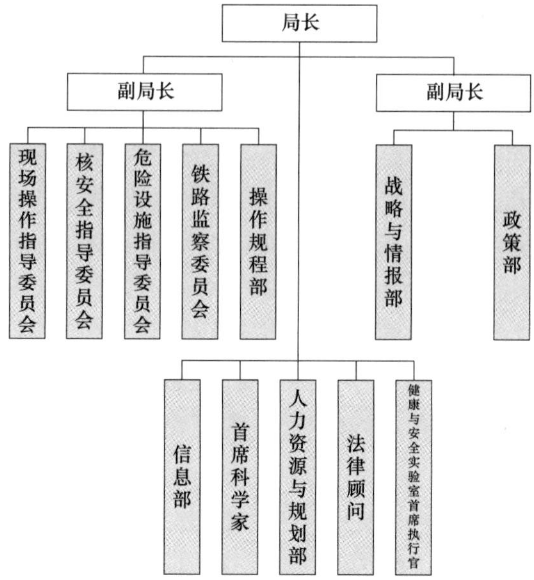

图 1-3　HSE组织机构框图

政府大臣可以指导HSC的具体事务，与HSC协商后各大臣也可以自行提交安全与健康法案。事实上，自1974年以来几乎所有的法律提案都是由HSC报送各大臣的。

执法监察工作由HSE实施。监察人员可以在未告知对方的情况下直接进入现场，进行执法监察，并可根据安全与健康标准的要求，对用人单位提出处罚，甚至提请诉讼。此外，通过地方执行机关联合委员会（HELA）、地方执行机构和HSE紧密配合开展监察工作。

HSC和HSE与其他的机构也保持联系，如大学、工程院所、国家辐射防护委员会、皇家协会、英国职业卫生协会、职业卫生研究院、皇家化学会等。这些机构为英国职业安全与健康的发展奠定了良好的科学技术基础。城市轨道交通的安全是职业安全与健康体系的重要组成部分。

英国法规明确要求，轨道交通建设单位及运营单位须在建设周期内开展安全保障工作，识别、评估运营风险，并采取相应的风险减轻措施。在运营前，政府主管部门将审查建设单位及运营单位的系统保障工作，并颁发安全证书。为开展系统安全保障工作，建设单位及运营单位根据相关标准的指导，建立安全管理系统、安全保障工作流程，从组织上、方法上保证安全保障工作的实施。建设单位采用风险为本的方法开展安全保障工作，在系统全寿命周期内，针对整个铁路系统开展。在运营之前，建设单位及运营单位将汇总自己所有工作，编制安全报告，供政府主管部门审查，以便获得安全证书。

CASS评估框架（图1-4）是英国工商部（Department of Trade & Industry）和健康安全部门（Health & Safety Executive）制定的一个安全

评估认证框架，为此还成立了CASS策划公司，它的任务和目标是为基于IEC61508标准的安全相关系统开发一个标准的认证框架。负责对评估员进行考核，并监督评估过程。

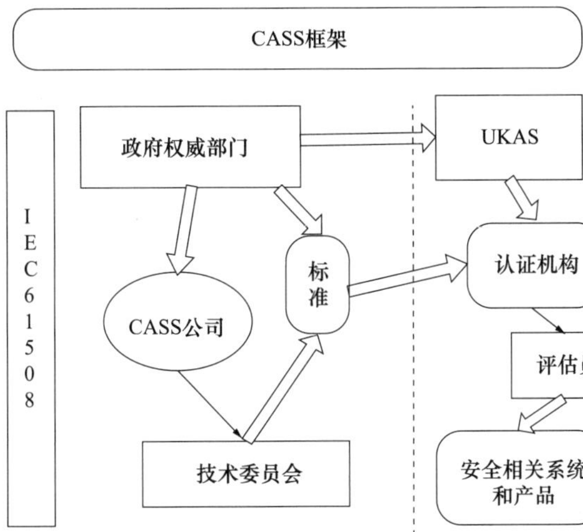

图 1-4　英国CASS框架图

另外，国际标准化组织也十分关注轨道交通信号系统安全问题，提出了一系列标准，包括以IEC61508为代表的标准簇，以及ERTMS/ETCS、IEEE等国际组织也在关注轨道交通信号安全，提出了相应的规范和标准，如ERTMS/ETCS02S1266、IEEE 1474.1- 1999等。

（3）法律法规及标准的要求

《劳动健康和安全法》是英国工作场所健康和安全的最高层次法律，该法律适用于铁路和城市轨道交通，对轨道交通建设、运营、维护企业具有约束力。该法律拥有制定行政法规和规范的权力，明确了雇主和雇员的安全责任，建立了安全管理的架构。涉及铁路的行政法规有铁路安全条例、铁路事故条例、建筑设计条例等，其中铁路和导轨运输系统安全条例，适用于城市轨道交通，内容涉及城市轨道交通各种设施的使用、管理，安全证书的认证、变更、许可及撤销，风险评估、年度安全报告及应用、安全关键问题等城市轨道交通全过程（图1-5）。

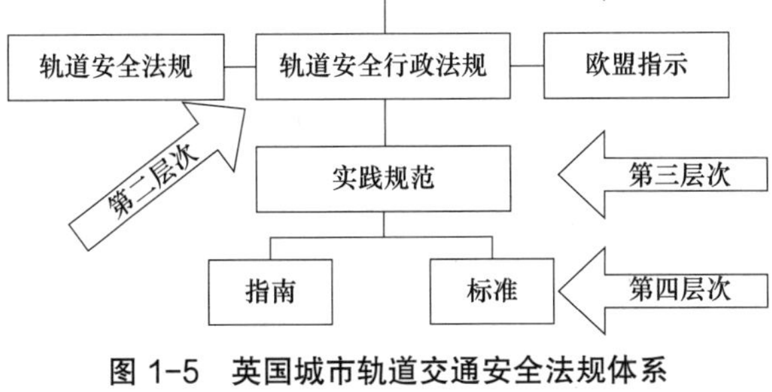

图 1-5　英国城市轨道交通安全法规体系

第一层次的基本法明确了雇主和其他干系人的基本安全责任，并且成立安全管理机构体系；第二层次是行政法规，通过设立标准规定的形式明确了各行业、各企业所应该达到的安全管理目标，但并没有规定为达到目标而需要采取的措施；第三层次是官方批准的实践规范，由各行业自行起草，详细描述并推荐行业中能够达到法律要求的比较好的安全实践形式的各个方面，但并不作硬性要求；第四层次是指南和标准，作为雇主采取安全措施时的建议和指导。

尽管英国并没有专门的城市轨道交通安全管理机构，而是联合英国健康和安全执行局（HSE）、英国铁路网公司（Network Rail）、铁路监管办公室（Office of Rail Regulation，ORR）、铁道事故调查局（RAIB）、铁道安全标准部（RSSB）等轨道管理机构来控制和管理整个城市轨道交通的安全，但基于以上四个层次的轨道交通安全法律体系的保障，英国国家的城市轨道交通安全评价体系仍处于欧洲国家的先进水平。

直接针对城市轨道交通的有《伦敦地铁法（1991）》，有5个部分，内容包括建设模式、土地利用、征地、文物保护及地下有轨电车的应用。

欧盟标准《铁路应用：可靠性、可用性、可维护性和安全性规范》（EN50126）、《铁路应用：铁路控制和防护系统的软件》（EN50128）、《铁路应用：安全相关电子系统》以及《铁路应用：通信、信号、处理系统—信号安全相关电子系统》（EN50129）、《铁路应用：通信、信号和处理系统》（EN-50159.1），对铁路工程基于系统安全的过程控制进行了很好的诠释。欧洲各国的具体实施中，针对本国的特点制订了适用于本国的相应法规和标准。

英国法规根据欧盟指令更新，最新法规《铁路及其他轨道交通系统（安全）规定2006》（简称《规定》）于2006年正式颁布。《规定》涵盖铁路及其他轨道交通系统，包括地铁、轻轨等。根据《规定》，所有轨道交通系统的建设单位或运营单位（基建管理商以及列车运营商）必须建立安全管理体系，并开展安全保障工作。在系统投入运营之前，其安全管理体系必须通过铁路管理办公室相关专家的审批，并获得铁路管理办公室颁发的安全证书；在运营期内，安全证书每年必须审核。而且安全证书有效期最长不超过五年，在安全证书失效之前，基建管理商及列车运营商必须更新证书。此外，《规定》还对基建管理商及列车运营商建立的安全管理体系提出要求，要求该体系必须涵盖特定要素。《规定》要求，相关单位的安全管理系统必须建立以下规程，以确保系统的安全：

- 安全组织方面，包括安全政策、人员资质、培训等;
- 生命周期内开展风险评估的流程;
- 安全信息、编档方面的流程等。

为符合规定以及其他法规的要求，基建管理商及列车运营商参照相关标准（如，EN 50126、EN 50128、EN 50129、工程安全管理指导（黄皮书）、IEC 61508等）建立安全管理体系，并开展安全保障工作。其中各标准涵盖的范围如下：

- EN50126：针对整个铁路系统在系统生命周期内安全保障工作的指导；
- EN50128：针对铁路电子电器系统软件生命周期内安全保障工作的指导；
- EN50129：针对铁路信号系统生命周期内安全保障工作的指导；
- IEC61508：不仅针对铁路行业，而是针对所有电子电气系统生命周期内安全保障工作的指导；
- 工程安全管理指导（黄皮书）：针对整个铁路系统在系统生命周期内安全保障工作的指导，包括安全组织、安全流程、风险评估以及风险减轻措施等方面，是上述标准在英国的实施性指南。

IEC61508和EN 50126/EN 50129的概念是兼容的。两者都是基于风险控制的方法，安全生命周期的概念、关于安全目标设置的方法也基本相同。但系统协议等级（EN 50126/EN 50129）、操作模式的使用（EN 50126/EN 50129）、RAM和安全的集成（IEC 61508只考虑安全）、安全案例概念（IEC 61508不详细涉及）略有差异。

《工程安全管理手册》（黄页）中把安全评估过程分为两部分：安全审核和安全认证。安全审核是要检查工程的安全管理是否完善，能否和安全计划保持一致。评估员应该检查安全计划里说明的标准和步骤是不是被正确地执行了，检查工程行为和安全计划是不是具有继承性。安全审核最后要有一个安全审核报告，这个报告应该包括：对项目和安全计划一致性的评价、认为安全计划可行的评价和计划相符或是有所改进的建议。安全认证是一个判断和系统相关的风险扩大或者减小到一定等级的过程。系统的安全要求是安全认证的核心。评估员应该根据产品制造商提供的安全事例评价安全需求规范对控制系统风险是不是已经足够，以及系统能不能满足安全需求规范。进行安全认证的目的就是收集足够的信息来证明系统的风险是可以接受的。

此外，ERTMS/ETCS、IEEE等国际组织也在关注轨道交通信号安全，并提出了相应的规范和标准。

如，2000年欧洲轨道交通联盟与欧洲委员会针对欧洲轨道交通运输管理系统（European Rail Traffic Management System）中欧洲列车控制系统（European Train Control System）的信号技术（简称ERTMS/ETCS）制定的系统RAMS需求规范02S1266。

IEEE关于CBTC需求规范1474.1-1999标准是为基于通信的列车控制CBTC（Communication Based Train Control）系统制定的功能和需求规范。CBTC是一种连续的、采用高效列车定位技术、不依赖于轨道电路的，采用连续、大容量、双向的车地数据通信技术的自动列车控制系统，即移动闭塞。该标准不但定义了ATP车载及轨旁，ATO、ATS系统的功能需求，而且定义了系统可用性（包括可靠性和维修性）、安全性及列车间隔等要求。但由于CBTC系统作为一种新技术尚在试验阶段，因此，标准中未提出具体的量化指标和验收准则。

在制定安全标准的同时，由于对信号系统安全的认知差别，目前欧洲形成了三种安全原则和理念，这些原则对划分系统安全完整度等级起着原则性作用，包括：

① GAMAB（Globalement Au Moins Aussi Bon），法国的安全原则，对于所有新的交通运输系统必须提供最好的安全性能，至少也要与现有同类系统的安全性能相当。对于该原则，没对系统提供商提出具体的要求。

② ALARP（As Low as Reasonably Practicable），英国的安全原则，根据实际应用，尽可能降低故障率。它把风险分成以下三类：第一类，风险很大，不可接受：第二类，风险较小，可以忽略；第三类，介于以上两种风险之间的风险，必须采取适当的、可行的、合理成本下的方法将其降到可以接受的最低程度。对于第三类风险，采用ALARP原则进行风险的降低。该原则的含义是采用尽可能低的成本、合理并且可行的方法进行风险降低。

③ MEM（Minimum Endogenous Mortality），德国的安全原则，新系统的应用不能增加人员伤亡的概率。

（4）工作内容及流程

采用风险为本的方法，遵循一定的ALARP原则，在系统全寿命周期内开展。根据标准EN50126，系统生命周期包括12个阶段，其中项目开发阶段涵盖10 个阶段，其与一般铁路项目建设阶段对应关系见表1-1。

欧盟轨道交通风险评估阶段与建设阶段的对应表 **表1-1**

50126阶段	项目阶段	安全工作
概念	概念及可行性研究	• 编制安全计划
系统定义	要求定义	• 危害识别 • 风险评估 • 危害登记册 • 安全预测
风险分析		
系统要求		
系统要求分解	设计	• 针对设计及应用开展危害识别、风险分析等工作 • 落实控制措施 • 管理变更
设计及应用	应用（制造）	
制造		
安装	安装及移交	• 管理变更 • 通过测试等工作，确认安全功能 • 监察及跟踪相关故障，评估故障影响，提出相应措施
系统确认		
系统验收		
运营及维护	运营维护	• 运营前提交安全报告

在项目前期，须编制安全计划，以详细介绍在项目进展构成中需要开展的安全保障工作，论述其如何将安全风险降至可接受水平。在安全计划中通常还包括安全政策及安全接受准则。

在项目开展过程中，各阶段需开展的工作主要依据安全标准，以及尽管不是安全标准，但仍能提供有效风险解决措施的相关标准，尤其是工程安全管理指导（黄皮书）以及EN50126 的开展。基建管理商及列车运营商负责检查、审批系统供应商的安全保障工作，并将供应商的成果整合到自己的工作中。安全工作与安全管理体系是城市轨道交通管理体系的一部分。项目安全相关工作应当对工作过程中可能发生的危害进行识别或对事故进行甄别，评估相关风险，从而将风险控制于可控水平，并建立针对性的安全要求以确保维持风险水平。最后，还应根据收集到的所有风险数据，制订有针对性的维护计划，并确定维护计划的执行起始时间。

（5）相关单位及人员职责

① 政府管理机构

铁路管理办公室作为英国铁路管理机构，负责所有铁路系统（包括传统铁路以及城市轨道交通系统）的管理工作。安全方面，铁路管理办公室负责向基建管理商以及列车运营商颁发安全证书（图1-6）。铁路管理办公室下设铁路检验机构——HMRI，负责根据相关法规要求，通过审查其安全报告（还包括独立安全审查报告、独立安全评估报告），评估基建管理商及列车运营商的安全管理体系是否保持有效，系统是否已经达到相应的安全等级。其检查的结论是铁路管理办公室颁发安全证书的重要依据。

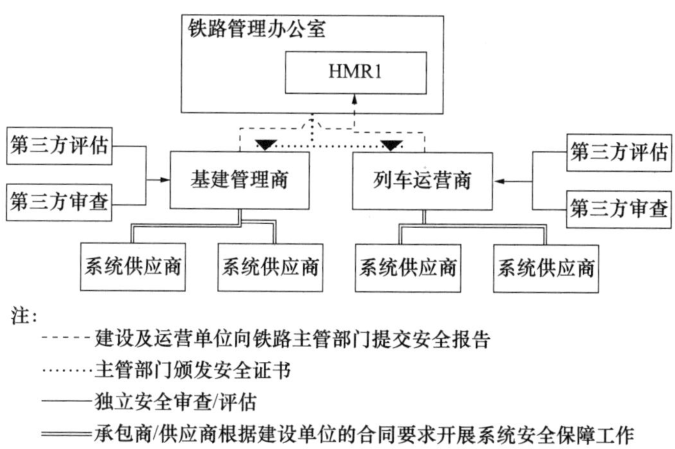

图 1-6　英国轨道交通管理体系

② 建设及运营单位

为了有效地开展安全保障工作，基建管理商及列车运营商建立了相应的组织架构。一般的，高级管理层任命一个安全主管，并将安全责任分配给各直线管理人员。相应的，直线管理人员针对每个项目，委任并将安全责任分配给项目经理。每个项目一般会设有安全经理以及安全工程师，负责安全保障方面的工作，如开展安全分析等。另外其他系统设计人员辅助安全工程师以及安全经理开展安全保障工作，如协助安全工程师识别危害、开展危害分析以及落实风险减轻措施等。根据法规要求，组织应明确地定义各方的职责并清晰地记录所有的安全职责，并保证相应人员可以满足该职位的要求，或开展相关培训。

③ 承包商/供应商

为了保证系统供应商或承包商可以有效地开展其应完成的安全保障工作，基建管理商及列车运营商在合同中清晰地写明安全保障工作以及安全要求。系统供应商或承包商按照要求建立相应组织架构，开展安全保障工作。基建管理商及列车运营商负责监督承包商工作，并整合各供应商或承包商的安全保障工作成果。

④ 独立安全审查/评估

在项目开展期间，会开展一系列的安全评估以及安全审查工作（图1-6）。安全审查工作的目的在于确保项目安全保障工作完全按照安全计划开展，并且工作流程符合相关要求；安全评估工作的目的在于判断系统安全风险是否已经降至可接受的水平。安全审查及安全评估的详细层次和间隔时间取决于系统对整个运营安全的影响程度以及系统本身的复杂程度等诸多要素。第三方审查及第三方安全评估所出具的报告会对政府部门（HMRI）的最终审批起到重要参考作用。

⑤ 小结

英国铁路行业安全评估体系吸取了其他工业的经验，目前轨道交通安全评估体系已非常成熟，行业内各方职责明确，法规、标准完善，在项目中得到普遍应用。相关资料齐全，可在公共领域获取。并且，英国安全保障相关法规在欧盟统一指令的基础上编制，代表了欧洲的普遍做法。英国和欧盟国家的做法是通过系统安全保障确保地铁建设和运营的安全，基于风险理论，由独立具有资质的第三方对项目的安全进行评价，政府负责制定安全法规和对安全评价机构的认定与监督。

3）德国轨道交通的安全评价体系

德国作为欧盟的成员国之一，其铁路及城市轨道交通的安全评价体系采用欧盟的相关安全管理体系标准，并在欧盟标准的框架内，结合本国铁路及城市轨道交通的情况及特点进行适当的调整，制定出适用于德国本国的铁路及城市轨道交通安全评价体系。

德国城市轨道交通系统基于欧盟铁路标准EN50126的全寿命周期RAMS管理体系。城市轨道交通试运营或运营条件的安全评价体系以及验收体系均依据欧盟标准EN50126的全寿命周期RAMS管理体系展开。

全寿命周期RAMS管理体系共由14个阶段组成，如图1-7所示。

- 第1阶段：项目规划决策阶段；
- 第2阶段：运营商制定系统总体要求；

- 第 3 阶段：运营商聘请独立安全评价机构，根据第 2 阶段确定的系统总体要求对工程若干关键系统进行安全风险评估分析；
- 第 4 阶段:根据安全风险评估分析结果，制定详细的系统技术要求；
- 第 5 阶段：各系统招投标，中标单位进行系统设计；
- 第 6 阶段：工程进行施工建设；
- 第 7 阶段：系统各设备进行制造生产（可与第 6 阶段同时进行）；
- 第 8 阶段：系统设施设备安装，联调；
- 第 9 阶段：工程建设、系统安装联调结束后，由独立安全评价机构或专家进行安全确认验收；
- 第 10 阶段：运营商向城市轨道交通主管部门或政府安监部门提请工程验收。各系统经认定满足安全验收要求后，工程移交给运营商；
- 第 11 阶段 ~ 第 14 阶段：经城市轨道交通主管部门或政府安监部门验收后，城市轨道交通投入载客运营，直至达到设计年限，城市轨道交通工程报废。

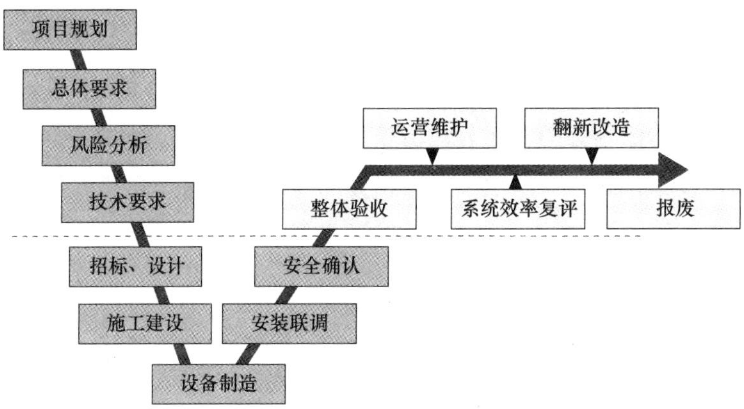

图 1-7 德国应用的系统安全全寿命周期流程图

对应于本次研究的城市轨道交通竣工验收安全评价工作的是全寿命周期系统安全管理体系中第9、第10阶段。其中第9阶段，在工程完工及各系统安装、联调结束后，运营商及建设商（包括设备供应商）组织独立安全评价机构或独立专家对工程及系统进行安全确认工作。独立安全评价机构或专家就各系统开展安全确认验收工作，并提交安全确认报告与建议意见。运营商及建设商（包括设备供应商）经整改和调整后，向所在联邦州政府技术监管部门（TAB）提请工程验收。第10阶段，城市轨道交通项目所在联邦州政府技术监管部门（TAB）组织验收委员会对整个工程进行验收。验收委员会由代表州政府技术监督部门的独立专家组成，专家成员人选由验收委员会负责人挑选并经政府技术监督部门同意。而验收委员会负责人则由政府技术监督部门直接指定。通过州政府技术监督部门的验收后，报国家政府主管部门备案后，批准开通载客运营。

现行德国铁路及轨道交通安全评价的主要标准为：

- 欧盟铁路机构（European Railway Agency，EBA）颁布的“安全管理体系指示”（Directive 2004/49/EC）;
- 欧盟标准 EN 5012X 系列、EN 50159、IEC61508 等;
- 德国《轨道交通建设与运营管理规范》(Verordnung über den Bau und Betrieb der Straßenbahnen，BOStrab）;
- 德国《铁路建设与运营管理规范》(Eisenbahn-Bau-und Betriebsordnung，EBO）;
- 德国交通企业联合会（Verband Deutscher Verkehrsunternehmen，VDV）的相关技术纲领;
- 其他安全技术标准。

除了上述德国国内通用的规范标准外，一些长期从事安全评价的知名独立安全评价机构（如TÜV）在进行对铁路及城市轨道交通项目独立安全评价的工作中，亦采用其公司及机构内部应用的安全技术标准。其内部安全技术标准往往是其长期从事安全评价工作的专业知识、经验积累，在符合欧盟及德国国内法规标准的同时亦是欧盟及国内通用标准的延伸，具有很强的实用性和可操作性。

4）澳大利亚轨道交通安全管理体系

澳大利亚法规规定，所有轨道交通组织（包括传统铁路、地铁、轻轨等）的建设单位和运营单位须根据相关标准，建立安全管理体系，以保证铁路系统运营的安全性。在铁路系统投入运营之前，铁路组织须提交安全报告，以获取安全认证证书。

在安全管理体系中，包括风险管理要素，即要求铁路组织在项目建设期内开展风险管理工作，识别系统危害，开展风险分析，并落实风险减轻措施。

在轨道交通组织中，有专门部门负责安全相关工作，并在开发、运营部门中设有安全协调顾问，负责安全工作在各部门中的落实。

（1）法规及标准的要求

政府主管部门轨道交通安全管理委员会编制了《国家轨道交通安全认证规定》（本节简称《认证规定》）。《认证规定》要求：每个轨道交通组织（包括铁路管理商及列车运营商）必须根据相关规范要求建立安全管理体系并开展安全保障工作，并且在轨道交通系统开始运营之前须演示组织已经建立了有效的安全管理体系，以便取得安全认证；在运营期，轨道交通组织需要每年检查其安全管理体系以维护其安全认证。轨道交通组织的范围包括所有轨道交通系统的组织，包括传统铁路、地铁、轻轨等，但不包括缆车系统。

《认证规定》对安全管理体系各要素作了相应的要求，并认为一个成功的安全管理体系应包括：

- 高层管理人员对安全的投入，以及安全管理及安全文化的持续改进;

- 项目参与各方在项目各阶段开展风险管理工作，包括阶段性管理审查；
- 系统控制，以确保可以及时地发现危害；
- 主动的、系统的、完整的风险管理流程；
- 评估及检查流程，包括内部以及外部的审查；
- 关于设计、运营、维护的技术标准，以及技术性的维护计划。

轨道交通组织根据《认证规定》的要求，参照相关标准（主要包括AS 4292：2006铁路安全管理，以及AS/NZ 4360：2004 风险管理）建立安全管理体系，开展风险管理工作，以保证系统的安全水平。

AS 4292：2006轨道交通安全管理对铁路建设期的安全管理体系提出要求，其中第一部分是一般要求，阐明了轨道交通安全管理体系须涵盖的要素。

AS/NZ 4360：2004 风险管理，对所有行业的风险管理进行指导，介绍了风险管理的一般流程、编制的文件以及使用的工具等。

（2）工作内容及流程

轨道交通组织在整个项目周期内采用风险为本的方法来管理整个轨道交通系统的安全，在认证规定中要求轨道交通组织须遵照ALARP 原则。

在项目前期，轨道交通组织将编制安全计划，清晰描述在项目周期内需要开展的安全评估工作，同时描述安全评估工作的安全标准、开展安全评估工作的组织架构、安全评估的文件等。安全计划中须涵盖认证规定以及标准中安全管理体系的所有要素，并达到相应要求。

在项目开展期间，采用风险管理的方法开展安全评估工作，其主要步骤见图1-8。

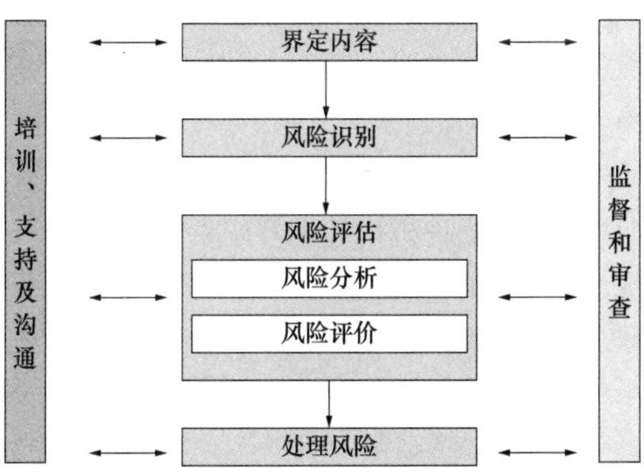

图 1-8　AS/NZ 4360：2004风险管理中定义的风险管理流程

- 系统地识别可能造成危害的事件，以及这些事件产生后果的严重程度；
- 通过确定识别事件发生的频率及其发生后产生的后果，定量或定性地评估风险；
- 通过与国际惯例的对比、专家判断以及成本效益分析，决定是否可接受该风险，以及何时采取相应的风险应对措施；

- 对系统表现进行监控，来判断可能出现问题的区域；
- 当合适时开展独立确认。

该风险管理流程主要通过风险登记册及风险处理计划来管理。风险登记册用于风险识别、风险评估，而风险处理计划用于处理风险、监督及审查。这样就可以在系统生命周期内，系统性地对系统风险进行识别、分析及管理。

为了确保承包商或供应商可以有效地开展安全工作，轨道交通组织将相关要求在合同中清晰写明，并须根据相关规范要求建立合同管理体系（AS4292 中称为“货物及服务采购规程”）来监控、检查及审批承包商或供应商的工作。

安全评估工作与项目建设工作紧密结合，安全管理体系是整个组织管理体系的有机组成部分。

（3）相关单位及人员职责

澳大利亚的铁路轨道交通管理体系见图1-9。

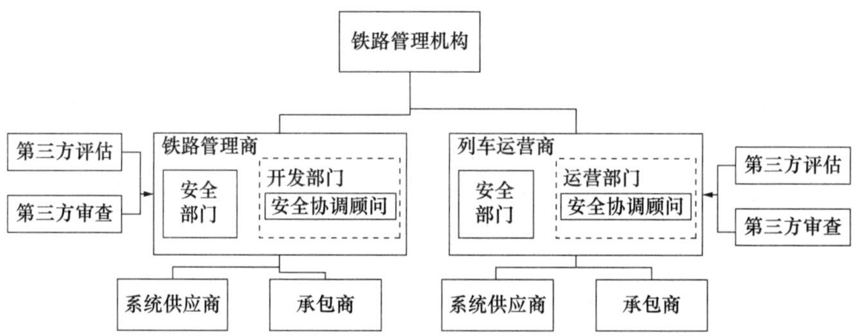

图 1-9 澳大利亚的轨道交通管理体系

注：在一些州内，铁路管理商和列车运营商为同一铁路组织。

① 政府管理机构

澳大利亚各州具有自己的铁路管理机构。铁路安全管理委员会就由各州的铁路管理机构组成。铁路管理机构的主要职责包括：

- 起草法律法规供政府或国会参考；
- 评估安全管理体系是否符合相关规范要求，以及相关人员是否具技能以胜任工作；
- 推动行业安全，开展安全教育；
- 在铁路运营前审查铁路组织的安全报告并颁发安全认证；
- 通过情况报告、趋势分析以及铁路组织提交的年度安全报告监控安全绩效；
- 通过年度行业安全报告汇报安全绩效。

② 建设及运营单位

在铁路组织中，一般有一位高层管理人员负责确保安全管理体系得到有效的实施及维护。在开发/营运部门之外，由一个专门部门（安全部门）负责就安全风险、人为因素及职业健康等问题为组织提供建议。此外，在每个开发、营运部门内有一个安全协调顾问，负责安全管理体系在该部门内可以有效实施。

在不同铁路组织间的协调上，每个铁路组织须编制并实施接口协调计划，清晰地识别相关各方的职责及协商机制。

③ 承包商/供应商

承包商/供应商将按照铁路组织的合同要求采用风险为本的方法开展安全保障工作。铁路组织将监督、审核承包商/供应商的工作，承包商/供应商的工作将整合到铁路组织的安全保障工作中去。

（4）独立安全审查、评估

在项目进展及运营阶段，定期开展第三方评估及审查，以证实铁路安全实际工作是否符合安全计划的安排，并评估安全管理体系是否仍然有效。评估或审查的深度取决于风险等级以及铁路组织的范围。审查或评估的结果将会被记录，供相关人员参考。

（5）安全保障成果或文件

① 运营前

在运营前铁路组织需提交安全报告以获得安全认证。根据法规要求，安全报告应包括以下主要内容：

- 在项目建设期开展的安全工作的范围；
- 铁路系统的范围；
- 铁路组织以及铁路组织成员以前在其他铁路建设项目上的工作；
- 铁路安全管理体系的主要内容。它包括：安全管理方针；组织内安全管理的职责分配；风险管理体系；安全文档、信息及数据管理的方针及规程；人力管理规程；货物及服务采购规程；全寿命周期资产管理规程；接口管理规程；变更管理办法及规程；信息传送规程（包括组织内及组织间）；应急管理；关键安全绩效指数监控；管理检查及审查；保安管理；安全文化管理。

铁路安全管理机构将对安全报告进行评估，如机构认为安全管理体系已达到下列要求，将颁发安全认证证书：

- 可以保证所有相关人员的健康及安全；
- 符合 AS 4292 等标准要求；
- 已经建立了一个致力于持续改善安全的文化；
- 已经识别了所有可预测的危害并已评估其风险；
- 已经考虑了风险的限制；
- 可以确保风险已经降至 ALARP 水平。

② 运营期间及后阶段

在运营期铁路组织须提交年度报告以维护其安全认证。项目建设期的所有安全管理体系都将在运营期得到延续。运营部门充分参考项目建设期的安全管理体系，研究项目建设期识别的危害，在运营和维护中落实相应的风险减轻措施；关注系统的表现，开展故障分析以及事故调查，并以此为基础增加新的风险减轻措施；针对任何变更，开展风险管理流程，确保新的变更所带来的风险降低在可接受的水平。

③ 小结

澳大利亚针对安全评估建立了法律法规体系以及相关规范标准，行业内各方职责明确，并实施风险为本的方法来开展安全保障工作。相关信息可以在公共领域获取。

1.2 国内安全评价的现状与发展

1.2.1 国内其他行业安全评价的现状和发展

1）安全评价在一些行业已经作为安全生产许可证发放的前提

根据《安全生产许可证条例》，在煤矿、非煤矿山、危险化学品、烟花爆竹等企业取得安全生产许可证的条件之一，就是依法进行安全评价。而根据《安全生产许可证条例》、《建设工程安全生产管理条例》等有关行政法规，建设工程目前尚未将安全预评价作为建设企业获得安全许可证的条件，而像化工、非煤矿矿山等建设项目则按照相关规定要求做安全评价，并按规定报有关安全生产监督管理部门备案。

2）具备了一定数量的安全评价机构

我国将安全评价作为工程项目“三同时”的一项新内容，是使“三同时”工作进一步科学化和制度化的重要举措。我国的安全评价工作起步于20世纪70年代，是伴随着建设项目“三同时”而发展的，经过40余年的发展，国家安监局已陆续发布危险化学品、煤矿、陆上石油和天然气开采等多项安全评价技术导则，自2004年原国家安全生产监督管理局（国家煤矿安全监察局）公布《安全评价机构管理规定》以来，每年都有一定数量的甲级资质安全评价机构获得批准，可以根据确定的业务范围在全国范围内从事安全评价活动。

3）安全评价研究在不同行业逐步开展，安全评价在应用中不断发展完善

20世纪80年代初期，系统安全工程引入我国，受到许多大中型企业和行业管理部门的高度重视，系统安全分析、评价方法得到了大量的应用。为推动和促进安全评价方法在我国生产经营单位安全管理中的实践和应用，80年代初提出了机械、化工、冶金等行业危险度分级科研项目。1987年原机械电子工业部首先提出了在机械行业内开展机械工厂安全评价，并于1988年1月1日颁布了第一个部颁安全评价标准《机械工厂安全性评价标准》，后得到较广泛的应用。此外，我国有关部门还颁布了石油化工、电

子、航空航天、兵器等行业的安全评价标准、规程等。我国于1990年10月由国防科学技术工业委员会批准发布了军用标准《系统安全性通用大纲》（GJB900-90）。1991年国家“八五”科技攻关课题中，安全评价方法研究列为重点攻关项目。而易燃、易爆、有毒重大危险源识别评价方法采用了定量的计算方法，使得我国工业安全评价方法的研究初步从定性评价进入定量评价阶段。同时，单一的预评价已扩展为安全预评价、安全验收评价、安全现状综合评价、专项安全评价等4种类型。

（1）部分行业安全评价内容、安全评价机构资质相关内容已经纳入法律法规中

2002年6月29日中华人民共和国第70号主席令颁布了《中华人民共和国安全生产法》，规定生产经营单位的建设项目必须实施“三同时”，同时还规定矿山建设项目和用于生产、储存危险物品的建设项目应进行安全条件论证和安全评价。而安全预评价工作随着建设项目“三同时”工作向纵深发展过程中开展起来。1988年国内一些较早实施建设项目“三同时”的省、市，在借鉴国外安全性分析、评价方法的基础上，开始了建设项目安全预评价实践。经过几年的实践，在初步取得经验的基础上，1996年10月劳动部颁发了第3号令，规定六类建设项目必须进行劳动安全卫生预评价。预评价是根据建设项目的可行性研究报告内容，运用科学的评价方法，分析和预测该建设项目存在的职业危险、有害因素的种类和危险、危害程度，提出合理可行的安全技术和管理对策，作为该建设项目初步设计中安全技术设计和安全管理、监察的主要依据。与之配套的规章、标准还有劳动部第10号令、第11号令和部颁标准《建设项目（工程）劳动安全卫生预评价导则》（LD/T106-1998）。这些法规和标准在进行预评价的阶段、预评价承担单位的资质、预评价程序、预评价大纲和报告的主要内容等方面作了详细的规定，规范和促进了建设项目安全预评价工作的开展。加入世贸组织以后，国际标准趋向同一性，建立在高技术含量基础上的政府决策、越来越大的社会评价需求，将对安全评价和安全中介组织的发展提出更新更高的要求。国务院机构改革后，国家安全生产监督管理局陆续发布了《安全评价通则》及各类安全评价导则，对安全评价单位资质重新进行了审核登记，促进了安全评价的发展。

（2）安全评价方法和实践

在安全评价发展过程中，引入了国外的安全评价方法，但还存在一定的局限性，例如定性评价方法主要依靠经验判断，不同类型评价对象的评价结果没有可比性。美国道化学公司开发的火灾爆炸危险指数评价法主要用于评价规划和运行的石油，以及化工生产经营单位生产、贮存装置的火灾、爆炸危险性，该方法在指标选取和参数确定等方面还存在缺陷。概率风险评价方法以人机系统可靠性分析为基础，要求具备评价对象的元部件和子系统，以及人的可靠性数据库和相关的事故后果伤害模型。定量安全

评价方法的完善，还需进一步研究各类事故后果模型、事故经济损失评价方法、事故对生态环境影响评价方法、人的行为安全性评价方法及不同行业可接受的风险标准等。

目前，国外现有的安全评价方法主要适用于评价危险装置或单元发生事故的可能性和事故后果的严重程度，国内研究开发的机械工厂安全性评价方法标准、化工厂危险程度分级、冶金工厂危险程度分级等方法主要用于该行业生产经营单位的安全。安全评价既需要安全评价理论的支撑，又需要理论与实际经验的结合，二者缺一不可。

1.2.2　国内城市轨道交通安全评价的现状

尽管我国一些行业的安全评价开展较早，但城市轨道交通建设的安全评价工作则启动得较晚。

1）国内城市轨道交通系统安全现状

据2017年《国民经济和社会发展统计公报》统计数据，截至2017年末，我国常住人口城镇化率达到58.52%，比上年末提高1.17个百分点，户籍人口城镇化率为42.35%，比上年末提高1.15个百分点。按2015年末市辖区户籍人口划分，500万以上人口的城市达13个，300万～500万人口规模的城市13个，100万～300万人口规模的城市数量增长迅速，达到121个。预计未来20年，我国城镇化水平将进一步提升，城镇化率2020年将达到55%～58%，全国总人口将达到14.6亿人，市辖区总人口超过1000万的巨型城市将增加到6个；100万人口以上的城市将达到264个，其中200万人口以上的城市将达到104个。城镇化的快速推进，使得城市人口激增、交通拥挤、环境污染与能源紧缺问题日益突出，城市结构和功能布局亟待调整。

（1）城市轨道交通进入有序和高速发展阶段，安全需求随之增加

自20世纪90年代起，我国主要城市相继开展了以交通为主要目的，并引导城市发展的城市轨道交通规划和建设。而近年来，一些特大城市和大城市对城市轨道交通的功能进一步认识，也产生了大规模的需求，在国家政策的指导下，城市轨道交通开始进入有序和高速发展阶段。根据中国城市轨道交通协会统计，至2016年末，全国累计30个城市建成投运城市轨道交通线路134条，运营线路4153公里。其中，北京、上海、深圳、广州、南京、重庆、成都、武汉、天津、大连、沈阳11个城市运营线路均超过100公里，基本构成了轨道交通网络骨架，城市轨道交通正式进入网络化建设和运营阶段；据不完全统计，2016年全国城市轨道交通客运总量160.9亿人次，比2015年138亿人次增长16.6%。其中，北京、上海城市年客运量均超过30亿人次。年客运量北京36.6亿人次（不含77公里市域快轨的客运量）、上海34亿人次（不含56公里市域快轨的客运量）、广州24.8亿人次、深圳12.9亿人次，均创

历史新高。各城市尤其是城市轨道交通新型城市的客运量增长明显，城市轨道交通逐渐成为这些城市市民出行的重要公共交通方式。例如宁波、长沙客运量较上年分别增长了2倍和90%多，成都、武汉的客运量分别增长超过60%，佛山、郑州、深圳城市的客运量分别增长了40%左右。全国已获城市轨道交通建设项目批复的城市58个，规划线路长度7000多公里。除北京、上海、广州、深圳、武汉、重庆、成都等城市轨道交通起步较早的城市外，青岛、厦门、西安、贵阳、杭州、合肥、苏州、长沙等城市轨道交通新兴城市的投资计划明显加快，将成为“十三五”期间城市轨道交通发展的新的生力军。大城市和特大城市城市轨道交通发展仍保持快速增长态势，安全需求及其急迫性也会越来越突出。

（2）城市轨道交通系统施工量大，难度大、施工风险高，事故频发

随着我国城市轨道交通建设量的逐年增长，且具有地质条件多变、施工环境复杂、工程难度大、工期紧迫的特点，对施工技术的要求越来越高，但由于城市轨道交通工程建设难度大、施工风险高，加上安全管理控制不力，造成了城市轨道交通工程施工事故频发的局面。根据中国城市轨道交通协会统计数据，截至2016年末，大陆地区有48个城市（部分地方政府批复项目未纳入统计）在建线路228条，总规模5636.5公里。据不完全统计，从2005年至2009年，我国城市轨道交通工程施工四级以上重大事故共发生30多起；全国各主要城市轨道交通工程建工保险赔付金额超过10亿，总赔付率为200%多，给建设带来了巨大的安全压力。

（3）城市轨道交通系统类型多样化发展和客流的高速增长，安全形势严峻，运营事故风险大，损失大，安全受到重视

随着城市轨道交通大规模建设和集中开通运营，并在大城市以上规模城市公共交通中承担骨干交通和主要交通地位，安全生产形势将日趋严峻。未来，城市轨道交通系统类型多样化发展，根据《城市公共交通分类标准》可分为地铁、轻轨、单轨、磁浮、自动导向、有轨电车、市域快速轨道交通等，而从结构上又可分高架线路、地面线路和地下线路，从牵引方式又可分为直线电机牵引和旋转电机牵引，从线路的封闭程度上又可分为全封闭线路、半封闭线路和路面混行线路，还可分为无人驾驶和有人驾驶等类型。可以说，城市轨道交通是公共交通系统中最复杂的系统之一，其自身的技术复杂性和系统建设与运营都具有高度的复杂性，且随着新线路的增加和网络化发展，客流量也随之快速增长，随之带来拥挤、部分设施超负荷运转等安全隐患，安全需求也提升到前所未有的高度。

根据中国城市轨道交通协会2016年不完全统计，2016年共发生5分钟及以上延误事件1974次，列车退出正线故障共计7581次。全国实现平均行车无事故天数301天，说明城市轨道交通安全问题持续受到重视，“安全第一、预防为主”的方针贯彻到位。

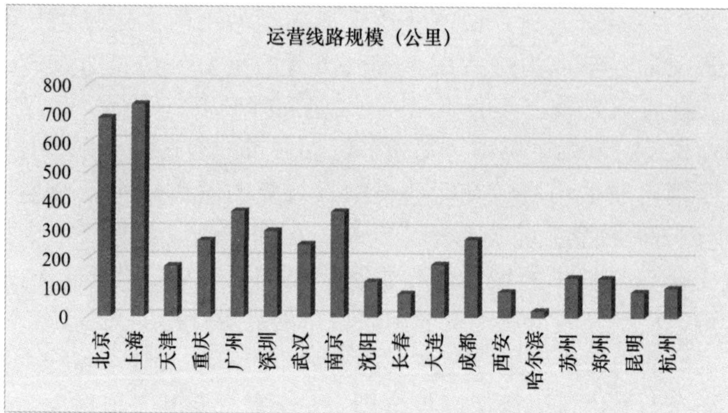

图1-10　2017年末我国部分城市轨道交通运营里程统计[①]

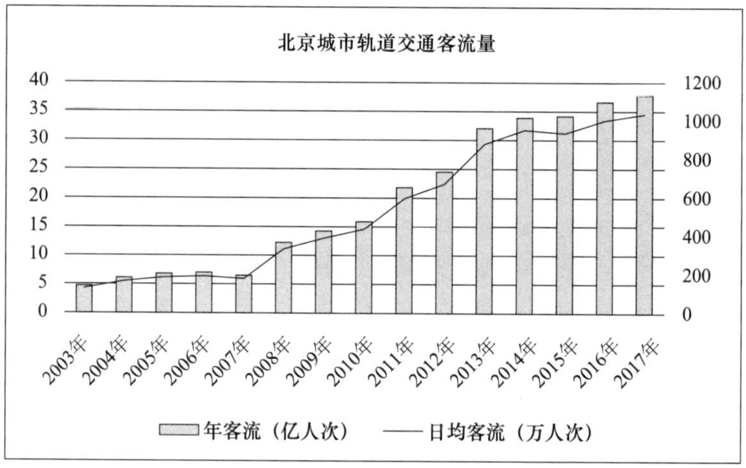

图 1-11　北京历年客流增长图

北京城市轨道交通客流统计（2003～2017）[②]　　表1-2

年份	年客流（亿人次）	日均客流（万人次）
2003年	4.7	129.3
2004年	6.1	166.2
2005年	6.8	185.6
2006年	7.0	192.6
2007年	6.5	179.4
2008年	12.2	333.3
2009年	14.2	389.0

① 根据中国城市轨道交通协会《城市轨道交通2017年度统计和分析报告》

② 来自北京统计网和中国城市轨道交通协会历年统计数据

续表

年份	年客流（亿人次）	日均客流（万人次）
2010年	15.9	437.0
2011年	21.8	597.3
2012年	24.5	671.2
2013年	32.05	880
2014年	33.87	953
2015年	34.16	936
2016年	36.6	1002.5
2017年	37.78	1035.0

部分大城市轨道交通分担率 **表1-3**

	巴黎	莫斯科	东京	香港
轨道交通（%）	70	55	80	55
其他交通方式（%）	30	45	20	45

2）国内城市轨道交通安全评价现状

（1）城市轨道交通安全评价法律法规

2003年《国务院办公厅关于加强城市轨道交通建设管理的通知》，第4条中提到在项目立项、可行性研究阶段进行安全、地质环境和地质灾害的评估；2003年《关于加强建设项目安全设施“三同时”工作的通知》规定“对矿山建设项目和生产、储存危险物品、使用危险化学品等高危险行业的建设项目以及具有较大安全风险的建设项目，建设单位在进行项目可行性研究时，应对安全生产条件进行专门论证，委托安全评价中介机构进行安全生产评价，对建设项目安全设施的安全性和可操作性进行综合分析，提出安全生产对策的具体方案”；2005年住房和城乡建设部发布《城市轨道交通运营管理办法》，第18条提出要定期对城市轨道交通进行安全性评价，并针对薄弱的环节制定安全运营对策；2007年，国家安全生产监督管理总局发布了《安全评价通则》（AQ8001-2007）、《安全预评价导则》（AQ8002-2007）及《城市轨道交通安全预评价细则》（AQ8004-2007）等安全评价标准。

随着上述政策、法规、标准的出台，陆续开展了城市轨道安全评价工作，主要为安全预评价，但是，城市轨道交通安全评价的开展还处于起步状态。

（2）城市轨道交通安全评价相关机构现状

① 管理机构现状

依据《安全生产法》第九条：“国务院负责安全生产监督管理的部门

依照本法，对全国安全生产工作实施综合监督管理；县级以上地方各级人民政府负责安全生产监督管理的部门依照本法，对本行政区域内安全生产工作实施综合监督管理。国务院有关部门依照本法和其他有关法律、行政法规的规定，在各自的职责范围内对有关的安全生产工作实施监督管理；县级以上地方各级人民政府有关部门依照本法和其他有关法律、法规的规定，在各自的职责范围内对有关的安全生产工作实施监督管理。”国家安全生产监督管理总局负责全国安全生产的综合监督管理。有主管部门的行业的安全工作综合监督管理由国家安全生产监督管理总局和行业主管部门共同负责（图1-12）。因此，城市轨道交通的安全生产监督综合管理由安监总局负责，行业安全监督管理工作，由国家发展和改革委、住房和城乡建设部和交通运输部共同负责。地方相应机构负责地方的城市轨道交通行业安全工作的监督管理。

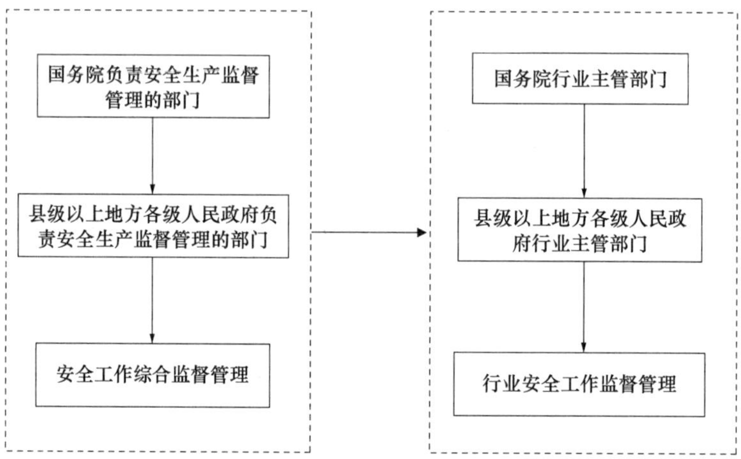

图 1-12　安全生产监督管理机构组织图

② 安全评价机构现状

安全评价作为安全生产监督管理的重要组成部分，不仅起到有效预防事故、减少人员伤害和财产损失、提高企业安全生产管理水平的作用，还可起到为各级安全生产监督管理部门提供强有力的技术支撑作用。但是，随着近几年安全评价机构数量的急剧增加，部分安全评价机构搞恶性竞争、无序竞争，降低安全评价报告质量，转借资质证书、超资质范围违规评价的现象时有发生，严重扰乱了安全评价正常运作秩序，损害了安全评价工作形象，给安全评价工作健康发展造成了不良影响。为及时制止这种现象的蔓延，进一步规范安全评价工作，2004年我国相继出台了《安全评价机构管理规定》、《安全评价人员资格登记管理规则》、《安全评价过程控制文件编写指南》和《关于加强对安全生产中介活动监督管理的若干规定》等一系列规章制度。

根据《安全生产法》、《行政许可法》和有关规定，国家安全生产监督管理局、国家煤矿安全监察局于2004年10月发布了《安全评价机构管理规定》（国家安全生产监督管理局、国家煤矿安全监察局令第13号），后国家安全生产监督管理总局发布了《安全评价机构考核管理规则》（安监总规划字（2005）65号），规范安全评价机构行为。

《安全评价机构考核管理规则》的第四条规定："总局对安全评价机构考核实行统一管理，并负责甲级安全评价机构考核；省级安全生产监督管理局、煤矿安全监察机构参与甲级安全评价机构考核，负责本行政区域内乙级安全评价机构考核，并于每年1月31日前，将上一年度考核结果报送总局备案。"

《安全生产法》第六十二条规定："承担安全评价、认证、检测、检验的机构应当具备国家规定的资质条件，并对其作出的安全评价、认证、检测、检验的结果负责。"国家安全生产监督管理局也于2004年底颁布实施了《安全评价机构管理规定》，从法律上对安全评价等安全中介服务提出了明确要求，又提供了法律保障和监督。

《关于加强安全评价机构监督管理工作的通知》（安监总规划〔2006〕108号）中规定，安全评价机构等安全生产中介服务机构应是独立依法执业并承担民事责任的实体。

《安全评价机构管理规定》第三条规定："安全评价机构实行资质管理制度。从事安全评价的机构应取得相应资质证书，并在资质证书确定的业务范围内从事安全评价活动。安全评价人员应当取得相应的资格，方可执业。未取得资质证书的安全评价机构及其安全评价人员，不得从事安全评价活动。"

第四条规定："安全评价资质分为甲、乙两级。甲级资质证书由国家安全生产监督管理总局（国家煤矿安全监察局）（以下统称国家总局）审批、颁发，具体申报程序按照国家总局有关规定实施。乙级资质证书由省安全生产监督管理局（以下简称省安全监管局）审批、颁发。"

第五条规定："乙级安全评价业务范围分类按照国家安全生产监督管理总局发布的《安全评价通则》（AQ8001—2007）执行。国家安全生产监督管理总局对安全评价业务范围分类有新规定的，从其新规定。"

第六条规定："取得乙级资质证书的安全评价机构，可以根据资质证书确定的业务范围在省内从事投资规模2亿元人民币以下建设项目的安全预评价、验收评价和安全现状评。"

《安全评价机构管理规定》规定国家对安全评价机构和安全评价人员实行资质许可制度。安全评价机构应当取得相应的安全评价资质证书（以下统称资质证书），并在资质证书确定的业务范围内从事安全评价活动。安全评价人员应当取得相应的资格，方可执业。未取得资质证书的安全评价机构及其安全评价人员，不得从事安全评价活动。

国家对安全评价机构和安全评价人员实行准入制，任何机构和人员都要符合准入条件和程序。

③ 生产经营单位

目前，尚未对生产经营单位在安全评价过程中的职责有明确规定。

（3）城市轨道交通安全评价工作实施现状。

我国的安全评价工作起步于20世纪70年代，是伴随着建设项目“三同时”而发展的。城市轨道交通建设的安全评价工作则启动得较晚。早期的轨道交通项目建设，没有开展正规的安全评价工作。

2008年以前，只有部分城市新建线路建设时，如北京、上海、广州等城市部分线路做过安全预评价。2008年以后则呈现出明显的加速态势，共有13个城市27条线路作了城市轨道交通安全预评价。目前，根据公开资料所统计的我国城市轨道安全预评价实践情况如表1-4所示。

城市轨道交通安全预评价工作实践一览表（截至2009年6月）　　表1-4

城市	线路	评价单位	评审时间
北京	轨道交通4号线	中国安全生产科学研究院	—
	轨道交通10号线	—	—
上海	轨道交通10号线	中国安全生产科学研究院	—
	轨道交通6号线	上海纪杰注册安全师事务所有限公司	2003.08
广州	轨道交通3号线	中国安全生产科学研究院	2005.12
	轨道交通4号线	中国安全生产科学研究院	2004.06
	轨道交通5号线	中国安全生产科学研究院	—
	轨道交通6号线	中国安全生产科学研究院	2004.06
深圳	轨道交通2号线	中国安全生产科学研究院	2006.12
	轨道交通3号线	中国安全生产科学研究院	—
	轨道交通4号线	中国安全生产科学研究院	—
	轨道交通5号线	中国安全生产科学研究院	2007.07
南京	轨道交通2号线一期工程	中国安全生产科学研究院	2005.11
	轨道交通2号线东延线	中国安全生产科学研究院	2009.05
苏州	轨道交通1号线	中国安全生产科学研究院	2008.07
	轨道交通2号线	中国安全生产科学研究院	2009.03
沈阳	轨道交通1号线	中国安全生产科学研究院	2006.04
	轨道交通2号线	中国安全生产科学研究院	2008.03
哈尔滨	轨道交通1号线1期工程	中国安全生产科学研究院	2008.08

续表

城市	线路	评价单位	评审时间
武汉	轨道交通4号线1期工程	—	—
长沙	轨道交通2号线1期工程	中国安全生产科学研究院	2009.05
郑州	轨道交通1号线	河南中咨安全工程师事务所	2008.06
	轨道交通2号线	河南中咨安全工程师事务所	—
佛山	广佛线	中国安全生产科学研究院	2007.04
	广佛线2期工程	中国安全生产科学研究院	2009.05
宁波	轨道交通1号线2期工程	北京市劳动保护科学研究所	2009.06
	轨道交通2号线1期工程	北京市劳动保护科学研究所	2009.06

（4）小结

我国的安全评价工作起步于20世纪70年代，是伴随着建设项目“三同时”而发展的，经过30多年的发展，国家安监局已陆续发布多项安全评价技术导则，目前已授予160多家评价单位甲级资质证书，单一的预评价已扩展为安全预评价、安全验收评价和安全现状综合评价、专项安全评价等4种类型。覆盖了工程、系统的全寿命周期，适应了安全生产的需要。安全评价已被写进国家安全生产法中。2002年6月29日中华人民共和国第70号主席令颁布了《中华人民共和国安全生产法》，规定生产经营单位的建设项目必须实施“三同时”，同时还规定矿山建设项目和用于生产、储存危险物品的建设项目应进行安全条件论证和安全评价。

可以说，我国安全评价制度已形成体系，但主要针对矿山、危险化学品和建筑施工的三危行业。目前，我国城市轨道交通已进入快速发展时期，1999年至2009年新增运营线路约832公里，在建城市轨道交通约1400km，还有很多城市计划建设城市轨道交通，如此大的规模和发展速度，使得城市轨道交通建设和运营都面临巨大的安全生产压力，其对安全评价的需求并不逊色于三危行业。而我国随着城市轨道交通的大规模建设和运营，有一些城市的线路在建设和运营时尝试引入了系统安全保障法，还有一些城市开展了安全预评价。但由于我国城市轨道交通系统安全评价方面的实践经验较少、技术积累严重不足，针对城市轨道交通的安全评价在科学性、合理性、针对性和系统性方面还有待深入研究。

第 2 章
安全评价理论综述

2.1 安全评价的定义

安全评价理论经过几十年的发展，已经形成一定的规模并得到较广泛的应用，并且还在不断地改进之中。根据《安全评价通则》，我国安全评价的定义为：以实现安全为目的，应用安全系统工程原理和方法，辨识与分析工程、系统、生产经营活动中的危险、有害因素，预测发生事故或造成职业危害的可能性及其严重程度，提出科学、合理、可行的安全对策措施建议，做出评价结论的活动。安全评价可针对一个特定的对象，也可针对一定区域范围。

安全评价是以保障安全为目的，按照科学的程序和方法，从系统的角度出发对工程项目或工业生产中潜在危险进行预先的识别、分析和评价，为制定基本防灾措施和管理决策提供依据。

安全评价的系统、预测和定量的特点从一开始就引起人们的极大兴趣。它的产生和发展造成了对传统安全管理体制的冲击，促进了现代安全管理体制的建立；它对现有安全技术的成效作出评判并提出新的安全对策，促进了安全技术的发展。

2.2 安全评价的目的、意义

随着生产规模的扩大、生产技术的日趋复杂和连续化生产的实现，系统往往由许多子系统构成。为了保证系统的安全，就必须研究每一个子系统，另外，各个子系统之间的“接点”往往会被忽略而引发事故，因而“接点”的危险性不容忽视。安全评价是以整个系统安全为目标的，查找、分析和预测工程、系统存在的危险、有害因素及可能导致的危险、危害后果和程度，对提出的安全对策措施进行评价，指导危险源监控和事故预防，以达到最低事故率、最少损失和最优的安全投资效益。

根据国内其他行业安全评价经验的总结，安全评价要达到的目的包括以下几个方面：

（1）促进实现本质安全化生产

系统地从工程、系统设计、建设、运行等过程对事故和事故隐患进行科学分析，针对事故和事故隐患发生的各种可能原因事件和条件，提出消除危险的最佳技术措施方案。特别是从设计上采取相应措施，实现生产过程的本质安全化，做到即使发生误操作或设备故障时，系统存在的危险因素也不会因此导致重大事故发生。

（2）实现全过程安全控制

在设计之前进行安全评价，可避免选用不安全的工艺流程和危险的原材料以及不合适的设备、设施，或当必须采用时，提出降低或消除危险的有效方法。设计之后进行的评价，可查出设计中的缺陷和不足，及早采取改进和预防措施。系统建成以后运行阶段进行的系统安全评价，可了解系统的现实危险性，为进一步采取降低危险性的措施提供依据。

（3）建立系统安全的最优方案，为决策提供依据

通过安全评价分析系统存在的危险源、分布部位、数目、事故的概率、事故严重度，预测和提出应采取的安全对策措施等，决策者可以根据评价结果选择系统安全最优方案和管理决策。

（4）为实现安全技术、安全管理的标准化和科学化创造条件

通过对设备、设施或系统在生产过程中的安全性是否符合有关技术标准、规范相关规定的评价，对照技术标准、规范找出存在问题和不足，以实现安全技术和安全管理的标准化、科学化。

2.3 安全评价的地位和作用

安全评价在杜绝、减少事故的发生，降低灾害带来的损失及事故原因分析等诸方面均发挥了重要的作用，受到世界各国的重视。安全评价已越来越多地列入各国法规、标准以及国际化组织有关规范的条款中。这表明安全评价已正式确立了它在生产中的地位。在我国目前的安全评价体系中，安全评价具有如下地位和作用。

（1）安全评价业已成为工程项目建设中必需的一项工作

美国重要的工程项目都要进行安全评价。日本劳动省则要求新建、改建的化工厂执行《化工装置六阶段安全评价》。英国甚至规定新建企业没有安全评价就不得开工。我国也将矿山建设项目和生产、储存危险物品、使用危险化学品等高危险行业的建设项目以及具有较大安全风险的建设项目应进行安全评价的规定写入国家安全生产法中。

（2）安全评价是安全管理标准体系的基础性内容

危险源辨识、风险评价是做好安全管理的前提，因此，在有关安全管理的标准中几乎无一例外地将安全评价作为一个重要的组成部分：国际标准化组织在ISO14690《石油天然气工业健康、安全与环境管理体系》

中将安全评价列为七大要素之一，美国职业安全卫生管理体系、英国标准BS8800、澳大利亚标准AS1470也都包括了安全评价的内容；我国的《职业安全卫生管理体系试行标准》主要由5个要素组成，在“计划”要素中将“危险辨识、危险评价和危险控制计划”作为一项重要内容。

（3）安全评价成为控制重大工业事故的重要手段

为避免重大工业事故，国际劳工组织于1993年通过了《预防重大工业事故公约》，其中要求雇主须提交“安全报告”，“安全报告”的第1项内容就是“危险的鉴别与分析以及对事故危险的评估，包括考虑各种物质之间可能的相互作用”；国际劳工组织1988年出版的《重大事故控制实用手册》（Major Hazard Contro1）中将“危险评价”作为企业管理者的职责并提供了若干安全评价方法；国际劳工组织1991年出版的《重大工业事故的预防》（Prevention of Major Industrial Accident）中“危险分析”则作为一个独立的章节；1992年美国职业安全卫生管理局发布的联邦法规《高度危害化学品处理过程的安全管理》（Process Safety Management of Highly Hazardous Chemicals）中规定应在5年之内完成“危险评估”，并且在以后要对业已完成的“危险评估”重新确认。美国环保局发布的《化学事故预防规定》（Chemical Accident Prevention Provisions）也有进行危险分析和评价的条款。欧洲共同体于1996年对1982年的《塞维索法令》进行了修改，修改后的指令（96/82/EC危险物质重大事故危险的控制）要求，成员国企业的安全管理体系中应涉及“（ii）鉴别、评价重大危险——修订、实施由正常操作或不正常操作引发的重大危险的系统鉴别方法，评价重大危险的可能性和严重程度”。中国石油化工集团公司也于2000年开展了关键装置要害部位的安全评价。

2.4 安全评价的分类

2.4.1 按工程、系统生命周期和评价目的分类

目前国内通常根据工程、系统生命周期和评价的目的将安全评价分为安全预评价、安全验收评价、安全现状综合评价和专项安全评价四类（实际是三大类，即安全预评价、安全验收评价、安全现状评价，专项评价应属现状评价的一种，属于政府在特定的时期内进行专项整治时开展的评价）。

1）安全预评价

安全预评价是根据建设项目可行性研究报告的内容，分析和预测该建设项目可能存在的危险、有害因素的种类和程度，提出合理可行的安全对策措施及建议。

安全预评价以拟建建设项目作为研究对象，根据建设项目可行性研究

报告提供的生产工艺过程、使用和产出的物质、主要设备和操作条件等，研究系统固有的危险有害因素，应用系统安全工程的方法，对系统的危险性和危害性进行定性、定量分析，确定系统的危险、有害因素及其危险、危害程度；针对主要危险、有害因素及其可能产生的危险、危害后果提出消除、预防和降低的对策措施；评价采取措施后的系统是否能满足规定的安全要求，从而得出建设项目应如何设计、管理才能达到安全指标要求的结论。

安全预评价的内涵，可概括为以下4点：

（1）安全预评价是一种有目的的行为，它是在研究事故和危害为什么会发生、是怎样发生的和如何防止发生等问题的基础上，回答建设项目依据设计方案建成后的安全性如何、是否能达到安全标准的要求及如何达到安全标准、安全保障体系的可靠性如何等至关重要的问题。

（2）安全预评价的核心是对系统可能存在的危险、有害因素进行定性、定量分析，即针对特定的系统范围，对发生事故、危害的可能性及其危险、危害的严重程度进行评价。

（3）安全预评价依据安全评价标准对系统进行衡量，分析、说明系统的安全性。

（4）安全预评价的最终目的是确定采取哪些优化的技术、管理措施，使各子系统及建设项目整体达到安全标准的要求。

经过安全预评价形成的安全预评价报告，将作为项目报批的文件之一，同时也是项目最终设计的重要依据文件之一。

安全预评价报告主要提供给建设单位、设计单位、业主、政府管理部门。在设计阶段，必须落实安全预评价所提出的各项措施，切实做到建设项目在设计中的“三同时”。

2）安全验收评价

安全验收评价是在建设项目竣工验收之前、试生产运行正常之后，通过对建设项目的设施、设备、装置实际运行状况及管理状况的安全评价，查找该建设项目投产后存在的危险、有害因素，确定其程度，提出合理可行的安全对策措施及建议。

安全验收评价是运用系统安全工程原理和方法，在项目建成试生产正常运行后，在正式投产前进行的一种检查性安全评价。它通过对系统存在的危险有害因素进行定性和定量的评价，判断系统在安全上的符合性和配套安全设施的有效性，从而作出评价结论并提出补救或补偿措施，以促进项目实现系统安全。在安全验收评价中，要查看安全预评价提出的安全对策措施在初步设计中的落实，初步设计中的各项安全措施落实的情况，同时落实各项安全管理制度措施等。

安全验收评价是为安全验收进行的技术准备，最终形成的安全验收评价报告将作为建设单位向政府安全生产监督管理部门申请建设项目安全验收审批的依据。另外，通过安全验收，还可检查生产经营单位的安全生产保障，确认《安全生产法》的落实。

3）安全现状综合评价

安全现状综合评价是针对系统、工程的（某一个生产经营单位总体或局部的生产经营活动的）安全现状进行的安全评价，通过评价查找其存在的危险、有害因素，确定其程度，提出合理可行的安全对策措施及建议。

对在用生产装置、设备、设施、储存、运输及安全管理状况进行的全面综合安全评价，是根据政府有关法规的规定或是根据生产经营单位职业安全、健康、环境保护的管理要求进行的，主要包括以下内容：

（1）全面收集评价所需的信息资料，采用合适的安全评价方法进行危险识别。

（2）对于可能造成重大后果的事故隐患，采用科学合理的安全评价方法建立相应的数学模型进行事故模拟，预测极端情况下的影响范围，分析事故的最大损失，以及发生事故的概率，给出量化的安全状态参数。

（3）对发现的隐患，根据量化的安全状态参数值、整改的优先度进行排序。

（4）提出整改措施与建议。

（5）评价形成的现状综合评价报告的内容应纳入生产经营单位安全隐患整改和安全管理计划，并按计划加以实施和检查。

4）专项安全评价

专项安全评价是根据政府有关管理部门的要求进行的，是对专项安全问题进行的专题安全分析评价，如危险化学品专项安全评价，非煤矿山专项评价等。

专项安全评价是针对某一项活动或场所，如一个特定的行业、产品、生产方式、生产工艺或生产装置等，存在的危险、有害因素进行的安全评价，目的是查找其存在的危险、有害因素，确定其程度，提出合理可行的安全对策措施及建议。

如果生产经营单位是生产或储存、销售剧毒化学品的企业，评价所形成的专项安全评价报告则是上级主管部门批准其获得或保持生产经营营业执照所要求的文件之一。

2.4.2 按照安全评价结果的量化程度分类

按照安全评价结果的量化程度分，安全评价方法又可分为定性安全评价、半定量安全评价和定量安全评价。

1）定性安全评价

定性安全评价主要是根据经验和直观判断能力对工程及系统的设施、设备、环境、人员和管理等方面的状况进行定性的分析，安全评价的结果是一些定性的指标，如是否达到了某项安全指标、故障类型和导致事故发生的因素等。

定性安全评价的优点在于：

- 无需具体定量及数据采集工作；
- 相对于定量安全分析简易；
- 经济性优于定量安全评估。

定性安全评价的缺点在于：

- 假设性、主观性成分高；
- 对于存在较大安全风险的对象（高频率小损失事件或低频率大损失事件）缺少独立评价的基础。

2）定量安全评价

定量安全评价是运用基于大量的实验结果和广泛的事故资料统计分析获得的指标或规律（数学模型），对工程及系统的设施、设备、环境、人员和管理等方面的状况进行定量的计算，安全评价的结果是一些定量的指标，如事故发生的概率、事故的伤害（或破坏）范围、定量的危险性、事故致因因素的事故关联度或重要度等。

定量安全评价的优点在于：

- 相对于定性安全分析更为精确；
- 可以帮助识别潜在的安全风险；
- 更好地认识安全风险潜在的诱发因素以及可能导致的后果。

定量安全评价的缺点在于：

- 过于复杂；
- 专业知识要求高；
- 客观数据需求量大；
- 系统层面故障的定量分析难度大；
- 经济性较定量安全分析差；
- 需要大量计算资源。

3）半定量分析

半定量分析的目的是为了得到比通常在定性分析中所得到的更为详细的风险程度，但并非要提出任何在定量分析中所得到的风险实际值。

城市轨道交通安全评价过程中常采用以定性评价为主、结合定量评价的安全评价方法，对可能存在的大部分风险采用定性评价，并对发生频率高的风险采取定量评价。

2.5 安全评价的内容

根据资料收集状况，目前安全评价的内容主要包括以下两大类别，目的相同，内容稍有差异。

2.5.1 《安全评价通则》规定的安全评价内容

目前，参照《安全评价通则》（AQ8001-2007）安全评价的内容主要包括：准备阶段，识别与分析危险、有害因素，划分评价单元，定性、定量评价，提出安全对策措施，作出评价结论，编制安全评价报告。

1）前期准备

明确评价对象，备齐有关安全评价所需的设备、工具，收集国内外相关法律法规、标准、规章、规范等资料。

根据对目前我国安全评价的总结和归纳，主要相关法律、法规包括：

（1）宪法

宪法的许多条文直接涉及安全生产和劳动保护问题，这些规定既是安全法规制定的最高法律依据，又是安全法律、法规的一种表现形式。

（2）法律

是由国家立法机构以法律形式颁布实施的，例如《安全生产法》、《道路交通安全法》、《矿山安全法》、《劳动法》、《职业病防治法》等。

（3）行政法规

由国务院制定的安全生产行政法规。例如国务院发布的《建设工程安全生产管理条例》（2003，国务院令393号）、《安全生产许可证条例》（2004，国务院令397号）、《建设工程勘察设计管理条例》（2000，国务院令293号）、《建设工程质量管理条例》（2000，国务院令279号）、《关于特大安全事故行政责任追究的规定》（国务院令302号）、《生产安全事故报告和调查处理条例》（国务院令493号）等。

（4）部门规章

由国务院有关部门制定的专项安全规章，是安全法规各种形式中数量最多的。如（原）劳动部发布的《建设项目（工程）劳动安全卫生监察规定》、《建设项目（工程）职业安全卫生设施和技术措施验收办法》等。近年来，安监局、公安部、卫生部、交通部、建设部等都根据法律和国务院行政法规，在本部门权限范围内制定了相应的部门规章。

（5）其他规范性文件

近年来，国家有关部委就加强城市轨道交通的安全管理工作和尽快建立适合我国国情的安全保障体系，采取了一系列有效措施，也出台了一些相应的政策并取得了一些效果。《安全生产违法行为行政处罚办法》《安全评价机构管理规定》《关于加强建设项目安全设施“三同时”工作的通知》《关于加强安全评价机构监督管理工作的通知》《关于印发〈中介服务收费管理办法〉的通知》；2003年，建设部等九部委《关于进一步加强地铁安全管理工作的意见》，2005年，建设部办公厅颁布了《建设部办公厅关于开展城市轨道交通安全生产检查工作的通知》，检查的重点是城市人民政府城市轨道交通主管部门和建设单位、运营企业贯彻执行党中央、国务院有关安全生产的方针、政策，落实《安全生产法》和建设部等九部委《关于进一步加强地铁安全管理工作的意见》的实施情况，以及对2003年检查中发现问题的整改情况。2007年10月，建设部质量安全司发布了《城市轨道交通安全生产工作评价细则（试行）》。

（6）地方性法规和地方规章

地方法规是由各省、自治区、直辖市人大及其常务委员会制定的有关安全生产的规范性文件；地方规章是由各省、自治区、直辖市政府，其首府所在地的市和经国务院批准的较大的市政府制定的有关安全生产的专项文件。如《北京市城市轨道交通安全运营管理办法》、《广州市特大生产安全事故应急救援预案》等。

（7）国际法律文件

主要是我国政府批准加入的国际劳工公约（目前共22个）。

（8）标准、规范

• 标准分类

安全评价相关标准可按来源、法律效力、对象特征等分类。

按标准来源可分为四类：一是由国家主管标准化工作的部门颁布的国家标准，例如《生产设备安全卫生设计总则》、《生产过程安全卫生要求总则》等；二是国务院各部委发布的行业标准，例如安监总局的《冶金生产经营单位安全设计卫生设计规定》等；三是地方政府发布的地方标准，例如《山东省不同行业同类工种职工个人劳动防护用品发放标准》（[91]鲁劳安字第582号）；四是国际标准和外国标准。

按标准法律效力可分为二类：一是强制性标准，例如《城市轨道交通技术规范》、《爆炸和火灾危险环境电力装置设计规范》（GB 50058-2001）等；二是推荐性标准，例如《汽车危险货物运输、装卸作业规程》（JT/T3145-91）等。

按标准对象特征可分为管理标准和技术标准。

• 安全评价所依据的标准

安全评价依据的标准众多，不同行业会涉及不同的标准，如《安全评价通则》、《安全预评价导则》、《安全验收评价导则》、《安全现状评价导则》、《地铁运营安全评价标准》等。

2）辨识与分析危险、有害因素

根据评价对象的具体情况，辨识和分析危险、有害因素，确定其存在的部位、方式，以及发生作用的途径和变化规律。

综合目前安全评价关于危险、有害因素辨识的相关内容，危险、有害因素就是根据评价对象的具体情况，找出危险、有害因素，确定其存在的部位、方式，以及发生作用的途径和变化规律。它是安全评价过程中非常重要、不可或缺的步骤，是划分评价单元，提出安全对策措施与建议的依据和原则。

危险有害因素辨识的原则包括科学性、系统性、全面性和预测性。

危险有害因素辨识必须采用科学的方法、借用科学的仪器设备和科学的态度进行；各行各业的危险有害因素各有不同，必须熟练掌握运用系统工程原理，从物质、能量及其外力条件或自身变化全面地分析辨识；同时运用科学的技术方法对未知的危险、有害因素进行辨识。

（1）危险有害因素的定义、产生的原因

危险有害因素的定义为：

- 危险因素：是指能对人造成伤亡或对物造成突发性损害的因素。
- 有害因素：是指能影响人的身体健康，导致疾病，或对物造成慢性损害的因素。

对于危险、有害因素的定义，已经非常明确、清楚。危险因素在时间上比有害因素来得快、来得突然，造成的危害性比后者严重。通常情况下，二者并不加以区分而统称为危险、有害因素，这主要指客观存在的危险、有害物质或能量超过临界值的设备、设施和场所等。

这里的因素应该理解为事故、作业过程、行为和环境，因为在不同的行业主要的危险有害因素差别较大。火灾、瓦斯爆炸、中毒、触电等属于事故；设备的检修、爆破作业、运输等属于作业过程；违章操作、违章指挥等属于行为；高温、雷电、雨雪等属于自然环境。

《安全评价》第三版中将危险、有害因素产生的原因划分为两个方面：①存在危险有害本身具有的物质、能量；②危险有害物质、能量失去控制。

危险有害物质、能量失去控制的主要体现：①人的不安全行为（13大类）；②物的不安全状态（4大类）；③管理缺陷（6类）。

任何物质都具有相应的能量，物质和能量是客观存在的，只有当物质、能量在外力条件或自身变化且失去控制，造成一定的危险或伤害时才可以称为危险有害物质和能量。

导致危险有害物质、能量失去控制的三个方面多数说法比较笼统，例如：有分散注意力的行为；冒进信号；作业场所狭窄；作业场所杂乱；来自相关方风险管理的缺陷等。

相对于物质和能量来说，人的不安全行为是外在条件；物的不安全状态既有可能是外部条件引起的，也有可能是其自身的变化引起的；管理的主角是我们人类自身，所以也应归结为外部条件。

外在条件很多，除了上面说的人的不安全行为之外，恶劣的自然条件是最重要的外在条件之一，地震、台风、洪水、雷击、温度、湿度、雾、冰雹、滑坡、泥石流、火山喷发等。企业在建设初期一般都会对本地的自然条件作一定的调查和了解，但是现在社会发展的快节奏导致部分地区环境污染的加大，最终引发台风、洪水等导致事故的发生，可能引发巨大的人身财产损失，因此，不应该对自然灾害掉以轻心。

通常认为，危险、有害因素产生的原因应该是物质、能量在外部条件或自身变化的情况下，失去控制造成伤害或事故的综合作用。

（2）危险有害因素辨识方法和过程

① 辨识方法

危险有害因素辨识方法有直观经验法，对照、经验法，类比法，案例法和系统安全分析法等。

- 直观经验法：适用于有可供参考先例、有以往经验可以借鉴的系统。
- 对照、经验法：是对照有关标准、法规、检查表或依靠分析人员的观察分析能力，借助于经验判断能力对评价对象的危险、有害因素进行分析的方法。
- 类比法：是利用相同或相似工程或作业条件的经验和劳动安全卫生的统计资料来类推、分析评价对象的危险、有害因素。
- 案例法：收集整理国内外相同或相似工程发生事故的原因和后果；相类似的工艺条件、设备发生事故的原因和后果对评价对象的危险、有害因素进行分析的方法。
- 系统安全分析法：常用于复杂、没有事故经验的新开发系统。常有事件树、事故树等预先危险性分析法。

② 辨识过程

利用一定的辨识方法，确定危险、有害因素存在的部位和存在的形式及其发生作用的途径及其变化规律，确定重大危险有害因素。

（3）已有的危险、有害因素的分类

① 按国家标准进行分类

对危险、有害因素进行分类的目的在于安全评价时便于进行危险有害因素的分析与识别。目前国家对于生产过程危险、有害因素已有若干国家标准，国际上也有相关的分类标准。安全评价中可参照，并根据具体情况进行分析。

目前，在我国安全评价工作中，对危险、有害因素的分类主要有3个标准。这些标准的划分依据和划分类别差别较大，目前最常采用的标准是《生产过程危险和有害因素分类与代码》（GB/T 13861-2009）和《企业职工伤亡事故分类》（GB 6441-86），通常的危险、有害因素的分类是综合这两个标准确定的。总结如下。

《生产过程危险和有害因素分类与代码》（GB/T 13861-2009）标准按可能导致生产过程中危险和有害因素的性质进行分类。生产过程危险和有害因素共分为四大类，分别是“人的因素”、“物的因素”、“环境因素”和“管理因素”。每大类还分中小类。

参照《企业职工伤亡事故分类》（GB 6441-86），综合考虑起因物、引起事故的诱导性原因、致害物、伤害方式等，将危险因素分为20类。

按GB 6441-86《企业职工伤亡事故分类》，城市轨道交通运营事故类别划分见表2-1。

企业职工伤亡事故分类 表2-1

序号	类别	序号	类别
1	物体打击	8	洪涝水灾
2	车辆伤害	9	高处坠落
3	机械伤害	10	坍塌
4	起重伤害	11	容器爆炸
5	触电	12	其他爆炸
6	灼烫	13	中毒和窒息
7	火灾	14	其他伤害

按照《职业病范围和职业病患者处理办法的规定》，分7类，见表2-2。

《职业病范围和职业病患者处理办法的规定》中危险、有害因素分类 表2-2

《职业病范围和职业病患者处理办法的规定》中的危险、有害因素	7类	①生产性粉尘 ②毒物 ③噪声与振动 ④高温 ⑤低温 ⑥辐射 ⑦其他

② 按事故因素分类

根据事故致因原理，将事故管理因素划分为三类，即人的因素、物的因素、管理因素。

在城市轨道交通运营系统中，事故管理因素中的“人”主要包括乘客、工作人员及其他相关人员；“物”指紧密协调配合以实现城市轨道交通运营功能的车辆系统、供电系统、通信系统、信号系统、轨道系统、通风排烟系统以及其他设备系统。

a.人为因素类别（表2-3）

人为因素类别表 表2-3

序号	人员	因素类别	说明
1	乘客	乘客未遵守乘客守则	擅自携带易燃、易爆、有毒危险物品乘车；擅自进入轨道、隧道或者其他有警示标志的区域；在列车运行期间，有拉门、砸窗、跳车等危险行为
2		人为故意破坏	人为纵火、恐怖袭击等
3		缺乏应急技能	灾害发生时，不会采取自救措施，疏散慌张无序
4	工作人员	不按规定的方法操作设备	不按规定操作机械、装置；使用有缺陷的机械、工具等；用错机械、工具等；机械运转超速；机动车违章驾驶；其他
5		不采取安全措施	不防止意外危险；不防止机械装置突然开动；没看信号开车；其他
6		对运转的设备、装置等，进行清擦、检修、调节等作业	对运转中的机械装置；对带电设备；对加压容器；对有危险物；其他
7		使安全防护装置失效	拆掉、移走安全装置；使安全装置失效；安全装置调整错误；去掉其他防护物

续表

序号	人员	因素类别	说明
8	工作人员	制造危险状态	货物过载（含高度和装载方法的关系）；临时使用不安全物；其他
9		使用保护用具、保护服装方面的缺陷	不使用保护用具；不穿安全服装；保护用具、服装的选择、使用方法有误
10		不安全放置机械装置或工器具等	物料、工具、垃圾等的不安全放置
11		接近危险场所	不必要地接近或接触运转中的机械；不必要地进入吊货下面区域；其他
12		不安全行为	用手代替工具；从中间或底下抽取货物；扔代替传递；不必要的奔跑；其他
13		误动作	过量、过重搬运货物；推拉物体的方法不对；其他
14		其他不安全行为	—

b.物及技术因素类别

物及技术因素类别，见表2-4。

物及技术因素类别表 表2-4

序号	类别	类别子项
1	物体本身缺陷	包括：设计不良、构成材料不合适、维修不良、故障未修复、其他
2	防护措施、安全装置的缺陷	包括：没有安全防护装置、安全防护装置不完善、没有接地或绝缘不充分、没有屏蔽或屏蔽不充分、其他
3	工作场所的缺陷	包括：没有确保通路、工作场所间距不足、物体放置的位置不当、物体堆积方式不当、其他
4	个人劳动保护用品的缺陷	包括：缺乏必要的个人劳动防护用品、劳动防护用品质量不良、没有指定使用或禁止使用某用品、其他
5	作业方法的缺陷	包括：作业程序有错误、使用不合适的机械装置或用品、人事安排不合理、其他
6	作业环境缺陷	包括：照明不当、通风换气差、过量噪声、自然危险、其他

c.管理因素分类

管理因素类别，见表2-5。

管理因素类别表 表2-5

序号	类别	序号	类别
1	作业组织不合理	4	操作规程不健全或操作程序不明确
2	责任不明确或责任制未建立	5	无证经营或违法生产经营
3	规章制度不健全或落实不到位	6	未进行必要安全教育或教育培训不够

续表

序号	类别	序号	类别
7	机构不健全或人员不符合要求	10	事故隐患整改不到位
8	现场违章指挥或纵容违章作业	11	违规审核验收、认证、许可
9	缺乏监督检查	12	其他

③ 国际及其他国家的事故分类方法

a.国际劳工组织（ILO）对事故的分类方法，见表2-6。

国际劳工组织的事故分类表 **表2-6**

序号	分类方法	类别
1	按致害因素分类	机械、运输工具或起重设备、其他设备、辐射、作业环境、其他
2	按事故类型分类	火灾、爆炸、坠落、坠落物体打击、冲击和碰撞、触电、接触有害物或辐射、其他
3	按事故形式分类	职业事故、职业病、通勤事故、危险情况和事件

b.日本劳动省规定的伤亡事故分类，见表2-7。

日本劳动省规定的伤亡事故分类表 **表2-7**

序号	类别	序号	类别
1	坠落、滚落	11	触电
2	翻倒	12	爆炸
3	强烈碰撞	13	破裂
4	飞来物和落下物崩溃	14	火灾
5	撞穿	15	道路交通事故
6	被拦截、被卷入	16	其他交通事故
7	切断、摩擦、刺伤	17	动作相反
8	淹溺	18	其他
9	接触有害物体	19	不能分类
10	接触高低温物体		

（4）其他分类方法

该分类方法（见表2-8）的特点是，1～13是人与物体或物质接触（包括人暴露于有害环境下这种接触）造成伤害的情况；14～18是因事故而造成伤害的情况：19是单纯因人的因素而造成伤害的情况；20（其他）是指除上述以外的危险有害因素。

该分类方法与国际接轨，从物理力学的角度阐明了各类的含义，并在说明中明确了各类的范围，具有普遍性，适用于各种行业和作业活动，且各类之间具有互斥性，即属于此类便不属于彼类。

20种危险有害因素 表2-8

序号	类别	序号	类别
1	坠落、滚落	11	接触高温、低温物
2	摔倒、翻倒	12	接触有害物
3	碰撞	13	触电
4	飞溅、落下	14	爆炸
5	坍塌、倒塌	15	破裂
6	被碰撞	16	火灾
7	轧入	17	道路交通事故
8	切伤、擦伤	18	其他交通事故
9	踩伤	19	动作不当
10	淹溺	20	其他

各行各业的差别较大，主要的危险、有害因素各不同，为了便于准确地辨识危险、有害因素，查找事故隐患，提出经济可行的安全对策措施，应制定一个统一的危险、有害因素辨识标准，根据各行业本身特点，划分危险、有害因素的类别。在安全评价的过程中危险因素辨识是非常重要的程序之一，需要针对系统的特点对系统中存在的危险、有害因素进行辨识。

3）划分评价单元

评价单元划分应科学、合理、便于实施评价、相对独立且具有明显的特征界限。

一个作为评价对象的建设项目、装置（系统），一般是由相对独立、相互联系的若干部分（子系统、单元）组成，各部分的功能、含有的物质、存在的危险因素和有害因素、危险性和危害性以及安全指标均不尽相同。以整个系统作为评价对象实施评价时，一般按一定原则将评价对象分成若干有限、确定范围的单元分别进行评价，再综合为整个系统的评价。将系统划分为不同类型的评价单元进行评价，不仅可以简化评价工作、减少评价工作量、避免遗漏，而且由于能够得出各评价单元危险性（危害性）的比较概念，避免了以最危险单元的危险性（危害性）来表征整个系统的危险性（危害性）、夸大整个系统的危险性（危害性）的可能性，从而提高了评价的准确性，降低了采取对策措施的安全投资费用。

评价单元就是在危险、有害因素分析的基础上，根据评价目标和评价方法的需要，将系统分成有限、确定范围进行评价的单元。

划分评价单元是为评价目标和评价方法服务的，要便于评价工作的进行，有利于提高评价工作的准确性；评价单元一般以生产工艺、工艺装置、物料的特点和特征与危险、有害因素的类别、分布有机结合进行划分，还可以按评价的需要将一个评价单元再划分为若干子评价单元或更细致的单元。由于至今尚无一个明确通用的“规则”来规范单元的划分方法，因此会出现不同的评价人员对同一个评价对象划分出不同的评价单元的现象。由于评价目标不同，各评价方法均有自身特点，只要达到评价的目的，评价单元划分并不要求绝对一致。

（1）以危险、有害因素的类别为主划分评价单元

对工艺方案、总体布置及自然条件、环境对系统影响等综合方面的危险、有害因素的分析和评价，可将整个系统作为一个评价单元。将具有共性危险因素、有害因素的场所和装置划为一个单元。

按危险因素类别各划归一个单元，再按工艺、物料、作业特点（即其潜在危险因素不同）划分成子单元分别评价。例如，炼油厂可将火灾爆炸作为一个评价单元，按馏分、催化重整、催化裂化、加氢裂化等工艺装置和贮罐区划分成子评价单元，再按工艺条件、物料的种类（性质）和数量更细分为若干评价单元。又如，将存在起重伤害、车辆伤害、高处坠落等危险因素的各码头装卸作业区作为一个评价单元；有毒危险品、散粮、矿沙等装卸作业区的毒物、粉尘危害部分则列入毒物、粉尘有害作业评价单元；燃油装卸作业区作为一个火灾爆炸评价单元，其车辆伤害部分则在通用码头装卸作业区评价单元中评价。

进行安全评价时，可按有害因素（有害作业）的类别划分评价单元。例如，将噪声、辐射、粉尘、毒物、高温、低温、体力劳动强度危害等场所各划归一个评价单元。

（2）以装置和物质特征划分评价单元

下列评价单元划分原则并不是孤立的，而是有内在联系的，划分评价单元时应综合考虑各方面因素进行划分。除按下列原则外还应依据评价方法的有关具体规定划分评价单元。

① 按装置工艺功能划分。

② 按布置的相对独立性划分。

③ 按工艺条件划分评价单元。

④ 按贮存、处理危险物品的潜在化学能、毒性和危险物品的数量划分评价单元。

⑤ 根据以往事故资料，将发生事故能导致停产、波及范围大、造成巨大损失和伤害的关键设备作为一个单元；将危险性大且资金密度大的区域作为一个单元；将危险性特别大的区域、装置作为一个单元；将具有类似危险性潜能的单元合并为一个大单元。

4）定性、定量评价

根据评价单元的特性，选择合理的评价方法，对评价对象发生事故的可能性及其严重程度进行定性、定量评价。它们的评价方法及其优缺点分析，请参见2.4.2节，这里不再赘述。

按照安全评价结果的量化程度，城市轨道交通竣工验收安全评价过程

中常采用以定性评价为主、结合定量评价的安全评价方法，对可能存在的大部分危险采用定性评价，并对发生频率较高，影响范围、程度较大的危险采用有针对性的定量评价，得出其详尽的风险程度。

5）对策措施建议

依据危险、有害因素辨识结果与定性、定量评价结果，遵循针对性、技术可行性、经济合理性的原则，提出消除或减弱危险、危害的技术和管理对策措施建议。

对策措施建议应具体详实、具有可操作性。按照针对性和重要性的不同，措施和建议可分为应采纳和宜采纳两种类型。

6）安全评价结论

安全评价结论的内容应包括高度概括评价结果，从风险管理角度给出评价对象在评价时与国家有关安全生产的法律法规、标准、规章、规范的符合性结论，给出事故发生的可能性和严重程度的预测性结论，以及采取安全对策措施后的安全状态等。

已实施的安全评价一般程序如图2-1所示。

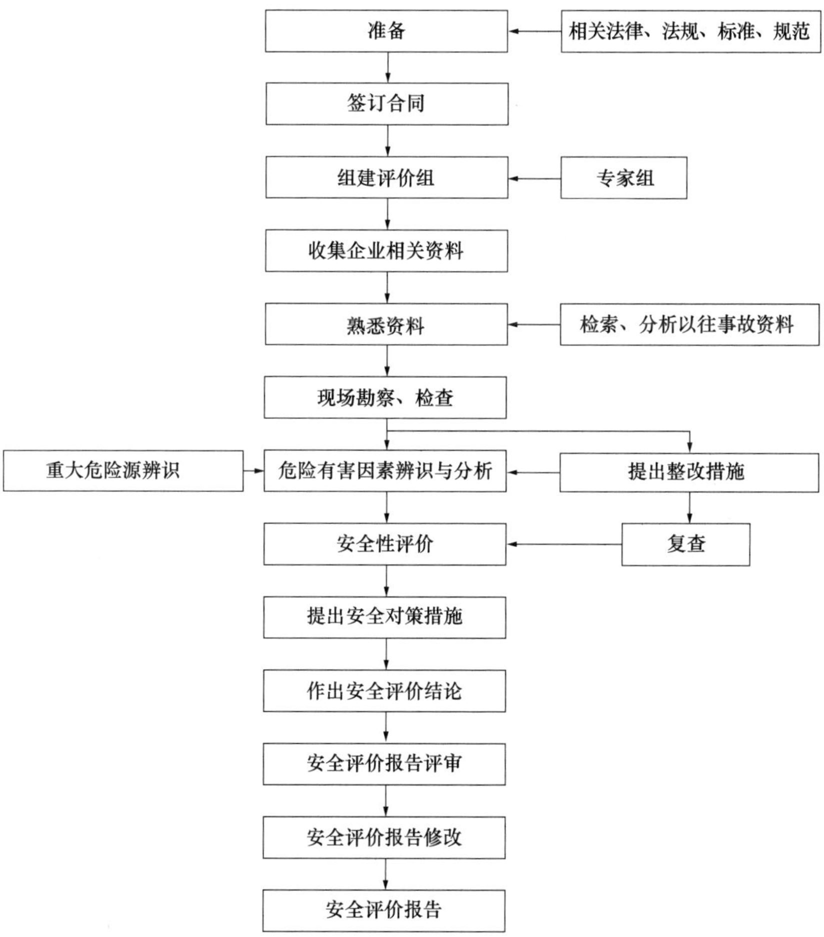

图 2-1 安全评价一般程序

2.5.2 安全评价内容的其他描述

随着现代科学技术的发展，在安全技术领域里，已由以往主要研究、处理那些已经发生和必然发生的事件，发展为主要研究、处理那些还没有发生，但有可能发生的事件，并把这种事件发生的可能性具体化为一个数量指标，计算事故发生的概率，划分危险等级，制定安全标准和对策措施，并对其进行综合比较和评价，从中选择最佳的方案，预防事故的发生。基于此，一些研究将安全评价内容描述为是一个利用安全系统工程原理和方法识别和评价系统、工程存在的风险的过程，这一过程包括危险、有害因素识别及危险和危害程度评价两部分。危险、有害因素识别的目的在于识别危险来源；危险和危害程度评价的目的在于确定来自危险源的危险性、危险程度，应采取的控制措施，以及采取控制措施后仍然存在的危险性是否可以被接受。在实际的安全评价过程中，这两个方面是不能截然分开、孤立进行的，而是相互交叉、相互重叠于整个评价工作中。

安全评价通过危险性识别及危险度评价，客观地描述系统的危险程度，指导人们预先采取相应措施，来降低系统的危险性。

2.6 国内外安全评价方法综述

安全评价方法是进行定性、定量安全评价的工具，安全评价内容十分丰富，安全评价目的和对象的不同，安全评价的内容和指标也不同。目前，安全评价方法有很多种，每种评价方法都有其适用范围和应用条件。在进行安全评价时，应该根据安全评价对象和要实现的安全评价目标，选择适用的安全评价方法。

安全评价方法分类的目的是为了根据安全评价对象选择适用的评价方法。安全评价方法的分类方法很多。按照安全评价结果的量化程度，安全评价方法可分为定性安全评价法和定量安全评价法。按照安全评价的逻辑推理过程可分为归纳推理评价法和演绎推理评价法。按照安全评价要达到的目的可分为事故致因因素安全评价方法、危险性分级安全评价方法和事故后果安全评价方法。按照评价对象的不同安全评价方法可分为设备（设施或工艺）故障率评价法、人员失误率评价法、物质系数评价法、系统危险性评价法等。按照评价目的分类等。

目前国内外常用的安全评价方法有近二十种，各种方法都有其不同的特点和适用的范围与对象，通过对部分常见评价方法的总结和概括，从各种不同的评价方法的评价目标、类型、方法特点、使用范围、应用条件和优缺点等方面总结汇总，如表2-9，以方便选择适用的方法。

常见评价方法特点汇总表 **表2-9**

序号	评价方法	评价目标	定性/定量	方法特点	适用范围	应用条件	优缺点
1	类比法	危害程度分级、危险性分级	定性	利用类比作业场所检测、统计数据分级和事故统计分析资料类推	职业安全卫生评价作业条件、岗位危险性评价	类比作业场所具有可比性	简便易行、专业检测量大、费用高
2	安全检查表	危险有害因素分析安全等级	定性、定量	按事先编制的有标准要求的检查表逐项检查，按规定赋分标准赋分，评定安全等级	各类系统的设计、验收、运行、管理、事故调查	有事先编制的各类检查表，有赋分、评级标准	简便、易于掌握、编制检查表难度及工作量大
3	预先危险性分析（PHA）	危险有害因素分析危险性等级	定性	讨论分析系统存在的危险、有害因素、触发条件、事故类型，评定危险性等级	各类系统设计、施工、生产、维修前的概略分析和评价	分析评价人员熟悉系统，有丰富的知识和实践经验	简便易行，受分析评价人员主观因素影响
4	故障类型和影响分析（FMEA）	故障（事故）原因影响程度等级	定性	列表、分析系统（单元、元件）故障类型、故障原因、故障影响，评定影响程序等级	机械电气系统、局部工艺过程，事故分析	同上，有根据分析要求编制的表格	较复杂、详尽，受分析评价人员主观因素影响
5	故障类型和影响危险性分析（FMECA）	故障原因、故障等级危险指数	定性、定量	同上。在FMEA基础上，由元素故障概率、系统重大故障概率计算系统危险性指数	机械电气系统、局部工艺过程、事故分析	同FMEA，有元素故障率、系统重大故障（事故）概率数据	较FMEA复杂、精确
6	事件树（ETA）	事故原因、触发条件、事故概率	定性、定量	归纳法，由初始事件判断系统事故原因及条件内各事件概率，计算系统事故概率	各类局部工艺过程、生产设备、装置事故分析	熟悉系统、元素间的因果关系，有各事件发生概率数据	简便、易行，受分析评价人员主观因素影响
7	事故树（FTA）	事故原因、事故概率	定性、定量	演绎法，由事故和基本事件逻辑推断事故原因，由基本事件概率计算事故概率	宇航、核电、工艺、设备等复杂系统事故分析	熟练掌握方法和事故、基本事件间的联系，有基本事件概率数据	复杂、工作量大、精确。事故树编制有误，易失真
8	作业条件危险性评价	危险性等级	定性、半定量	按规定对系统的事故发生可能性、人员暴露状况、危险程序赋分，计算后评定危险性等级	各类生产作业条件	赋分人员熟悉系统，对安全生产有丰富知识和实践经验	简便、实用，受分析评价人员主观因素影响
9	道化学公司法（DOW）	火灾爆炸危险性等级事故损失	定量	根据物质、工艺危险性计算火灾爆炸指数，判定采取措施前后的系统整体危险性，由影响范围、单元破坏系数计算系统整体经济、停产损失	生产、贮存、处理燃爆、化学活泼性、有毒物质的工艺过程及其他有关工艺系统	熟练掌握方法、熟悉系统、有丰富知识和良好的判断能力，须有各类企业装置经济损失目标值	大量使用图表、简捷明了、参数取位宽、因人而异，只能对系统整体宏观评价
10	帝国化学公司蒙德法（MOND）	火灾、爆炸、毒性及系统整体危险性等级	定量	由物质、工艺、毒性、布置危险计算采取措施前后的火灾、爆炸、毒性和整体危险性指数，评定各类危险性等级	生产、贮存、处理燃爆、化学活泼性、有毒物质的工艺过程及其他有关工艺系统	熟练掌握方法、熟悉系统、有丰富知识和良好的判断能力	大量使用图表、简捷明了、参数取位宽、因人而异，只能对系统整体宏观评价

续表

序号	评价方法	评价目标	定性/定量	方法特点	适用范围	应用条件	优缺点
11	日本劳动省六阶段法	危险性等级	定性、定量	检查表法定性评价，基准局法定量评价，采取措施，用类比资料复评，1级危险性装置用ETA、FTA等方法再评价	化工厂和有关装置	熟悉系统、掌握有关方法、具有相关知识和经验、有类比资料	综合应用几种方法反复评价，准确性高、工作量大
12	单元危险性快速排序法	危险性等级	定量	由物质、毒性系数、工艺危险性系数计算火灾爆炸指数和毒性指标，评定单元危险性等级	同DOW法的适用范围	熟悉系统、掌握有关方法、具有相关知识和经验	是DOW法的简化方法。简捷方便、易于推广
13	危险性与可操作性研究	偏离及其原因、后果、对系统的影响	定性	通过讨论，分析系统可能出现的偏离、偏离原因、偏离后果及对整个系统的影响	化工系统、热力、水力系统的安全分析	分析评价人熟悉系统、有丰富的知议和实践经验	简便、易行，受分析评价人员主观因素影响
14	模糊综合评价	安全等级	半定量	利用模糊矩阵运算的科学方法，对多个子系统和多因素进行综合评价	各类生产作业条件	赋分人员熟悉系统，对安全生产有丰富知识和实践经验	简便、实用，受分析评价人员主观因素影响

系统是指为实现一定的目标，由多种彼此有机联系的要素组成的整体。每个系统都有着自身的总目标，而构成系统的所有子系统、单元都为实现这一总目标而实现各自的分目标。如何使这些目标达到最佳，这就是系统工程要研究解决的问题。系统的整体目标（功能）是由组成系统的各子系统、单元综合发挥作用的结果。因此，不仅系统与子系统，子系统与单元有着密切的关系，而且各子系统之间、各单元之间、各元素之间也都存在着密切的相关关系。

因此，安全评价是一个利用安全系统工程原理和方法识别和评价系统、工程存在的风险的过程，这一过程包括危险、有害因素识别及危险和危害程度评价两部分。危险、有害因素识别的目的在于识别危险来源；危险和危害程度评价的目的在于确定和衡量来自危险源的危险性和危险程度与应采取的控制措施，以及采取控制措施后仍然存在的危险性是否可以被接受。在实际的安全评价过程中，这两个方面是不能截然分开、孤立进行的，而是相互交叉、相互重叠于整个评价工作中。

经过多年的发展，安全评价的方法很多，不论哪一种评价方法，其主要内容不外乎以下4个方面：危险的识别、危险的定量、定量化的危险与基准值比较、提出控制危险的措施。危险的识别是分析所研究对象存在的各种危险；危险的定量则是研究确定这些危险发生的频率及可能造成的后果，一般将定量化的危险称之为风险；与基准值比较是将这些风险与预定的风险值相比较，判断是否可以接受；最后根据风险能否接受而提出降低、排除、转移风险的对策。

随着现代科学技术的发展，在安全技术领域里，由以往主要研究、处理那些已经发生和必然发生的事件，发展为主要研究、处理那些还没有发生，但有可能发生的事件，并把这种可能性具体化为一个数量指标，计算事故发生的概率，划分危险等级，制定安全标准和对策措施，并进行综合比较和评价，从中选择最佳的方案，预防事故的发生。安全评价通过危险性识别及危险度评价，客观地描述系统的危险程度，指导人们预先采取相应措施，来降低系统的危险性。

第3章 城市轨道交通安全评价体系

20世纪60年代以来，我国的城市轨道交通从无到有，从单一线路到四通八达，达到如今史无前例的发展速度。尽管由于经济实力和技术水平的限制，我国的城市轨道交通建设起步较晚。在2000年之前，国内仅有北京、上海、广州、天津4个城市拥有轨道交通线路。但近年来，随着我国城镇化进程不断加快，城市机动车迅速增加，为缓解城市交通压力，各大城市纷纷加快建设轨道交通系统。2012年底，我国内地已有17个城市约2077公里城市轨道交通线路投入运营；有36个城市的城市轨道交通近期建设规划相继得到国家批准并陆续实施，此外，还有更多省会城市和二线城市在“十二五”规划中提出了建设城市轨道交通的计划。

据统计，“十五”期间，我国内地平均每年新增城市轨道交通运营里程约80公里，“十一五”期间，平均每年新增约180公里，“十二五”期间根据规划，每年新增约280多公里。根据中国城市轨道交通协会统计报告分析，2016年是“十三五”的开局之年，城市轨道交通将继续保持快速增长、良性发展的态势。与此同时，如何保障城市轨道交通安全地运行已成为持续关注的重点。城市轨道交通安全是管理者和技术人员关注的核心问题，2003年2月18日发生在韩国大邱市的地铁纵火案，至今还让不少人心有余悸。当时发生的火灾虽然是人为纵火，但同时也暴露出应急安全设施准备不足、安全设备无法在应急状态下全面启动等地铁建设中的安全问题。据韩国媒体报道，大邱市地铁1997年开通时采用的有关防火安全的标准，还是20世纪70年代韩国首次开通地铁时的标准。这次火灾的发生，引起了很多人对地铁安全的高度重视，尤其是我国城市轨道交通尚处于快速发展的初期，尽快建立健全城市轨道交通建设从规划设计到运营管理的全程安全评估标准，提高安全技术水平和管理水平，特别是对城市轨道交通建设安全和运营中消防、安检、监控、疏散等的安全评价，以及加强城市轨道交通全寿命周期的安全管理，十分有必要。

城市轨道交通在具有运行速度快、可靠性高等优点的同时，也因为其特有的运行特点而带来一定的安全隐患。首先，地铁是在地下封闭的空间中运行的，通风条件比较差，一旦发生事故，疏散起来受到一定的限制。如果事故发生在地铁车辆进站后，疏散起来相对容易一些，如果是在地铁隧道中发生，后果不堪设想。其次，城市轨道交通列车一般载客量比较大，是一个人员高度密集的公共场所。而且城市轨道交通乘客来源又比较复杂，同时城市轨道交通作为城市大容量、快速公共交通工具的特性，决定了它不可能像火车、飞机那样事先严格、细致地对乘客进行安全检查。因此其安全隐患要高于火车、飞机。

我国各城市轨道交通企业十分重视建设和运营的安全问题，但是经常由于种种条件的限制而不能形成一套完整的安全保障体系。和城市轨道交通发达的国家相比，我们国家城市轨道交通安全运营管理经验还很不足，具体来说有以下三点：第一是技术标准不够完善，依法建设和运营的规范不够。第二是早期建设水平较低，达不到现在要求的标准。如北京地铁一号线是在“文化大革命”期间开工建设的，资金投入和当时的技术条件决定了建成情况，现在改造起来难度比较大；比如，想在其站台上安装保护乘客安全的屏蔽门就比较困难。第三是安全设施不够完善。为尽量保证城市轨道交通运行安全，我国各地也曾相继出台了一些有关运营安全的规范。深圳市于2001年7月发布并实施了《深圳市地下铁道建设管理暂行规定》，在安全方面规定了城市轨道交通公司可以在地铁车站或通风口附近采取技术保护措施，地铁工程建设沿线有关单位应服从并予以配合。北京市于2004年6月开始实施的《北京市城市轨道交通安全运营管理办法》，就安全运营管理问题作出了规定，市交通行政管理部门应当制定本市城市轨道交通安全运营服务标准，运营单位应当按照服务标准的要求，安全运送乘客。上海市于2005年12月1日颁布实施《上海市轨道交通运营安全管理规定》，这是一部轨道交通运营安全管理的规范性文件。它规定，轨道交通列车因故晚点15分钟，运营单位要立即向市交通局总值班室汇报并采取应急方案；遇到突发灾害、恐怖活动并危及运营安全时，运营方可停止部分区段或者全线的运营并报告交通局，并且立即向社会公告。

可以看出，各城市对于轨道交通安全问题非常重视，并为此投入了较大的人力物力。尽管采取的措施和形式不尽相同，但也取得了相当的成效。但从全国范围来讲，尚未形成一套系统、完整的运营安全评价体系，急需建立完善的安全机制。从轨道交通系统的动因来看，其首要的经营目标是向城市居民提供安全、便捷、准时的公共交通服务。因此，通过各城市的安全实践经验归纳、总结、反馈循环，建立规范、体系化的安全保障机制，将会有效提高安全管理效率和效力。

美国自20世纪50年代起，将重大安全事故的安全评价标准从高危行业引入轨道交通，建立了轨道交通的安全预评价、安全验收评价、安全现状评价及专项评价四类评价标准；英国则把铁路安全评价系统引入轨道交通，把所有的风险分为三个等级进行区别对待；我国香港的地铁也有自己的安全评价制度。“实践出真知”，他们的安全评价标准都是从经年累月的安全统计数据中得出的，从各类安全事故发生的时间、路段、原因等方面系统、细致地进行了总结和归纳，从而形成了一套完整的安全预防、检查、处理机制，做到防患于未然，一旦发生事故，都能以最快、最稳妥的方式保护乘客的安全，最大程度地减少人员伤亡。

目前国内城市轨道交通安全评价还处于起步阶段，特别是基于城市轨道交通行业特点的安全评价方法还不够成熟和完善，特别是真正按照标准进行运营安全评价标准的地铁极少，说明需要做进一步有针对性的研究，提出能够适应我国目前城市轨道交通发展特点的安全评价方法。城市轨道交通行业主管部门，一直强调各城市要加强沟通和交流，共同推进城市轨道交通建设的质量安全管理；呼吁总结国内外轨道交通建设质量安全管理的先进经验和做法，加以推广，提高轨道交通工程建设的整体管理水平。针对目前我国城市轨道交通建设迅速发展的形势，国家决定加大安全生产管理力度，强化城市轨道交通安全监管责任体系建设：一是建立城市轨道交通安全评价制度，从系统论观点和安全科学方法确定安全评价标准；二是选择一批安全评价机构；三是根据安全评价结果督促落实安全责任制。

为确保城市轨道交通系统的安全和提高的运能，从每一条城市轨道交通线路的设计开发阶段开始，就应注重安全系统化工程的应用，从而促使城市轨道交通系统在整个生命周期中符合安全性的要求，进而使城市轨道交通安全工程的设计、施工和运营更加系统化、程序化、规范化。为实现这个目的，就应该建立一套完善的城市轨道交通系统的安全评价体系。

城市轨道交通安全评价作为安全管理的重要工作方法之一，通过采用科学系统的方法对轨道交通系统进行安全评价，有利于总体把握系统基础条件、设备施工状况和运营情况的安全状态，及时发现系统功能和管理存在的缺陷和不足，并通过科学分析提出有效的补救措施和改进建议，提高轨道交通系统安全水平，防患于未然的同时，提高系统的应急能力。

3.1 国内城市轨道交通安全评价目前存在的问题

由于目前城市轨道交通安全评价方面的法律、法规还不健全，评价机构不够权威，监督不明确，以及安全评价内容因不能适应城市轨道交通系统化、多样化、复杂化和专业化等问题而流于形式，导致城市轨道交通安全评价实施不规范。具体体现在以下几个方面：

3.1.1 制度方面存在的问题

（1）目前，城市轨道交通安全评价的法律依据不足，不具备强制性，法律地位不明确。

依据《安全生产法》的安全评价制度是针对矿山和矿山建设项目和用于生产、储存危险物品的建设项目。对城市轨道交通进行安全评价则是根据相关国务院文件、部门规章及标准执行的，举例如下：

2003年《国务院办公厅关于加强城市轨道交通建设管理的通知》，第4条中提到在项目立项、可行性研究阶段进行安全、地质环境和地质灾害的评估。但并没有对城市轨道交通的验收评价、运营评价和其他的专项评价有具体规定。

2003年《关于加强建设项目安全设施“三同时”工作的通知》规定“对矿山建设项目和生产、储存危险物品、使用危险化学品等高危险行业的建设项目以及具有较大安全风险的建设项目，建设单位在进行项目可行性研究时，应对安全生产条件进行专门论证，委托安全评价中介机构进行安全生产评价，对建设项目安全设施的安全性和可操作性进行综合分析，提出安全生产对策的具体方案”，但并没有界定“城市轨道交通项目”是否为“具有较大安全风险的建设项目”。

但是在相关的部门规章中我们可以找到城市轨道交通验收评价、运营安全评价和需要时做专项安全评价的依据。

2005年住房和城乡建设部发布《城市轨道交通运营管理办法》，其中第18条提出要定期对城市轨道交通进行安全性评价，并针对薄弱的环节制定安全运营对策；2007年，国家安全生产监督管理总局发布了《安全评价通则》（AQ8001-2007）等安全评价标准。

因此，可以说，从制度依据上，城市轨道交通评价显得薄弱，这也是造成目前城市轨道交通安全评价没有严格实施的重要原因之一。

环境影响评价是环境保护的重要和有效手段，《中华人民共和国环境影响评价法》明确了环境影响评价的重要地位，而安全评价又是针对安全的重要手段，应当具有和环境影响评价同样的地位。

2003年开始实施的《中华人民共和国环境影响评价法》，将环境影响评价制度从建设项目扩展到各类开发建设规划（表3-1）。

环境影响评价制度 **表3-1**

项目	环境影响评价
主要法律依据	《中华人民共和国环境影响评价法》、《中华人民共和国环境保护法》等专门性法律中有关环境影响评价的规定、相关的国务院行政法规、部门规章和地方发布的法规规章为依据
开展时间	我国《建设项目环境保护管理条例》（中华人民共和国国务院令第253号，1998年12月）规定：建设单位应当在建设项目可行性研究阶段报批建设项目环境影响报告书、环境影响报告表或者环境影响登记表；铁路、交通等建设项目，经有审批权的环境保护行政主管部门同意，可以在初步设计完成前报批环境影响报告书或者环境影响报告表
适用范围	在中华人民共和国领域和中华人民共和国管辖的其他海域内建设对环境有影响的项目，应当依照本法进行环境影响评价。界定原则可参考《建设项目环境保护分类管理名录》（国家环境保护总局令第14号，2002年10月）

续表

项目	环境影响评价
评价对象	项目的规划、建设
审批程序	环评法中规定："建设项目的环境影响评价文件，由建设单位按照国务院的规定报有审批权的环境保护行政主管部门审批；建设项目有行业主管部门的，其环境影响报告书或者环境影响报告表应当经行业主管部门预审后，报有审批权的环境保护行政主管部门审批。海洋工程建设项目的海洋环境影响报告书的审批，依照《中华人民共和国海洋环境保护法》的规定办理。"建设项目在得到环境保护行政主管部门对项目的环评批复后，方可立项
资质管理	《中华人民共和国环境影响评价法》第二十条指出，"环境影响报告书或者环境影响报告表，应当由具有相应环境影响评价资质的机构编制。另外，环境影响报告书和特殊项目环境影响报告表须由登记于该机构的相应类别的环境影响评价工程师主持；一般项目环境影响报告表须由登记于该机构的环境影响评价工程师主持。环境影响报告书的各章节和环境影响报告表的各专题应当由本机构的持有环评上岗证的专业技术人员主持。"
法律责任	《中华人民共和国环境影响评价法》第四章法律责任规定了"规划编制机关违反本法规定，未组织环境影响评价，或者组织环境影响评价时弄虚作假或者有失职行为，造成环境影响评价严重失实的，对直接负责的主管人员和其他直接责任人员，由上级机关或者监察机关依法给予行政处分"等违法行为应负的法律责任

在《环境影响评价法》的法律文本中，首先规定了根据建设项目对环境影响的程度实行分类管理（第十六条）；明确了建设项目环境影响报告书应当包括的内容（第十七条）；确立了建设项目环境影响评价技术服务单位的资质管理制度（第十九条）；规范了建设项目环境影响评价文件的审查和审批程序（第二十二、二十三、二十四、二十五条）；规定了建设项目环境影响评价文件的效力。由此，现行条例中有关建设项目环境影响评价的主要规定基本上都纳入了新通过的法律文本。对比环境影响评价法，目前的城市轨道交通安全评价制度还不具备强制性。

例如英国法规明确要求，在运营前，政府主管部门将审查建设单位及运营单位的系统保障工作，并颁发安全证书，建设单位及运营单位将汇总自己所有工作，编制安全报告，供政府主管部门审查，以便获得安全证书。

根据前文，我国《安全生产法》规定：矿山建设和用于生产、储存危险物品的建设项目，应当按照国家有关规定进行安全条件论证和安全评价。但未明确城市轨道交通安全评价制度的法律地位，因此城市轨道交通安全评价是否强制执行，并没有在法律条文中明确，当然也没有保证其强制执行的行政手段，也没有专门的"城市轨道交通安全评价法"来确立城市轨道交通安全评价的法律地位。安全评价在一些行业已经作为安全生产许可证发放的前提，但城市轨道交通安全评价尚无此地位。因此，城市轨道交通安全评价也难以保证其实施效果。

（2）城市轨道交通安全评价组织机构责任不明确

从城市轨道交通安全评价现状看，城市轨道交通安全评价相关管理机构责任不明确，参与各方的责任也不明确，导致城市轨道交通安全评价的实施和监督都处在一个可有可无的状态，无法得到认可和严格执行。

（3）依据的标准数量很少，极不完善

2007年，制定了国家标准《地铁运营安全评价》（GB/T 50438-2007），是专门针对轨道交通运营安全的。2007年发布了五项安全生产行业标准，包括《安全评价通则》（AQ8001-2007）、《安全预评价导则》（AQ8002-2007）、《安全验收评价导则》（AQ8003-2007）和《城市轨道交通安全预评价细则》（AQ8004-2007）、《城市轨道交通安全验收评价细则》（AQ8005-20），这是对安全评价行政管理方面的规定，城市轨道交通安全评价标准还很缺乏，亟待研究。

3.1.2 实施方面存在的问题

（1）现状城市轨道交通安全评价开展时间有缺陷，安全评价机构不完善，评价人员和内容专业性不强，没有严格实施。

我国目前实行的安全评价是一种在关键阶段设置采用安全评价机制进行安全控制的体制，属于节点的安全控制。但正如前面所述，目前仅有城市轨道交通预评价实施较多。城市轨道交通验收评价未实施过，运营安全评价仅北京地铁1号线、2号线做过。

从安全控制的效果来看，按照现状，安全预评价在工程可行性研究阶段进行，而安全验收评价在载客运营前进行，工程跨度太大，对中间过程的系统的、实时的、全过程的安全监督缺失，导致验收安全评价时，系统已经形成，也就是说，既有的问题也都已经形成，尽管有验收安全评价，但是对应当预防的问题就显得有点迟，可能会把可以预防而不会发生的问题演变成既有而需要解决的问题。从初步设计到项目验收，当中的设计、制造、安装施工好几个关键阶段，仅依靠相关技术标准来保证设施、设备安全，没有关于系统安全的控制手段，系统安全无法得到充分保证。也就是说，城市轨道交通安全评价的开展时间安排尚有缺陷，安全评价的效果不能保证。从国外类似制度的经验可以看出，英国的法规规定了安全保障的时间是整个建设周期、运营前和运营的全过程，并用颁发安全证书制度来予以保证。德国采用的城市轨道交通的技术控制体制的审批和监督也贯穿了城市轨道交通建设和运营的全过程。

（2）我国城市轨道交通系统安全评价历史较短，内容针对性不强，对系统安全评价方法研究较少。

城市轨道交通具有系统性强、系统多样化和专业复杂的特点，而我国由于城市轨道交通发展的历史较短，特别是城市轨道交通安全评价的发展历史更短，因此，对于城市轨道交通安全评价的内容研究较少，目前，针对城市轨道系统特点的安全评价方法和内容研究很少，由于国内城市轨道交通事故数据积累非常有限，已实施的城市轨道交通安全预评价内容也主要是以符合性检查为主，对于系统安全评价方法的研究还不够深入，对于风险预测方面的内容还有待进一步研究，因此，评价的效用有限。另外，目前城市轨道交通安全评价的实施并未和城市轨道交通的建设程序紧密结合，也不是取得安全许可的强制性手段，因此，可操作性不强，实施不严格。

（3）城市轨道交通安全评价的审批程序、资质管理、机构设置等制度尚未确立。

2003年《国务院办公厅关于加强城市快速轨道交通建设管理的通知》（国办发[2003]81号）第4条中提到在项目立项、可行性研究阶段进行安全、地质环境和地质灾害的评估，2005年建设部发布《城市轨道交通运营管理办法》中的第18条，提出要定期对城市轨道交通进行安全性评价，并针对薄弱的环节制定安全运营对策。但目前尚未有像《环境影响评价法》的针对城市轨道交通安全评价的专门法律，来对城市轨道交通安全评价的审批程序、资质管理、机构设置和法律责任作出规定，因此目前这几个方面在实施过程中未能得到规范。按照目前的法律规定，由于我国城市轨道交通安全评价制度并未在法律条文中明确规定，并且未使用安全许可证等手段保证安全评价的效力，也就是说，我国的城市轨道交通安全评价没有和安全许可证制度挂钩，也没有一套相应的变更、许可及撤销制度，安全评价往往流于形式，效果无法保证。因此，建设单位和运营单位对安全评价的做与不做具有一定的选择性，并不是强制执行的。也造成部分城市轨道交通安全评价流于形式。

特别是在资质管埋和机构设置方面，还存在以下问题：

- 政府层面的监督职责，仍未十分明确，导致对城市轨道交通安全评价的监管仍停留在非强制的层面上，而未能明确并严格其实施、审批和监督程序。
- 对城市轨道交通安全评价机构的准入也处在一个初级阶段，是通过对已取得安全评价资质的机构或人员的业务范围的扩展来处理的，针对城市轨道交通这样一个规模大、专业性强且复杂的系统的安全评价机构还没有一个专业的考核，导致目前城市轨道交通安全评价的可接受度和认可度不高。
- 建设、运营单位和设备商在安全评价系统的职责不明，对于是否配合安全评价、配合到什么程度均没有一个有效的约束。

而城市轨道交通是一个包括建设过程、产品和产品的使用过程在内的庞杂系统，其安全需要审批程序、资质管理、机构设置等制度，还需要相关各方责任明确，目标一致，而目前的机构设置和资质管理无法满足要求。

（4）城市轨道交通安全评价缺乏专业人才

目前，由于城市轨道交通安全评价的发展历史较短，没有专业的培训和准入，这方面的专业人才还很缺乏。

3.1.3 监督方面存在的问题

（1）没有建立有效的监督和审批机制

目前的城市轨道交通安全评价还处在自愿执行的基础上，并没有建立一套有效的监督和审批机制，政府层面的监督职责，仍未十分明确，导致对城市轨道交通安全评价的监管仍停留在常规的基础上，而没有明确且严格的实施、审批和监督程序，这使得城市交通安全评价的公正性和有效性都得不到保证，因此在实际中没有得到贯彻执行。

（2）缺乏监督的措施

目前的城市轨道交通安全评价制度中，并没有提出监督的措施，对城市轨道交通安全评价的审批程序、资质管理和法律责任方面也未作明文规定，城市轨道交通安全评价的实施和监督得不到规范。

3.2 城市轨道交通安全评价体系的特点、建立的目的和意义

城市轨道交通安全评价是以实现城市轨道交通系统安全为目的，应用系统安全评价的方法，对系统中存在的危害进行识别和风险评价，预测其危险性、危险程度是否可接受，以及采取控制措施后仍然存在的危险性是否可以被接受，从而判断系统发生事故和职业危害的可能性及其严重程度，为制定防范措施和管理决策提供科学依据。城市轨道交通安全评价体系的构建包括体制的构建和评价体系内容的构建两个方面。

3.2.1 体系的特点

为实现城市轨道交通安全评价的目的，解决目前城市轨道交通安全评价在制度依据、实施和监督方面存在的诸多问题，有效地指导和落实城市轨道交通安全评价的实施，应建立城市轨道交通安全评价体系，与传统的城市轨道交通安全管理相比，城市轨道交通安全评价体系主要特点是：

（1）关注系统的复杂性、关联性，能够适应城市轨道交通规模快速发展、技术系统复杂和关联性强的特点。城市轨道交通系统由众多子系统构成。每一个子系统的安全都关系到整个系统的安全性，各个子系统之间的“节点”往往会被忽略而引发事故，因而“节点”的危险性不容忽视。城市轨道交通安全评价以整个系统安全为目标，不单单关注单个子系统的安全，从全局的观点出发，寻求到最佳的、有效的事故预防措施，尽量做到防患于未然。

（2）事故预测技术的应用。传统的安全管理是事后总结经验，即从已经发生的事故中吸取教训，是很好的总结经验教训的方式。但是城市轨

道交通往往是城市骨干运输系统，一旦出现重大事故往往损失巨大，必须预先采取相应的防范措施。城市轨道交通安全评价的目的是预先发现、识别可能导致事故发生的危险因素，以便于在事故发生之前采取措施消除、控制这些因素，防止事故的发生。

（3）定量化分析安全。对安全作定量化分析，把安全从抽象的概念转化为数量指标，从而为安全管理、事故预测和选择最优化方案等提供了科学依据。

安全评价的上述特点，使它在杜绝、减少事故的发生，降低灾害带来的损失及事故原因分析诸方面均发挥了重要的作用，在各个国家和地区的城市轨道交通的发展过程中都得到了广泛应用。

3.2.2 体系建立的目的

（1）建立合理的城市轨道交通安全评价制度，为城市轨道交通安全评价提供制度依据。

针对目前城市轨道交通安全评价制度存在的问题，从法律、法规和标准、机构建立、实施和监督等方面研究在城市轨道交通行业建立安全评价制度的政策和法律保障，保障城市轨道交通安全评价执行的规范性和公正性。

（2）制定有针对性的、合理的、可用的城市轨道交通系统安全评价的内容、方法、指标等要求，指导城市轨道交通安全评价实施。

针对目前城市轨道交通安全评价实施过程中存在的问题，研究针对城市轨道交通系统的合理的、可用的安全评价内容、方法和指标等，指导城市轨道交通安全评价人员和参与人员。

（3）建立有效的城市轨道交通安全评价运行机制，提高城市轨道交通安全评价的科学性，达到保障系统安全的目的。

为实现城市轨道交通系统安全，建立有效的城市轨道交通安全评价运行机制，从系统的角度来考虑城市轨道交通安全评价的设置和内容，从而提高城市轨道交通安全评价的科学性，达到保障系统安全的目的。

3.2.3 体系建立的意义

（1）是我国安全评价制度的重要组成部分。

从安全评价的发展历史看，由于它在杜绝、减少事故的发生，降低灾害带来的损失及事故原因分析诸方面均发挥了重要的作用，受到世界各国的重视。安全评价已越来越多地列入各国法规、标准以及国际化组织有关规范的条款中。这表明安全评价已正式确立了它在生产中的重要地位。而我国已在《安全生产法》中明确了三危行业安全评价的法律地位，因此，随着城市轨道交通快速发展，城市轨道交通系统安全评价制度的建立，将成为我国安全评价制度的重要组成部分。

安全评价工作是监管部门和企业安全生产的基础工作之一，安全评价报告已成为企业安全和安全生产管理工作的重要组成部分。我国的安全评价工作起步于20世纪70年代，是伴随着建设项目“三同时”而发展的，经过30多年的发展，国家安监局已陆续发布危险化学品、煤矿、陆上石油和天然气开采等10项安全评价技术导则，目前已授予163家评价单位甲级资质证书，单一的预评价已扩展为安全预评价、安全验收评价和安全现状综合评价、专项安全评价等4种类型。覆盖了工程、系统的全寿命周期，适应了安全生产的需要。安全评价已被写进国家安全生产法中，将其引入城市轨道交通的建设和运营，对提高城市轨道交通预防事故发生的能力，提高建设和运营的安全性具有重要作用。

（2）是城市轨道交通安全监管的有效手段。

我国的城市轨道交通建设已经进入了快速发展时期，随着建设速度和规模的迅速扩大，在建设、运营过程中不断出现隐患甚至是事故，城市轨道交通建设行业成为高危行业，借鉴其他高危行业的经验，利用城市轨道交通安全评价对城市轨道交通的安全进行监管，将是有效的手段。

（3）是落实城市轨道交通安全管理的基础。

国务院对城市轨道交通安全非常重视，在《关于加强城市快速轨道交通建设管理的通知》中提出了严格要求：“切实加强城轨交通的安全管理，提高灾害防御和应急救助能力。要高度重视城轨交通建设、运营的安全问题，牢固树立‘安全第一，预防为主’的思想，把确保城轨交通建设和运营安全作为头等大事切实抓好。” 城市轨道交通安全评价通过预先发现、识别危险因素，采取措施预防事故的发生，从而贯彻城市轨道交通“预防为主”的方针。

（4）是城市轨道交通系统安全保障的基础。

安全评价确立了系统安全的观点。随着生产规模的扩大、生产技术的日趋复杂和连续化生产的实现，系统往往由许多子系统构成。为了保证系统的安全，就必须研究每一个子系统，另外，各个子系统之间的“接点”往往会被忽略而引发事故，因而“接点”的危险性不容忽视。安全评价是以整个系统安全为目标的，因此不能孤立地对子系统进行研究和分析，而要从全局的观点出发，才能寻求到最佳的、有效的防灾途径。 由于城市轨道交通系统是由各子系统有机组合在一起的，各子系统是相对独立的，安全评价单元也是相对独立的，可以将城市轨道交通运营系统划分若干评价单元，最终得到城市轨道交通系统的综合安全评价。

（5）提高城市轨道交通安全性分析和评价的科学性和前瞻性。

系统安全工程的发展和应用，为预测、预防事故的系统安全评价奠定了可靠的基础。安全评价的现实作用又促使许多国家政府、相关实体加强对安全评价的研究，开发自己的评价方法，对系统进行事先、事后的评价，分析、预测系统的安全可靠性，努力避免不必要的损失。安全评价对安全作定量化分析，把安全从抽象的概念转化为数量指标，从而为安全管理、事故预测和选择最优化方案等提供了科学依据。

3.3 城市轨道交通安全评价体制构建

针对城市轨道交通安全评价在法律、法规、标准、机构、实施和监督方面存在的问题，参照国外的制度和我国的环境影响评价制度，城市轨道交通安全制度的合理构成应当包括以下几个方面：

（1）审批程序

明确城市轨道交通安全评价各个阶段和专项安全评价的开展时间、审批部门、审批阶段和程序。

（2）机构设置

城市轨道交通安全评价的审批、资质管理和第三方评价机构应当予以完善。

（3）资质管理

城市轨道交通安全评价的实施、报告的编制都应建立相应的资质，而不是在现有资质的基础上简单扩展，应当有专门和专业化的规定。

（4）法律责任

对城市轨道交通安全评价涉及的相关各方应明确其法律责任。应明确政府的审批和监督职责，明确建设和运营单位的安全责任、对安全评价的执行责任，明确相关各方对安全评价的配合责任。

建议城市轨道交通安全评价体制应在以下几个方面予以完善。

3.3.1 法律、法规和标准体系

通过尽快完善城市轨道交通安全评价法规、标准体系，促进城市轨道交通安全评价相关法律、法规和标准体系化，以使城市轨道交通安全评价工作的地位明确，有法可依。同时，尽快出台城市轨道交通安全评价制度。

目前，我国安全评价法规涉及交通的有《中华人民共和国道路交通安全法》、《中华人民共和国道路交通安全法实施条例》、《中华人民共和国海上交通安全法》和《铁路运输安全保护条例》等，由于城市轨道交通在城市客运交通中承担骨干作用的地位，建议建立城市轨道交通安全评价的专门法，将城市轨道交通安全评价制度作为颁发安全许可证的前提，明确城市轨道交通安全评价的强制性地位，或在安全相关法律体系中明确城市轨道交通安全评价的法律地位。

标准方面，在目前已有标准的基础上，逐步完善城市轨道交通安全预评价、施工安全评价、竣工验收安全评价和运营安全评价的相关标准体系；并建立城市轨道交通设备安全认证法律和标准、城市轨道交通安全评价管理法律和标准等作为城市轨道交通安全评价实施的相关配套法规和标准，由行业主管的政府部门发布和监管。

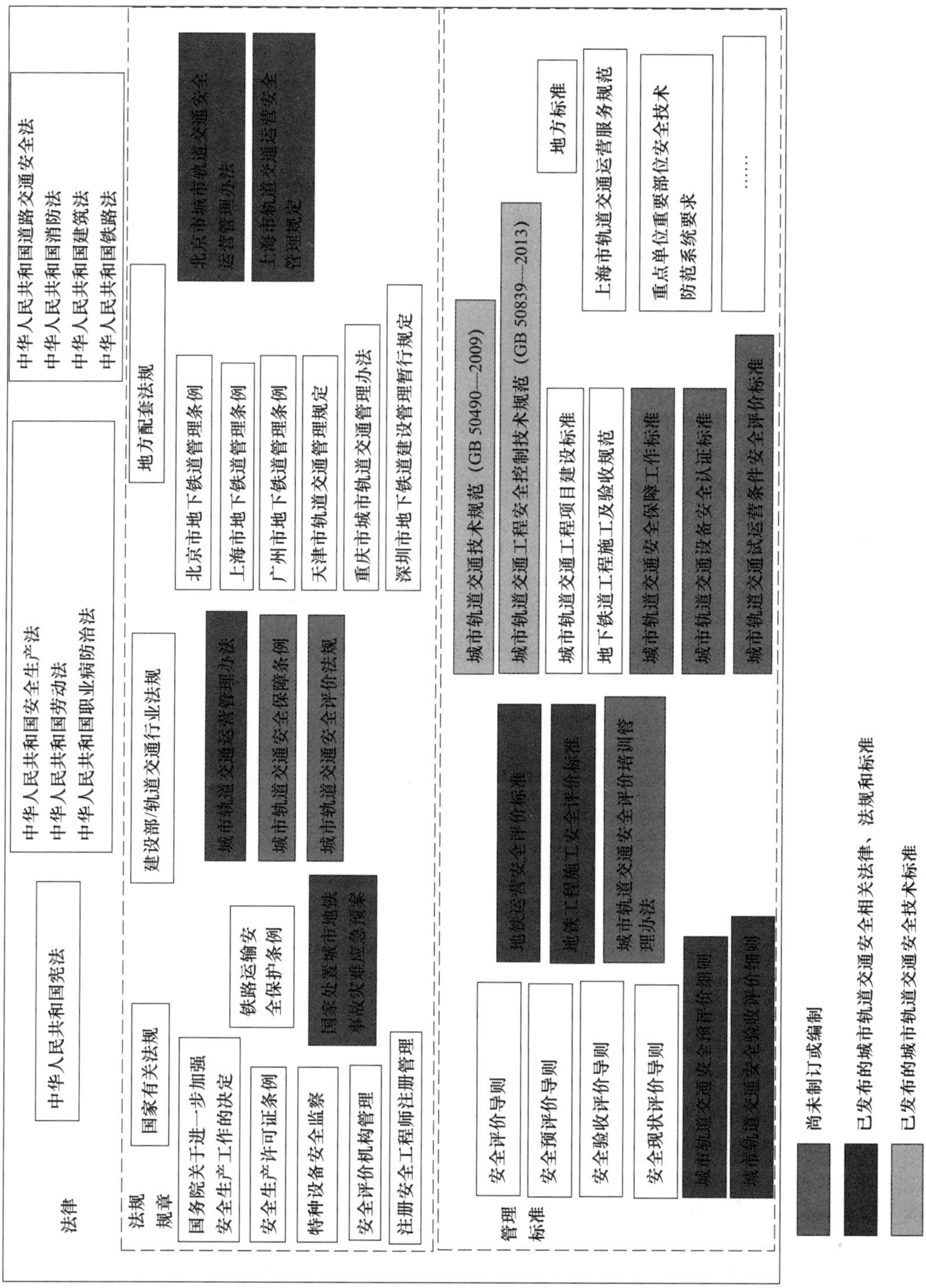

图 3-1 城市轨道交通安全相关法律体系建议

3.2.2 机构设置

应明确城市轨道交通安全评价机构框架和各方责任。

1）机构框架

在目前已有相关机构框架的基础上，完善城市轨道交通安全评价机构框架（图3-2）。

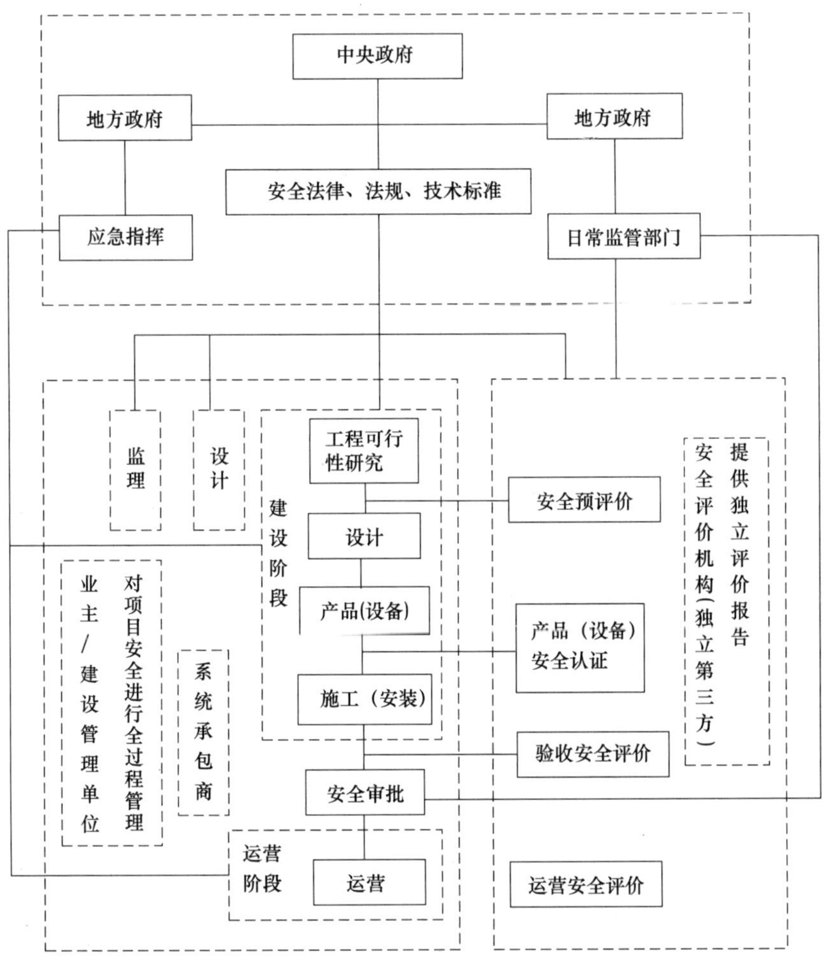

图3-2 城市轨道交通安全机构框架

为完善城市轨道交通安全评价组织框架，应明确框架中各机构的职责，包括：

- 机构中各方对城市轨道交通安全评价职责的明确；
- 安全评价机构（独立第三方）的资质、授权及评价责任。
- 城市轨道交通项目各有关单位应在其项目组织的基础上，建立合适的城市轨道交通安全评价相关管理组织架构，从组织上保证所投入的人力、物力能满足安全评价管理工作的需要。

安全评价管理组织架构须满足以下需求：

- 制定安全评价依据的法律法规和政策保障;
- 建立安全评价的审批程序;
- 保证安全评价工作的客观独立性;
- 保证安全评价和后续工作的落实。

2）各方的职责及工作关系

根据已有研究，城市轨道交通安全相关机构由政府、业主、第三方机构、规划设计、承包商等单位共同组成。城市轨道交通安全评价机构组织框架是其中的一个重要组成部分。

政府在安全评价体系中处于主导地位：负责制订安全评价有关的法律、法规、标准和政策保障，保证安全评价及后续工作的落实；建立安全评价的整体框架，审核第三方机构资质，审批安全评价报告，并应有专门设立的机构建立城市轨道交通安全评价的审批程序，进行审批、监督、管理。

生产经营单位（包括建设和运营）是项目安全评价工作最主要的贯彻组织者：负责项目全生命周期内安全评价工作的组织、协调和管理。在项目建设的各关键阶段向政府提交相关安全评价文件，办理有关手续，以确保城市轨道交通关键阶段在安全评价的指导下有序进行。

独立第三方安全评价机构按照国家制订的法律、法规和标准，在公正合理的立场上，开展安全评价，确保项目的安全性和可靠性达到预期的目标。

规划设计单位，应确保按照国家有关安全的技术规范和标准进行规划设计，并在项目各阶段安全评价工作中给予配合。

承包商（包括分包商和供货商）应在第三方安全评价机构和监理单位的监督下，认真配合安全评价工作和设备的认证工作，保证所承包系统的安全性。

（1）政府管理机构

政府包括中央政府和地方政府及各有关部门。

根据《安全生产法》，国务院安全生产监督管理部门依照本法，对全国安全生产工作实施综合监督管理；县级以上地方各级人民政府安全生产监督管理部门依照本法，对本行政区域内安全生产工作实施综合监督管理。

国务院有关部门依照本法和其他有关法律、行政法规的规定，在各自的职责范围内对有关行业、领域的安全生产工作实施监督管理；县级以上地方各级人民政府有关部门依照本法和其他有关法律、法规的规定，在各自的职责范围内对有关行业、领域的安全生产工作实施监督管理。

安全生产监督管理部门和对有关行业、领域的安全生产工作实施监督管理的部门，统称负有安全生产监督管理职责的部门。

我国实行的是综合监管部门和行业主管部门相结合的，综合监管和行业监管相结合的安全生产监督管理体制。国务院有关部门按照安全生产要求，依法制定法规、有关国家标准或行业标准。

各级政府部门城市轨道交通安全保障具体工作内容如下。

① 中央政府有关部门

负责全国性的城市轨道交通安全评价政策、法律、法规、标准的制订与管理，审核安全评估机构和安全认证机构的资质，建立相关审批程序。

中央政府对城市轨道交通行业安全评价的监督管理，是通过制订法律法规、建立标准来实现的，目的是以法律规范轨道交通行业的安全管理，城市轨道交通的规划、设计、建设、运营等都必须严格符合中央政府制定的标准。

② 地方政府有关部门

负责贯彻、监督和检查项目各有关方对中央政府制定的安全政策、法律、法规、标准的执行。

负责地方配套安全法规和管理细则的制订、日常管理和重大事故应急指挥。对于某些地区有特殊情况的，可以与中央政府制定的法律法规略有不同，但是应得到中央政府的批准。

在项目的可研阶段、竣工验收阶段载客运营前，审批项目的安全评价报告，实施安全许可。在施工前，通过审批施工方案的安全评价报告实施安全监督管理。在运营过程中，通过对定期的运营安全评价报告进行审批，实施对运营安全的阶段性安全管理，并负责安全评价报告中措施的落实和安全性指导性意见的后续监督工作。

（2）生产经营单位

我国城市轨道交通生产经营单位，包括建设单位、运营单位、设计、勘测、施工、安装等单位，也包括车辆等机电设备生产单位，建设和运营有合在一起的，也有分开经营的。

生产经营单位应当根据安全生产法、行政法规、国家标准或行业标准规定，完善安全生产条件。

生产经营单位必须遵守安全生产法和其他有关安全生产的法律、法规。

生产经营单位有依法组织安全评价的责任和义务。

生产经营单位应当建立健全与安全评价相关的生产责任制度。

① 业主

业主是城市轨道交通系统安全责任的最终承担者，负责组织和实施系统寿命周期内各个阶段的安全评价及相关工作。其职责是：

依法强制的安全评价，业主须委托有资质的安全评价机构进行安全评价工作，除此外，还可自行组织安全评价机构并开展安全评价工作。当安全评价由业主自行组织的机构进行时，其并不是独立的第三方机构，其提供的审核结果或方案不能作为最终安全评价的结论。

运营单位在工程完成后，负责占整个城市轨道交通项目寿命周期的大部分时间内的运营阶段的系统安全运行，应按照法规定期进行安全评价，对系统的安全状况进行检查和维护，重视对员工的安全培训教育。其监督内容是参与设计安全审查、可维护度验证工作等，并对系统隐患作进一步的风险处理或持续监察。

② 设计单位

设计单位（包括初步设计及系统设计单位）负责整个工程的设计工作，须在遵守法律的基础上，按照业主的要求进行设计，分别负责总体设计及扩大初步设计阶段、施工图设计及其后阶段的设计配合工作；在设计中落实与系统安全有关的法律、法规和技术标准；对轨道交通项目安全的技术负责，其监督管理内容主要是是否满足相关法律、法规的安全要求；依法配合安全评价工作。

③ 承包商

其职责是保证系统产品的质量和安全符合国家有关标准，负责从招标后系统设计、制造、土建施工及设备安装直到质保期的工程安全，并依法配合安全评价工作。

④ 监理单位（包括设计、施工、设备监理单位）

负责对项目过程中的设计、设备制造、施工等进行监督管理，监督设计及产品承包商是否已落实安全措施，并保证施工过程的安全，同时依法配合安全评价工作。

（3）安全评价机构

2009年7月1日国家安全生产监督管理总局令第22号《安全评价机构管理规定》公布，根据2015年5月29日国家安全监管总局令第80号第二次修正。《安全评价机构管理规定》第二条规定，在中华人民共和国境内申请安全评价资质、从事法定安全评价活动以及安全生产监督管理部门、煤矿安全监察机构实施安全评价机构资质监督管理，适用本规定。第三条规定，国家对安全评价机构实行资质许可制度。安全评价机构应当取得相应的安全评价资质证书（以下简称资质证书），并在资质证书确定的业务范围内从事安全评价活动。

安全评价机构（具有政府认可资质的独立于项目的第三方机构）由政府指定的权威部门考核和认证，并要求独立于运营商和系统制造商。它的任务和目标是根据专门的安全标准对安全相关系统进行审核和认证。审核工作针对工程管理过程，认证工作针对系统设备产品本身。经国家有关部门授权的安全认证机构可进行安全认证，对符合国家安全标准的产品发放安全认证证书。

3）实施和监督

对城市轨道交通的适用范围、评价对象、审批程序、资质管理和法律责任方面作明文规定，以规范城市轨道交通安全评价的实施和监督。

业主委托第三方安全评价机构进行安全评价，并编制安全评价报告，提交政府有关部门审批。政府审核第三方安全评价和安全保障咨询单位资质，并对合格的机构颁发资质证书，并规定审批合格后方可进入下一阶段建设程序。

政府还应控制安全评价报告等安全文件的批准、评审和审核、更新和作废等程序，以提供符合要求和安全控制过程实施效果的证据。

3.3.3　配套制度的建立

安全评价的目的就是预防事故发生，因此，事故的调查统计分析将为安全评价提供重要依据。针对目前城市轨道交通事故数据很有限的现状，作为安全评价制度的配套制度，建立相对独立的事故调查制度、事故报告制度，以取得客观、真实、翔实和连续的基础数据，为安全评价提供技术支撑，以提高安全评价的科学性和严谨性。

（1）日本的独立事故调查制度

日本在运输方面依法执行严格的事故制度，《航空、铁道事故调查委员会设置法》是1973年10月12日制定的第113号法律，该法律经过多次修订，于2008年5月2日颁布了《运输安全委员会设置法》（法律第26号），原航空、铁道事故调查委员会改组为运输安全委员会。该法律对运输安全委员会设置的目的、运输安全委员会的职权范围、人员及数量、委员长及委员任免、任期、职务的限制、事故调查、事务局组织、事故调查及委托、事故通报、大臣的支援、相关部门的协调、意见的听取、事故调查报告书的编写、向主管大臣提出防止和减少铁道事故、减少事故造成损失的意见和建议书等作了详细规定，对违反相应规定和提供虚伪报告等处以罚责等，共有5章33条。

法律规定运输安全委员会，设在国土交通省，是局长具有独立权限的中央直属厅，运输安全委员会设置的目的是从公正、中立的立场出发，科学地查明事故及征兆、产生的原因，以达到防止事故再次发生和有助于减少事故损伤程度。运输安全委员会是独立的常设机构，是将以前的航空、铁道及事故调查委员会和海难审判庭进行整合后重新组建的机构（如图3-3）。

该委员会，委员任期3年。主要工作是事故原因调查、损害原因调查、事故征兆调查，为防止事故再发生和减轻事故损失而进行的调查研究，并提供改善安全工作的建议。《运输安全委员会设置法》和《运输安全委员会设置法实行令》是该委员会设置和工作的法律依据。运输安全委员会的工作应进行保密，并不得从事有报酬的其他职务，违反要求或存在身体、心理方面的疾病，不能履行职责，经两院同意予以罢免。

根据法令，轨道交通事故调查与航运、航空分开。事故发生后，按事故报告规则上报国土交通省后，通过铁道局安全监理官通报运输安全委员会后（见图3-4），正式进入事故调查流程（见图3-5）。

事故调查包括：乘务员、乘客、目击者的口述，气象方面的信息，事故有关物件的收集，铁道设施、车辆损伤情况的调查，分解、调查、实验等试验、分析研究。

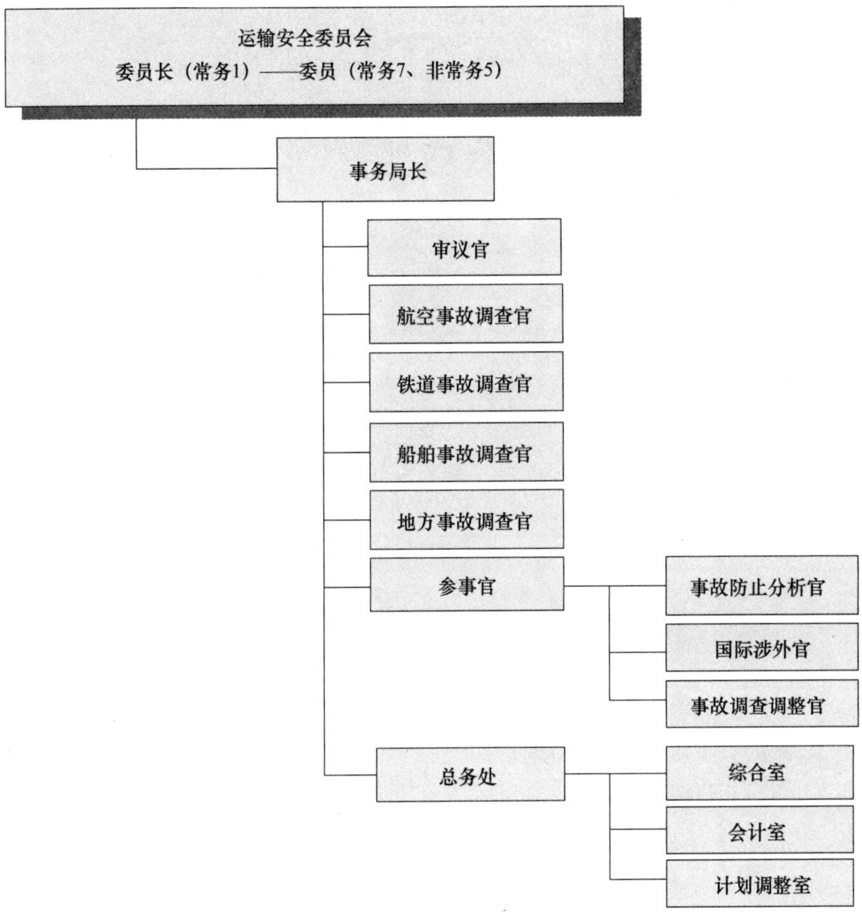

图 3-3　运输安全委员机构设置图

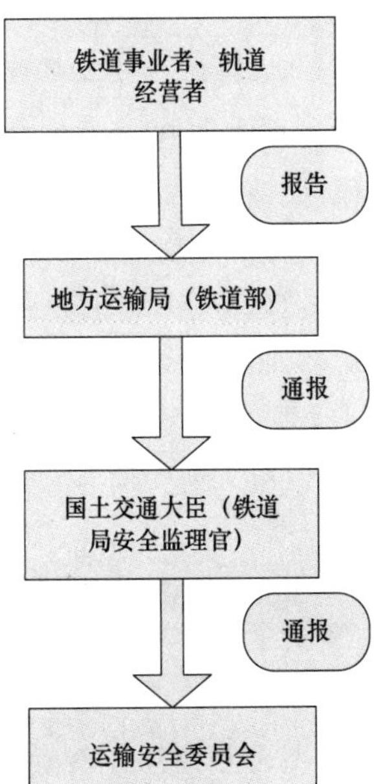

图 3-4　日本轨道交通事故调查相关机构组织

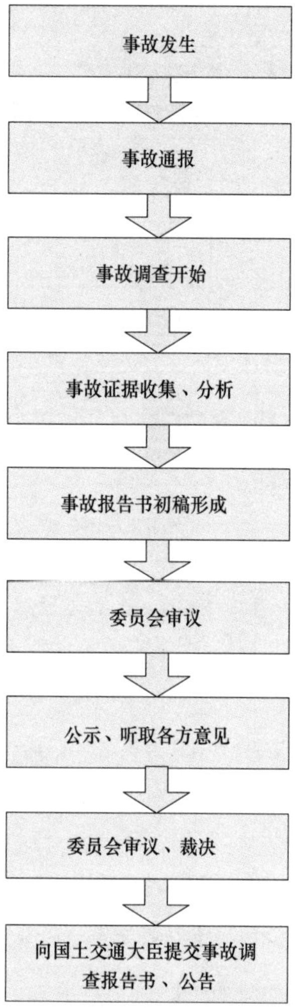

图 3-5　日本轨道交通事故调查流程

事故调查报告书初稿形成后，召开由相关人员和有学识的人组成的意见听证会，调查报告书初稿和终稿都应交运输安全委员会审议；运输安全委员会审议通过的报告书要上报国土交通大臣；调查报告书应公开发表；在有必要情况下，运输安全委员会应向国土交通大臣、与事故发生原因有关单位提出劝告，向有关行政机关提出改善安全的意见；运输安全委员会发行刊物，与轨道有关的有2种，一种是运输安全委员会简报，一种是运输安全委员会年报，定期对事故的概况予以发布，例如事故类型、概况、统计分析和事故报告概要。

（2）我国城市轨道交通事故调查制度的现状和存在的问题

目前，国内已有《生产安全事故报告和调查处理条例》（中华人民共和国国务院令第493号），规定“生产经营活动中发生的造成人身伤亡或者直接经济损失的生产安全事故的报告和调查处理，适用本条例”，该条例代替了国务院1989年3月29日公布的《特别重大事故调查程序暂行规定》和1991年2月22日公布的《企业职工伤亡事故报告和处理规定》。根据该条例，生产经营活动中发生的造成人身伤亡或者直接经济损失的生产安全事故的报告和调查处理，适用本条例。根据事故的级别，事故调查的权限在于自国务院至县的各级人民政府。这一权限，各级人民政府可予以授权或委托。事故调查组是一个非常设机构，成员众多（见493号令第二十二条），一般由安监局牵头，事故调查组成员应当具有事故调查所需要的知识和专长，并与所调查的事故没有直接利害关系。《铁路交通事故应急救援和调查处理条例》（中华人民共和国国务院令第501号），包括总则、事故等级划分、事故报告、事故应急救援、事故调查处理、事故赔偿、法律责任和附则几个部分。该条例规定了适用范围，规定了国务院铁路主管部门的职责范围是“应当加强铁路运输安全监督管理，建立健全事故应急救援和调查处理的各项制度，按照国家规定的权限和程序，负责组织、指挥、协调事故的应急救援和调查处理工作。”对铁路发生事故后的上报、事故分类和处理，事故的调查程序和事故报告的编写和管理等内容进行了详细的规定。

现状可以看出，尽管国内已有相关的法规，并在其他行业存在有针对性的事故调查制度，但尚未建立专门的城市轨道交通事故调查制度。对比日本的独立事故调查报告制度，目前尚存在以下几方面的问题：

① 独立性不足

与“独立事故调查制度”相比，我国的事故调查制度是政府直接组织或授权组织调查报告制度，虽然规定了调查组的成员应与所调查的事故没有直接利害关系，但并不是独立的机构，对于维持事故调查处理的客观性是不足的。只有在独立的事故调查报告制度的前提下，调查报告认定事故的性质和事故责任，并提出对事故责任者的处理建议，才能真正保证公正和公平。

② 缺乏常设专门机构设置

从机构上来说，尚无城市轨道交通事故调查的常设专门机构设置，一旦发生事故，才会依照相关规定各级政府直接或是授权组织事故调查组进行调查。调查组的临时性决定了其职责也就具有临时性，加上没有专门法律法规对其职责和工作进行细化，使得城市轨道交通事故调查报告的专业性和规范性都受到影响。由于没有常设专门机构，无法对事故原因进行进一步分析、对防止事故相关政策和措施进行进一步调查研究，对预防未来事故发生的经验积累还存在不足。

③ 缺针对性立法

城市轨道交通作为城市综合交通系统中的骨干交通系统，客运量大，从建设伊始，其安全问题就受到社会的广泛重视，一旦发生事故，往往成为关注的焦点。但目前，城市轨道交通事故调查方面，既没有像日本那样的机构设置专门法，也没有像国内针对铁路交通的《铁路交通事故应急救援和调查处理条例》这样的专门针对城市轨道交通事故调查的条令，因此，在机构设置和事故处置方面无专门法可依，仅能参照《生产安全事故报告和调查处理条例》等相关法律执行，不能够对城市轨道交通事故调查报告的相关工作进行细化，对指导城市轨道交通事故调查、报告的实质性操作针对性不强。例如，城市轨道交通发生事故后应向哪些具体部门报告？事故的统计分析和相关资料管理如何规定？事故调查处理报告应向哪些部门备案？城市轨道交通是公益性的基础设施，受关注程度较高，在事故信息公开时，应明确由谁公开、向谁公开、公开什么、怎么公开？类似这样的问题都需要专门的条例来细化。

（3）轨道交通独立事故调查制度建立的必要性

从安全评价的角度看，城市轨道交通独立事故调查报告制度是城市轨道交通安全评价有效和顺利实施的重要配套制度。体现在以下几个方面。

① 独立事故调查制度是城市轨道交通安全评价制度重要基础。

城市轨道交通安全评价，就是以保障系统安全为目的，从系统的角度出发对城市轨道交通建设和运营中潜在危险进行预先的识别、分析和评价，提出科学、合理、可行的安全对策建议，为制定基本防灾措施和管理决策提供依据。而事故统计分析是对潜在危险进行识别、分析的重要依据，而报告制度及事故调查制度的确立，则保证了事故不会瞒报或漏报，发生的事故原因及其损害程度，会得到科学的、公正的调查和分析，从而保证城市轨道交通事故数据的积累具有客观性、系统性和延续性，防止事故再发生，减小事故造成的损害，可以提出切实可行的改善意见和措施。因此，独立事故调查制度的建立，将为城市轨道交通安全评价制度顺利实施提供重要基础。

② 独立的事故调查制度能够提高安全评价的水平。

危险、有害因素识别和风险分析是安全评价的重要内容，包括危险的识别、危险的定量、定量化的危险与基准值比较。目前，城市轨道交通事故调查采用的办法对于维持事故调查处理的客观性是不足的，事故调查报告的专业性和规范性都受到影响，降低了事故处理结果的科学性和客观性，必然影响了事故调查分析的科学性和可靠性。而日本运输安全委员会，作为事故调查的独立常设机构，除聘请有较高学识水平的教授、专家担任委员外，还聘有专门委员，并设有铁道事故调查官、地方事故调查官记事故防止分析官等职位。委员会认为有必要时，还可将调查、试验、分析工作，委托具有一定资格和经验的独立法人单位进行，保证调查、分析不但为经常性工作，还是高水平的工作，使得事故调查的客观性、规范性和专业性得到保证，按照规范的流程得到的调查报告也将是翔实和可靠的，从而提高事故调查分析的水平，也能够提高安全评价的水平。

③ 独立的城市轨道交通事故调查制度将为完善城市轨道交通安全评

价体制提供支撑。

尽管目前我国安全评价制度已形成体系，但主要针对矿山、危险化学品和建筑施工的三危行业。城市轨道交通安全评价体制目前正在发展完善过程中，需要在法律法规、机构设置和制度实施方面不断完善，而事故调查分析作为安全评价的一项重要内容，相关制度的建立，也就是基于专门的法规、独立的机构和规范的上报、调查程序的城市轨道交通独立事故调查报告制度的建立，将为完善城市轨道交通安全评价制度提供重要支撑。

（4）制度框架建议

根据日本独立事故调查报告制度的经验，对建立我国城市轨道交通独立事故调查报告制度有以下几点建议：

① 建立《城市轨道交通事故调查处理条例》。

② 在城市轨道交通的主管部门成立专门的事故调查报告机构。

③ 在《城市轨道交通事故调查处理条例》规定以下几个方面：

- 城市轨道交通事故调查机构设置的目的、职责范围，发生事故后报告的程序；
- 事故调查程序、调查委托、事故通报、相关部门的协调、意见的听取、事故调查报告书的编写、防止和减少事故、减少事故造成损失的意见和建议书等作详细规定和对违反相应规定的，提供虚伪报告等处以罚则等；
- 城市轨道交通事故类型划分、事故等级确定；
- 事故统计分析及管理；
- 事故进一步研究和预防研究；
- 事故信息发布公告。

3.4　城市轨道交通安全评价内容

3.4.1　我国城市轨道交通全寿命周期的特点和阶段划分

城市轨道交通是一项复杂系统工程，其生命周期主要包括可行性研究、设计（初步设计、施工图设计）、施工（设备安装）、竣工验收、运营（维护）和退役（报废）几个大阶段。

（1）工程可行性研究阶段

其中前期规划和工程可行性研究，是系统的构思策划阶段，工程可行性研究是运用技术经济学原理，对建设有关的技术、经济、环境等方面调查研究基础上，只对不同方案进行比较，并提出推荐方案。

（2）设计阶段

包括系统初步设计和施工图设计。

（3）施工（设备安装）阶段

包括土建施工和设备安装。

（4）竣工验收阶段

是指在土建和机电设备均完成后，须进行的系统整合。包括机电设备与土建设施整合——各子系统安装、调试和车辆各子系统、土建系统综合联调。

（5）运营（维护）阶段

该阶段包括运营和系统维修、保养和必要的更新、改造。

（6）退役（报废）阶段

系统或设备达到规定的寿命期限后，退役或报废。

3.4.2 城市轨道交通安全评价内容及分类研究

城市轨道交通安全评价内容应当具有针对性，这样才具有可实施性，因此应与城市轨道交通系统的建设程序相结合。

城市轨道交通安全评价实施的是关键节点的安全控制，应包括以下内容：

① 评价建设、运营过程中关键阶段安全及相关法规、标准的实施

针对我国城市轨道交通全寿命周期的特点和阶段划分，还根据目前法律法规的相关规定，城市轨道交通安全评价的内容，应包括评价建设、运营过程中安全及相关法规、标准的实施，在关键阶段采用安全评价机制进行安全控制。

② 评价系统存在的风险及危害度

城市轨道交通具有很强的系统性，应利用安全系统工程原理和方法识别和评价城市轨道交通系统存在的风险，这一过程包括危害识别及危害程度评价两部分，以便采取措施和判定采取措施后的系统是否安全。

③ 最终实现城市轨道交通全过程的安全控制

从建设到运营要经历一个很长的过程，因此，通过关键阶段的安全控制，并通过这些节点安全控制的持续控制和相互反馈，不断完善安全评价的过程，最终实现城市轨道交通的全过程安全控制。

目前，城市轨道交通安全评价分为城市轨道交通安全预评价、竣工验收安全评价和运营安全评价。根据城市轨道交通全寿命周期的特点和阶段划分，城市轨道交通预评价在工程可行性研究报告完成后，而城市轨道交通竣工验收安全评价设置在载客运营前，城市轨道交通运营安全评价是针对城市轨道交通运营现状进行的安全评价，还应针对安全需求高的事项设置专项安全评价，本书考虑到城市轨道交通施工安全需求高的特点，设置了施工专项安全评价内容（图3-6）。

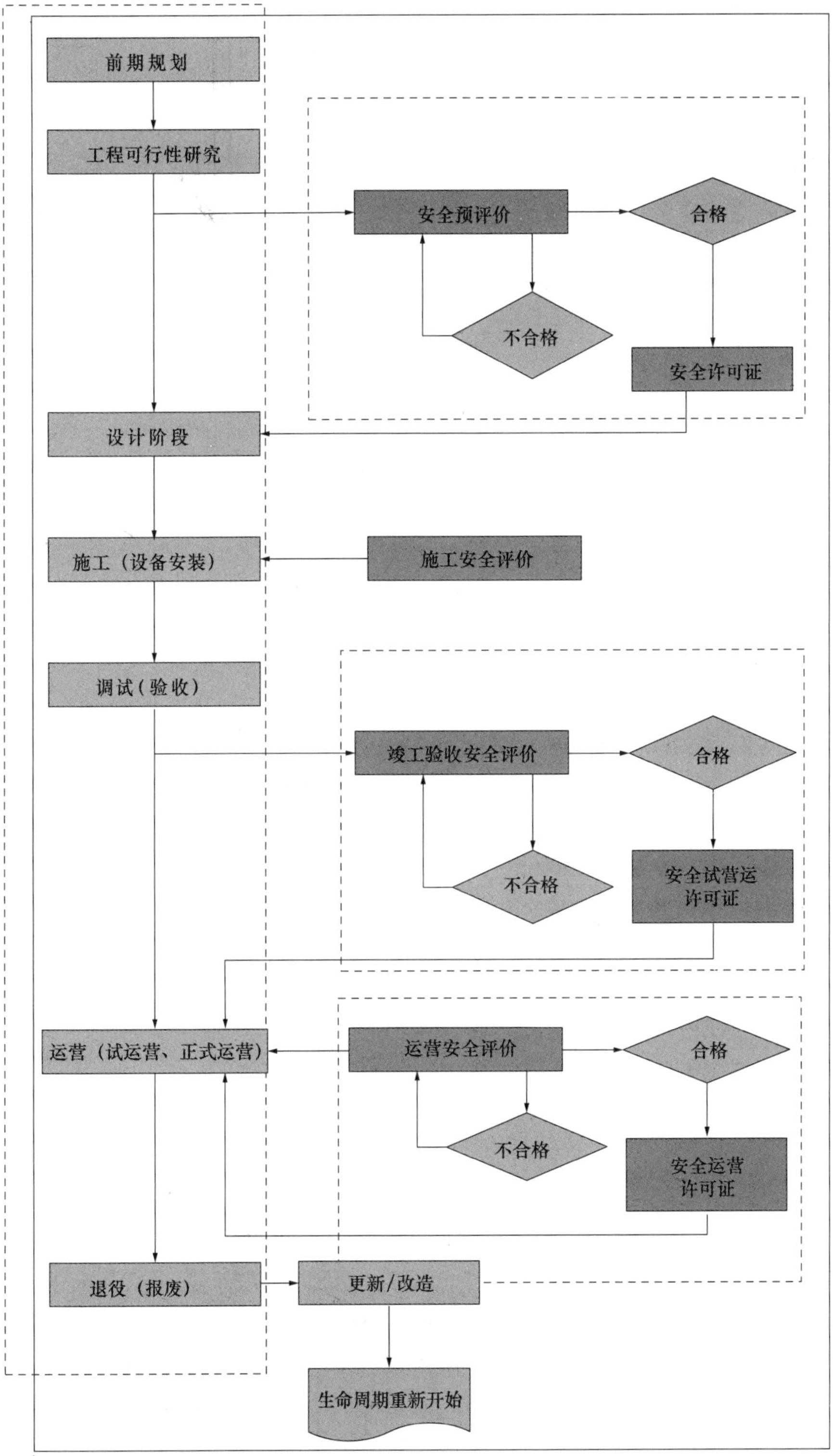

图 3-6 城市轨道交通安全评价体系与寿命周期关系图

（1）城市轨道交通安全预评价

该阶段在工程可行性研究报告编制后，业主委托第三方安全评价机构进行安全预评价，并编制安全预评价报告，提交政府有关部门审批。政府审核第三方安全评价单位资质，并对合格的机构颁发资质证书。评价内容包括方案是否符合安全相关法律法规和标准的规定，对系统的初步危害识别、风险评估和风险控制，及提出安全对策措施，建议持续的风险监控。在该阶段还应提出城市轨道交通系统的安全计划（含安全评价和专项安全评价的设置），为各阶段安全评价“节点”的合理衔接提供依据，避免由于衔接不合理造成的遗漏，确保城市轨道交通安全评价的系统性、合理性和可行性。

（2）城市轨道交通竣工验收安全评价

该阶段在工程竣工后，载客运营前，业主委托第三方安全评价机构开展安全评价工作，对承包商完成的项目进行验收。政府组织项目开通基本条件安全审查，对符合安全条件的项目颁发安全试运营许可证。政府审核第三方安全评价单位资质，并对合格的机构颁发资质证书。评价内容包括载客运营前的系统是否符合安全相关法律法规和标准的规定，竣工验收安全评价处置预评价阶段剩余风险的互动关系，预评价转移风险的消除、预测新的危害、风险评估和风险控制，评价安全对策措施的有效性，建议持续的风险监控。

（3）城市轨道交通运营安全评价

该阶段在运营过程中，可定期实施，由运营单位负责运营安全管理，对系统事故和缺陷进行记录和分析，进行维护保养。业主委托第三方安全评价机构进行安全现状评价，并编制安全现状评价报告，提交政府有关部门审批。政府进行运营安全检查，对符合安全条件的项目颁发安全运营许可证。评价内容包括载客现状系统是否符合安全相关法律法规和标准的规定，运营安全评价处置竣工验收安全评价阶段剩余风险的互动关系，竣工验收安全评价后转移风险的消除、预测新的危害、风险评估和风险控制，评价安全对策措施的有效性，建议持续的风险监控。

（4）城市轨道施工安全评价

该专项安全评价是针对施工安全，而不是针对城市轨道交通系统本身进行的。业主委托第三方安全评价机构开展施工安全评价，该评价是针对施工阶段的专项安全评价。本阶段安全评价可作为施工前的强制性评价，作为管理部门审批施工方案的依据，由独立第三方进行。在施工中实施评价时，可不作为强制，可作为企业自检的手段。目前各地发生的施工安全事故，究其原因，主要反映在地质水文调查、施工方案设计、安全技术措施落实、设备设施安全状态、现场安全监督管理、劳动保护条件、工程分包、人员安全培训等方面。为提高城市轨道交通项目工程施工的安全性，除了施工安全评价对各类隐患进行检查和评分外，在分析施工安全隐患时，应重点加强施工过程中产生隐患的原因分析，增加风险等级评估环节，加强具体项目中的施工方法和安全措施中是否已落实的安全检查，并在施工过程中对风险等级高的隐患进行持续监督。政府审核第三方安全评价单位资质，并对合格的机构颁发资质证书。

3.5　城市轨道交通安全评价体系的运行机制

城市轨道交通安全评价体系运行机制则是指城市轨道交通安全预评价、竣工验收评价、运营评价和各专项评价间的功能及相互关系，以及安全评价制度对安全各评价引导、使其按照一定的准则和要求发挥功能的作用过程、作用原理及其运行方式。

建立城市轨道交通安全评价体系的有效运行机制，就是建立城市轨道交通安全评价体系的合理功能和相互关系，使得其能够充分发挥作用。在城市轨道交通安全评价体系有效运行机制中，城市轨道交通安全评价制度为城市轨道交通安全评价的顺利实施提供基础，同时又起到监督实施的作用（表3-2、图3-7）。

城市轨道交通安全评价与生命周期阶段　　表3-2

生命周期阶段	安全评价阶段	安全评价的任务
前期规划	—	—
可行性研究	安全预评价	① 评价系统方案符合安全相关法律法规和标准的规定； ② 进行初步危害识别； ③ 制定风险容许准则； ④ 提出安全对策措施； ⑤ 制定安全评价计划； ⑥ 剩余风险在验收评价时的持续监控建议
设计阶段（初步设计和施工图设计）	过程安全控制	—
施工（设备安装）	施工专项安全评价	① 施工方案的符合性评价； ② 施工过程危害识别； ③ 风险等级评估环节； ④ 提出安全对策措施； ⑤ 安全措施的有效性检查； ⑥ 施工过程中对风险等级高的隐患进行持续监督
调试（验收）	竣工验收安全评价	① 预评价安全对策措施的落实检查； ② 评价载客运营前的系统是否符合安全相关法律法规和标准的规定； ③ 预评价剩余风险的消除； ④ 新的危害识别； ⑤ 基于风险的竣工验收安全评价； ⑥ 剩余风险在运营过程中的持续监控建议

续表

生命周期阶段	安全评价阶段	安全评价的任务
运营（维护）	运营安全评价	① 验收评价安全对策措施的落实； ② 评价载客运营前的系统是否符合安全相关法律法规和标准的规定； ③ 验收评价剩余风险的消除； ④ 新的危害识别； ⑤ 基于风险的竣工验收安全评价； ⑥ 剩余风险在运营过程中的持续监控建议
退役（报废）	—	—

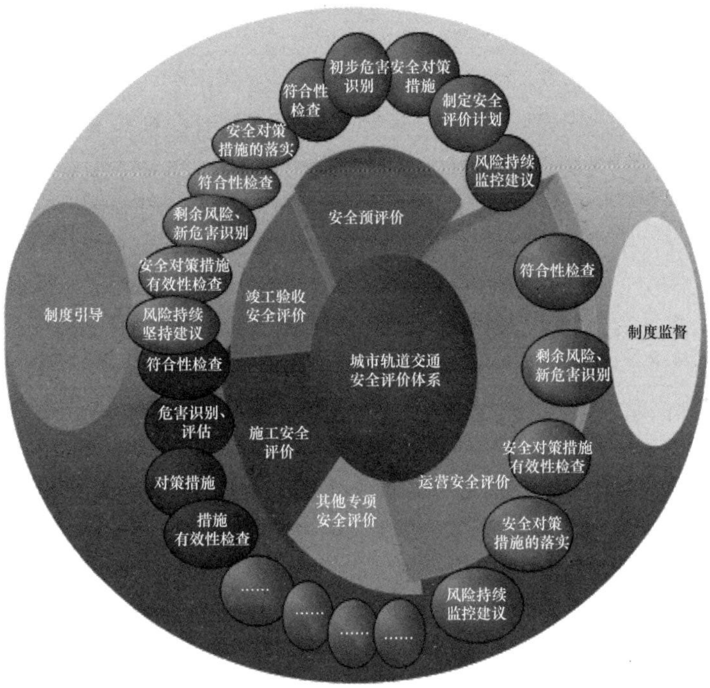

图 3-7 城市轨道交通安全评价体系运行机制图

城市轨道交通安全体系中，各安全评价并不是孤立的，而是有机联系的，体现在以下几个方面：

① 在预评价阶段应当制定系统应当实施的安全评价和专项安全评价的计划，并进行初步危害识别，在以后的安全评价中，将发现的新的危害补充至初步危害表中，而在预评价阶段制定的风险容许准则在以后的阶段中将不断深化，以不断更新、完善初步危害表。

② 竣工验收安全评价应把预评价阶段安全措施的有效性检查作为一项重要内容，同理，运营安全评价也应将竣工验收安全评价阶段安全措施的有效性检查作为一项重要内容，以实现系统安全评价的可持续性和有效性，即竣工验收安全评价对处置预评价阶段剩余风险的互动关系。

③ 运营安全评价阶段应提出剩余风险在验收评价时的持续监控建

议，同理，竣工验收评价阶段也应提出剩余风险在运营过程中的持续监控建议，运营安全评价也应提出剩余风险在评价后运营过程中的持续监控建议，从而使得风险监控处于一个全过程的监控之中，即运营安全评价处置竣工验收安全评价阶段剩余风险的互动关系。

需要指出的是，由于预评价和验收安全评价之间跨度太大，且验收时系统已形成，因此，将城市轨道交通安全评价体系的节点安全控制与城市轨道交通系统过程安全控制相结合，能够很好地解决这一问题。城市轨道交通过程控制已通过相关课题研究。

第 4 章
城市轨道交通系统安全评价方法

4.1 常用安全评价方法综述

前面综述中已经介绍了国内外常用的20种安全评价方法的优缺点，其中有定性分析的方法，也有定量分析的方法，而根据其使用方法上的特点，适合城市轨道交通用的安全评价将分以下3大类重点介绍。

4.1.1 基于规章制度和文件检查的安全评价法

1）安全检查表法

安全检查可以说是第一个安全评价方法，有时也称为“工艺安全审查”、“设计审查”或者“损失预防审查”。它可以用于建设项目的任何阶段。

安全检查方法的目的是辨识可能导致事故、引起伤害、重大财产损失或者对公共环境产生重大影响的装置条件或操作规程。一般安全检查人员主要包括与装置有关的人员，即操作人员、维护人员、工程师、管理人员、安全员等，具体视安全检查项目、内容和组织情况而定。

安全检查法是对涉及装置、操作、维修等进行详细检查，以识别存在的危险。安全检查的对象是可能导致人员伤亡、重要财产损失或环境损害等事故的设计图纸、装置条件及操作、维修作业。评价人员可针对正在进行设计的工艺过程、设计文件给出的图纸进行安全审查。

（1）安全检查表的类型

为了使安全检查表法的评价能得到系统安全程度的量化结果，有关人员开发了许多行之有效的评价计值方法，根据评价计值方法的不同，常见的安全检查表有否决型、半定量型和定性检查表三种。

否决型检查表是给定一些特别重要的检查项目作为否决项，只要这些检查项目不符合，则将该系统总体安全状况视为不合格，检查结果就为“不合格”。这种检查表的特点是重点突出。

半定量型检查表是给每个检查项目设定分值，检查结果以总分表示，根据分值划分评价等级。这种检查表的特点是可以对检查对象进行比较，但对检查项目准确赋值比较困难。

定性检查表是罗列检查项目并逐项检查，检查结果以“是”、“否”或“不适用”表示，检查结果不能量化，但应作出与法律、法规、标准、规范中具体条款是否一致的结论。这种检查表的特点是编制相对简单，通常作为企业安全综合性评价或定量评价以外的补充性评价。

（2）安全检查表的适用性

安全检查表是最基础、最简便、应用最为广泛的安全评价方法。安全检查表是由对工艺、设备和操作情况熟悉并富有安全技术、安全管理经验的人员，通过对分析对象进行详尽分析和充分讨论，列出检查单元和部位、检查项目、检查要求、各项赋分标准、评定系统等级分值等标准的表格。

安全检查表基本上属于定性评价方法，可以适用于不同行业。从类型上看，它可以划分为定性、半定量和否决型检查表。可用于企业自身的安全管理，也可用于政府职能部门的安全监督

（3）编制安全检查表

一些安全检查法的应用比较成熟的行业，安全评价人员根据经验，已针对性的建立了检查表。当无适宜安全检查表可选用时，安全评价人员应根据评价对象，正确选择评价单元，依据法规、标准要求编制安全检查表。

编制安全检查表是安全检查表法的重点和难点，编制时应该注意以下问题：

- 检查表的项目内容应繁简适当、重点突出、有启发性；
- 检查表的项目内容应针对不同评价对象有侧重点，尽量避免重复；
- 检查表的项目的内容应有明确的定义，可操作性强；
- 检查表的项目内容应包括可能导致事故的一切不安全因素，确保能及时发现和消除各种安全隐患。

（4）编制安全检查表时评价单元的选择

安全检查表的评价单元确定是按照评价对象的特征进行选择的。

2）专家现场询问观察法

美国的马可利达契斯在《预测方法和应用》一书中，发表了以专家调查法为代表的预测方法，其中包括专家评议法、特尔斐法、主观概率法和交叉影响法。我国也在很早的时候开始使用专家评议法，对事物进行研究、探讨，根据以往的情况，现实状况及其发展趋势来预测未来的发展趋势。

专家评议法是一种吸收专家参加，根据事物的过去、现在及发展趋势，进行积极的创造性思维活动，对事物的未来进行分析、预测的方法。专家评议法由于简单易行，比较客观，被人们广泛采用。该法在安全评价中，十分有用。

（1）专家评议法分类

专家评议法的种类有下面两种：

① 专家评议法

根据一定的规则，组织相关专家进行积极的创造性思维，对具体问题共同探讨、集思广益的一种专家评价方法。

② 专家质疑法

该法需要进行两次会议。第一次会议是专家对具体的问题进行直接谈论；第二次会议则是专家对第一次会议提出的设想进行质疑。主要做以下工作：

- 研究讨论有碍设想实现的问题；
- 论证已提出设想实现的可能性；
- 讨论设想的限制因素及提出排除限制因素的建议；
- 在质疑过程中，对出现的新的建设性的设想进行讨论。

（2）专家评议法步骤

采用专家评议法应遵循以下步骤：

① 明确具体分析、预测的问题；

② 组成专家评议分析、预测小组，小组组成应由预测专家、专业领域的专家、推断思维能力强的演绎专家等组成；

③ 举行专家会议，对提出的问题进行分析、讨论和预测；

④ 分析、归纳专家会议的结果。

（3）适用范围

专家评议法适用于类比工程项目、系统和装置的安全评价，它可以充分发挥专家丰富的实践经验和理论知识。专项安全评价经常采用专家评议法，运用该评价方法，可以将问题研究讨论的更深入、更透彻，并得出具体执行意见和结论，便于进行科学决策。由于要求参加评价的专家有较高的水平，并不是所有的工程项目都适用本方法。

4.1.2 基于过程控制和管理的安全评价法

对系统实施过程控制和管理的安全评价方法时，主要依据在各个阶段中方法的要求进行，也就是我们通常说的系统的验证与确认。此方法常常贯穿于系统的各个阶段，并根据不同阶段的要求执行不同的评价任务，从而达到通过对整个过程和系统阶段的控制获得系统安全性评价的目的。

验证与确认是一种过程控制和管理的安全方法，常用于软件开发。欧洲标准委员会推荐通过验证与确认的管理方式控制轨道交通的开发过程以保证系统的安全，在EN50129中对验证和确认进行了如下定义：

验证（verification）：一种通过分析和测试，在系统生命周期的每一个阶段，对所分析和测试的阶段满足前一阶段的输出和该阶段按规定输出进行的认定行为。

确认（validation）：一系列通过测试和分析来表明产品满足各方面的安全规范的认定行为。

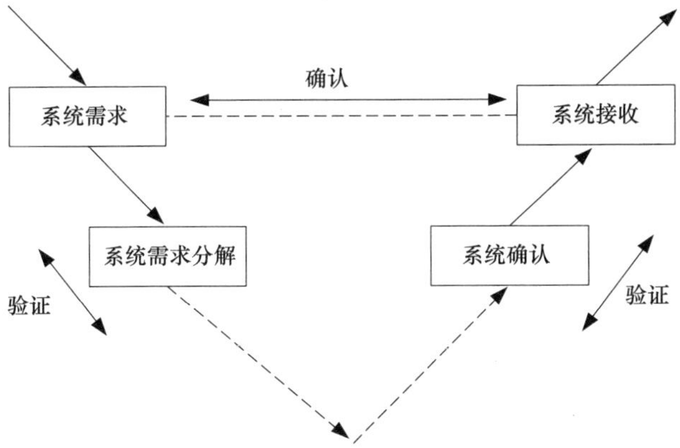

图 4-1 系统生命周期中的验证与确认

（1）方法概述

系统的验证与确认分为三个层次：过程、活动和任务，且根据不同的系统的生命周期衍生出验证与确认的不同阶段，如图4-2所示：

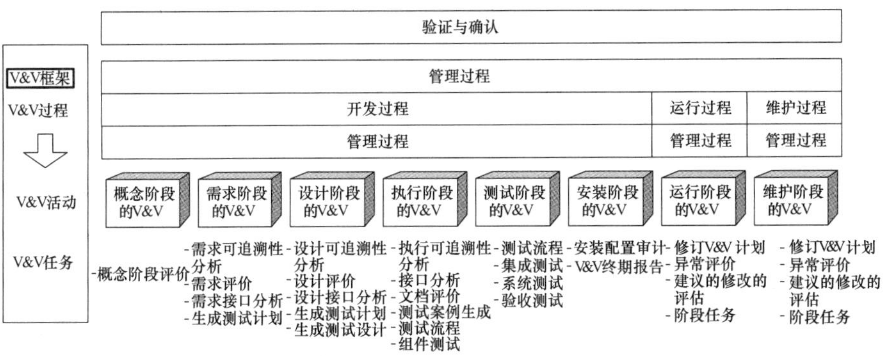

图 4-2 验证与确认框架

上图描述了验证与确认（V&V）的管理过程，同时也描述了在验证与确认中涉及的活动和任务，以及在整个过程中相关的输入和输出。

（2）验证与确认的过程控制

验证与确认的过程包括：管理过程、开发过程、运行过程以及维护过程。验证与确认在轨道交通的应用中，主要关注其在各个生命周期阶段中的活动和任务（activities and task）。EN50126对验证与确认的开发过程、运行过程和维护过程中的活动和任务进行了详细的说明，这三个过程同时包含产品生命周期的各个阶段。

（3）组织要求

在不同SIL等级（见表4-1）的系统中，验证与确认可以由不同的人员或者组织进行，当验证与确认人员独立于开发人员时我们称为独立的验证与确认。独立的验证与确认主要负责评估开发的系统是否完成了希望完成的任务，其效果取决于使用的技术和方法以及独立验证与确认组织或个人的能力，SIL等级要求越高，对于评估的独立程度要求也越高。

IEC61508标准给出了在系统开发各个阶段中应采取的独立程度，给出了对于不同阶段的工作有不同程度的独立性要求。下表中表示在IEC1508 中的软件安全确认中的独立性要求：

组织的要求 表4-1

独立程度	SIL1	SIL 2	SIL 3	SIL 4
1.独立的个人	HR	HR	NR	NR
2.独立的部门	—	HR	HR	NR
3.独立的组织	—	—	HR	HR
HR＝高度建议，NR＝不建议，—＝没有建议				

（4）技术要求

根据不同安全完善度等级的系统，轨道交通中采取不同的验证技术和措施，在EN50128中对于软件验证与测试的过程中所需采取的技术和措施提出了相应的建议，如表4-2所示。

软件验证和测试过程中的技术和方法 表4-2

技术/措施	SIL0	SIL1	SIL2	SIL3	SIL4
1.形式化证明（formal method）	—	R	R	HR	HR
2.概率测试（probabilistic test）	—	R	R	HR	HR
3.静态分析（static analysis）	—	HR	HR	HR	HR
4.动态分析和测试（dynamic analysis and test）	—	HR	HR	HR	HR
5.度量（measurement）	—	R	R	R	R
6.可追溯性矩阵（traceability matrix）	—	R	R	HR	HR
7.错误影响分析（error effect analysis）	—	R	R	HR	HR

在上表中R表示建议使用的方法，HR表示强烈建议使用的方法，“—”表示无需使用的方法。

验证与确认活动中的确认活动所采取的确认技术和措施，与验证活动的并不相同，下表为在软件确认过程中，针对不同的安全完善度等级EN50128中建议采用的确认技术和措施。

软件确认的技术方法 表4-3

技术/措施	SIL0	SIL1	SIL2	SIL3	SIL4
1.概率测试（probabilistic test）	—	R	R	HR	HR
2.性能测试（performance test）	—	HR	HR	M	M
3.功能和黑箱测试（functional and black box test）	HR	HR	HR	M	M
4.建模（modeling）	—	R	R	R	R

其中R表示建议使用的方法，HR表示强烈建议使用的方法，M表示强制要求使用的方法，“—”表示无需使用的方法。

（5）措施和方法

为达到验证与确认系统或者产品是否符合包含功能性能和质量特征在内的各项需求，验证与确认的过程中常采用测试、评价、可追溯性分析和接口分析等方法保证系统与需求的一致性、可追溯性和完备性。

① 测试

测试（test）是指一种用于验证或者确认系统或其组件的过程。

测试的结果用来评估系统完善度和一些系统特性，如安全性。并且通过探测排除故障来提高系统的可靠性。测试也可以看作动态分析方法的一种，目前是广泛用于验证与确认的方法。

当不同的组件的组合构成了功能系统后，测试可以在生命周期的某些阶段进行，这些不同的阶段中进行的测试可以视为不同层次的测试工作。整个过程是从最小的单一组件的测试进而将不同组件组合集成为单一单元最后形成更大组件的测试，在标准中将这些测试分为：组件测试、集成测试、系统测试和验收测试，如表4-4所示。

不同层次的测试 表4-4

测试	描述	目的	可追溯性
组件测试（component test）	用于验证单一或一组元素是否依据设计执行的测试行为	保证硬件组件或者软件逻辑程序的完整性和正确性；保证组件依据设计工作	每个测试对应其细节设计
集成测试（integrated test）	这是一组依次进行的测试，在测试过程中将软件、硬件进行组合并测试，此测试阶段持续至系统完全集成	保证满足设计目标	每个测试对应高层次设计

续表

测试	描述	目的	可追溯性
系统测试（System test）	此过程测试集成硬件和软件的系统从而验证系统满足其需求	保证系统作为一个整体符合其运行需求	每个测试与需求对应
验收测试（acceptance test）	形式测试，用于确定系统是否满足其验收标准，验证是否可由用户验收	达到用户需求目标，在用户产品中所有的组件都正确运行	每一个测试都对应用户特定需求

上述不同级别的测试出现在系统生命周期的不同阶段，一般的测试总是在设计执行之后才进行。

② 评价

评价（evaluation）用于确定原件的价值以保证系统满足其规范。评价由不同的人员在系统生命周期的各个阶段中执行，既可以是综合性评估也可以是选择性的评估。

评价不能覆盖不同产品之间的所有问题，这些产品中出现的问题与系统的基本用户需求相关。对于适用软件，评价可以用于确保产品是否符合其规范，是否与所有相关标准一致，是否正确，是否清晰、完整并始终如一；同时，评价还需要确保产品是否考虑了适合的选择，是否满足所有指定的质量属性。用于生命周期中所有的软件产品，包括用户文档、手册和其他工程文档等。

评价活动主要分为三类：规范的静态分析（评审、检查、结构分析）、系统的动态分析（如：仿真、原型、屏幕仿真、分支执行分析）、形式化分析（数学证明）。

③ 可追溯性分析

可追溯性分析（traceability analysis）主要衔接了两个不同的开发阶段，一般在系统的需求、设计和执行阶段进行。可追溯性是识别原始需求和最终系统之间关系的能力，可以向前或者向后追溯系统的关系网络，即系统需求。可追溯性提供了两元素之间的关联，当某一元素可以被另一元素追溯时，而这一元素又可以追溯其他元素，则在此过程中形成链式反应。

可追溯性分析可以帮助配置管理、测试覆盖性分析、验证与确认结果分析、回归性分析、危险评估（criticality assessment），验证与确认管理决策等的实施，同时可追溯性分析也对评估软件开发效果有帮助。

可追溯性分析用于保证正确识别了每一个需求，所有的追溯都从前一阶段追溯到本阶段，保证前向和后向追溯之间是一致的，并且每一个规范的前向追溯都完全支持规范；另外可追溯性分析还需要保证每个当前的规范都通过可追溯的流程进行。

④ 接口分析

接口分析（interface analysis）的主要任务是保证这些接口的完整性、

准确性和一致性。应该在功能上、物理关系上和数据接口上识别和分析设计执行阶段的接口需求。接口分析的目标是评价特定的系统可交付成果的接口需求的正确性、一致性、完整性和准确性。

接口分析主要注重数据分析，这些数据会从系统的一部分向系统的另一部分传递。这些信息的来源对于判断数据流的可行性很重要，接口数据是否可接收主要依赖于接口的有效性和必要性，接口的正确性依赖于其使用、形式和内容。

4.1.3 基于风险的安全评价方法

风险的概念由两个元素组成：导致事故或事故组合发生的概率或这些事故发生的频繁程度以及危害后果，即：

$$\text{风险}(R)=\text{频率}(F)\times\text{后果}(C)$$

与风险相关的另一个基于风险的评价中常见到的概念是“危险（Hazard）”，危险是任何可以导致人员伤害，疾病或者死亡的，导致设备损伤，或者损失的实际，或者潜在的系统状态或条件，可能导致事故发生的因素。在很多风险评估的方法通常都针对相关的危险进行分析。

实际应用中，基于风险的安全评价方法有很多，可以作为独立的方法使用，也可以作为其他安全评价方法的一个环节使用。既有定性的评价方法也有定量的评价方法，常用的基于风险的评价方法中，定性的主要有风险矩阵法、HAZOP和故障树分析等，定量的有事件树、初步危险源分析、FMECA等。

1）风险矩阵

根据风险的描述，在基于风险的安全评价中需要通过上述两个风险的性质进行风险的估计计算。首先根据事故出现的频率和事故造成损失的严重等级对风险进行定性的分类，以便在风险评估中对不同等级的风险采取不同的处理措施。

事故或者事故组合出现的频率 表4-5

分类	定义
频繁	频繁地出现，危害将一直存在
经常	发生多次，危害可以预期经常出现
有时	可能发生几次，危害预期有几次出现
很少	在系统生命周期的某个时期可能发生，危害能合理地预期出现
极少	不太可能发生但可能存在，可假定危害可极少出现
几乎不可能	几乎不可能发生，可假定危害不会发生

表4-5中的频率分类可以根据实际情况有所改变，例如在某些情况下，频率可以划分为“每日到每月”、“每月到每年”、“1到10年”、

"10到100年"以及"100年以上"等。

例如对于风险的后果根据事故造成伤害的程度对事故损失的严重度定性分为特大损失、重大损失、次要损失、轻微损失四大类，见表4-6。

损失的严重度等级 表4-6

严重度等级	对环境或人的影响	给运行带来的后果
特大	多人死亡，和/或是多方面的严重伤害，和/或对环境的较多损害	
重大	一人死亡，和/或是单个严重伤害，和/或是对环境产生明显的损害	主系统失效
次要	较小的损伤和/或对环境的明显影响	严重的系统损害
轻微	可能存在的较小的伤害	较小的系统损害

最后用"频率—危害严重度"矩阵的方法给出风险的等级，见表4-7。

风险等级的确定方法一 表4-7

危害性事件的发生频度	风险等级			
频繁	不希望发生的	不容许的	不容许的	不容许的
经常	容许的	不希望发生的	不容许的	不容许的
有时	容许的	不希望发生的	不希望发生的	不容许的
很少	可忽略的	容许的	不希望发生的	不希望发生的
极少	可忽略的	可忽略的	容许的	容许的
几乎不可能	可忽略的	可忽略的	可忽略的	可忽略的
	轻微	次要	重大	特大
危害后果的严酷等级				

有时候我们也采取下面的分类方法对风险进行定性的分类。即对矩阵的行和列赋值并通过某些算法获得某行某列对应时间的风险值，从而用数值判断风险的大小，见表4-8。

风险等级的确定方法二 表4-8

危害性事件的发生频度	风险等级			
7（频繁）	7	14	21	28
5（经常）	5	10	15	20
4（有时）	4	8	12	16

续表

危害性事件的发生频度	风险等级			
3（很少）	3	6	9	12
2（极少）	2	4	6	8
1（几乎不可能）	1	2	3	4
	1（轻微）	2（次要）	3（重大）	4（特大）
危害后果的严重度等级				

2）风险等级的计算方法

目前应用比较多的三种计算风险矩阵的方法，第一种通过行和列相乘，这样的风险矩阵的计算方法使用最为广泛，如表4-9。

风险矩阵方法一 **表4-9**

频率	风险等级				
5=每日到每月	5	10	15	20	25
4=每月到每年	4	8	12	16	20
3=1到10年	3	6	9	12	15
2=10到100年	2	4	6	8	10
1=小于100年	1	2	3	4	5
	1次要损害	2主要损害	3多重主要损害	4单个灾难	5多重灾难
	危害后果的严重度等级				

另外，还可以通过行列相加的方式计算风险矩阵，此时可以直观的从矩阵中看出具有相似年死亡人数的风险等级（表4-10）。

风险矩阵方法二 **表4-10**

频率	风险等级				
5=每日到每月	6	7	8	9	10
4=每月到每年	5	6	7	8	9
3=1到10年	4	5	6	7	8
2=10到100年	3	4	5	6	7
1=小于100年	2	3	4	5	6
	1次要损害	2主要损害	3多重主要损害	4单个灾难	5多重灾难
	危害后果的严重度等级				

实际的风险矩阵的计算还可以通过由低到高的排序的方法实现，如表4-11所示，从次要损害并且发生频率最少的风险开始排序，此风险设为“1”，并且在排序过程中假设风险的后果对风险的等级影响较大，因此将“次要损害且发生频率为10到100年”的风险排为2，依此类推可以获得排序的风险矩阵（表4-11）。

风险矩阵方法三　表4-11

频率	风险等级				
5＝每日到每月	11	16	20	23	25
4＝每月到每年	7	12	17	21	24
3＝1到10年	4	8	13	18	22
2＝10到100年	2	5	9	14	19
1＝小于100年	1	3	6	10	15
	1次要损害	2主要损害	3多重主要损害	4单个灾难	5多重灾难
	危害后果的严重度等级				

在获得相应的风险值之后，需要进一步依据安全接受准则，判断风险是否在工程或者实际中可接受的范围内，并对不同范围内的风险执行适当的措施。

4.1.4　系统安全分析（SSA）

系统安全分析，是主管部门用于审查整个系统的总和或交接面问题进行研究分析的总称，它使用以下的子系统安全分析得到的资料。系统安全分析包括以下内容：

系统总和分析（SIA），由子系统交接面分析引出的对整个系统的安全的分析，特别是从遵守安全基准，作为危险状态具体化的单独的或同时的故障或性能不良发生的可能性、保证不降低其他子系统或整个系统安全的正常操作等三个方面出发，审查子系统之间的关系。

系统危险故障类型分析（SHFMA）是为确定与总系统有关的操作人员以不恰当的程序作业的故障类别发生的可能性而进行的分析和审查。

对系统缺陷的事后分析（PAASD）是系统安全分析及有关工程努力实现危害最小化所必需的活动，对于第IV类危害通过再设计或其他必要活动加以排除，对第III类危害施行控制，使其最小化并符合于系统安全基准。

4.1.5　预先危险性分析（PHA）

预先危险性分析又称初步危险分析，是在某项工作开始之前，为实现系统安全，而在开发初期阶段对系统进行初步或初始分析。其分析步骤如下：

1）通过经验判断、技术诊断或其他方法，确定出危险源及危险源存在的地点，即识别出系统中存在哪些危险、有害因素，并确定出其存在的部位，充分详细的调查了解所需分析系统的情况，如生产目的、所用物料、生产装置及设备、工艺过程、操作条件以及周围环境等。

2）依据过去的经验教训和同行业生产中曾经发生过的事故或灾害情况，对系统的影响和损坏程度，用类比推理的方法判断出所需分析系统中可能出现的情况，找出假设事故或灾害可能发生时，能够造成系统故障、物质损失和人员伤害的危险性，分析和确定事故或灾害的可能类型。

3）对确定的危险源进行分类，编制预先危险性分析表。

4）识别转化条件，研究危险、有害因素转变为危险状态的触发条件，危险状态转变为事故或灾害的必要条件，有针对性地寻求预防性的对策措施，并检查对策措施的有效性。

5）进行危险性分级，列出重点和轻、重、缓、急次序，以便进一步处理。

6）制定事故或灾害的预防性对策措施

4.1.6 作业危险条件分析法（LEC法）

1）LEC基本概念

在大量相关理论研究的基础上并充分考虑工程实际，本文认为风险实际上是由一系列风险因素（风险源）导致的风险事件（风险），风险事件是结果，风险因素是原因，在对风险事件采取措施进行控制时实际上就是控制风险因素。因此我们既需要对风险事件进行评价分级，也要对风险因素进行评价分级，风险事件的评价分级是便于对施工工点的风险进行层级化管理，风险因素的评价分级是便于根据影响大小制定有针对性的风险控制措施。

目前常用的定量风险评价方法：危险指数评价法、逻辑分析法、DNV定量风险评价软件、风险矩阵法、概率危险评价法、模糊综合评价法、作业条件危险性评价法。而大多数企业在施工现场通常采用作业条件危险性评价法（LEC）进行定量分析。

作业条件危险性评价法是美国的K.J.格雷厄姆（Keneth J. Graham）和CAF.金尼（Gilbert F. Kinney）基于所评价的环境与某些作为参考环境的对比为基础提出的评价方法。他们认为对于一个具有潜在危险性的作业条件，影响危险性的主要因素有3个，分别为发生事故或危险事件的可能性、暴露于危险环境的频率和事故一旦发生可能产生的后果。该方法将作业条件的危险性（D）作为因变量，事故或危险事件发生的可能性（L）、暴露于危险环境的频率（E）及危害程度（C）为自变量，建立自变量与因变量之间的函数关系，按照作业条件的情况，给出自变量的数值，通过函数关系计算因变量，从而完成作业条件的危险性评价。其计算公式如下：

$$D=L*E*C \tag{4-1}$$

式中　D——作业条件的危险性；

L——事故或危险事件发生的可能性；

E——暴露于危险环境的频率；

C——发生事故或危险事件的可能结果。

根据经验已知，作业人员暴露于危险作业条件的次数越多，时间越长，则其受到伤害的可能性就越大；而事故或危险事件发生的可能性与其实际发生的概率有关，其造成的人身伤害或物质损失变化范围也很大。

近年来，人们把LEC这种科学的方法加以改造，将它从初始应用的产品设计领域引入并应用于工程施工领域，利用其系统原理和科学的分析方法，分析评价工程施工和设备检修项目中由人、机、物、环境组成的系统的危险性，从而指导施工单位和人员采取针对性的安全防范措施。在此基础上逐步完善分析方法，使之更加适合工程施工和设备检修等工作。

2）LEC赋值

本研究选择了作业条件危险性评价方法（LEC法），作为施工安全评价的方法。在实际应用中，L，E，C三个因素的分值通常根据经验值来确定，具体分值如下所示。

（1）L——事故或危险事件发生的可能性

事故或危险事件的可能性大小当用概率来表示时，可能性小、完全意外发生的事件为1，因绝对不发生事故是不可能的，所以将事故实际不可能的为0.1，而完全会被预料到的事件为10，介于两者之间发生事故的可能性制定了若干个中间值，如表4-12所示。

L分值　　表4-12

危险或事故发生的可能性	分数值L
完全可能发生	10
相当可能发生	6
不经常，但可能	3
完全意外，极少可能	1
可以设想，但高度不可能	0.5
实际上不可能	0.1

（2）E——暴露于危险环境的频率

人员或设备出现在危险环境中的事件越多，则危险性越大。规定连续暴露在此危险环境的情况定为10，而非常罕见地出现在危险环境中定为0.5。同样，将介于两者之间的各种情况规定若干个中间值，如表4-13所示。

E分值 表4-13

暴露于危险环境的频率	分数值E
连续暴露与潜在危险环境	10
逐日在工作时间内暴露	6
每周一次或偶然地暴露	3
每月暴露一次	2
每几年出现在潜在危险环境中	1
非常罕见的暴露	0.5

（3）*C*——发生事故或危险事件可能后果

事故造成的人身伤害变化范围很大，对伤亡事故来说，可从极小的轻伤直到多人死亡的严重后果。由于范围广阔，所以规定分数值为1～100，轻伤规定分数为1，把造成十人以上死亡的可能性分数规定为100，其他情况的数值均在1于100之间，如表4-14所示。

C分值 表4-14

危险或事故的可能结果	分数值C
大灾难，多人死亡	100
灾难，数人死亡	40
极严重，一人死亡	15
严重，重伤	7
重大，致残	3
需要救护	1

（4）*D*——危险性分值

在确定上述3个具有潜在危险性的作业条件的分值，并按公式进行计算，即可得危险性分值。在确定其危险性程度时，则按下述标准进行评定。

由经验可知，危险性分值在20以下的环境属低危险性，一般可以被人们接受；当危险性分值在20～70时，需加以注意；危险性分值在70～160的情况时，有明显的危险，需要采取措施进行整改；同样，根据经验，当危险性分值在160～320时，其作业条件属高度危险的，必须立即采取措施进行整改；危险性分值在320以上的，表示该作业条件极其危险，应该立即停止作业直到作业条件得到改善为止，如表4-15所示。

D分值 表4-15

危险程度	分数值F
极其危险，不能继续作业	>320
高度危险，需立即整改	160 ~ 320
显著危险，需要整改	70 ~ 160
可能危险，需要注意	20 ~ 70
稍有危险，可能被接受	<20

采取半定量的计值法，给三种因素的不同等级分别确定不同的分值，再以三个分值的乘积D来评价危险性的大小（即$D=L*E*C$）。D值大，说明系统危险性大，需增加安全措施或改变发生事故的可能性，或减少人体暴露在危险环境中的频繁程度，或减轻事故损失，直到调整到允许范围。

4.1.7 其他安全评价方法介绍

1）人因安全评价

轨道交通的出现为人们的生产和生活带来了极大的便利，但各种各样因素造成的事故使得人们不得不对轨道交通安全给予广泛关注，并采取大量的措施来保证轨道交通安全。起初，通过采用更加先进的设备，提高各种硬件的可靠性，大大降低了轨道交通安全事故发生的概率。但是最近几年的统计发现，在造成轨道交通安全事故的诸多原因中，人的失误占了很大的比例，这一事实逐渐唤醒了轨道交通界人士对人为因素的重视。

人的失误重复性、潜在性、固有的可变性等特点，使得对人的失误的分析异常复杂。但是鉴于降低人的失误的概率可以大大降低事故发生的概率，人们还不得不去努力寻找尽可能的解决方法。而且由于人是轨道交通系统中最灵活，最具适应性的部分，多种情况说明，在有反馈装置或人员冗余的情况下，人有可能发现先前的失误并给予纠正。此外，当系统处于异常情况下时，由于人的参与，往往可以得到缓减或克服，使系统恢复正常工况或安全状态。

值得注意的是，与人因有关的事故的罪魁祸首并不完全是操作人员的错误操作。研究表明，人因事故发生的原因不仅是个人操作失误的问题，而且关系到组织管理失误的人因问题，这就需要将对人为因素的分析放到“安全文化”的基础上来研究。安全文化既包括个人和组织对待安全的态度问题，也包括法律、管理体制问题。不难发现，引发轨道交通不断发生的人因问题，不是人的数量没有解决，而是人的“安全文化”问题没有解决。是与操作人员“安全文化”素质偏低，安全意识淡薄，宣传“安全文化”力度不够直接相关。

研究人的失误要深层次挖掘产生这些失误的原因，并制定解决错误的方法，这样才能从根本上找到问题所在。目前用于减少人的失误常用到的方法有故障树分析（Fault tree），人的失误的危险和可操作性分析Human error HAZOP（Human Error Hazardous and Operability），根原因分析法，莫非图（Murphy diagram）以及人的因素分析与分类系统等。这里不再详细介绍。

2）基于贝叶斯网络的人因可靠性评价

贝叶斯网络有很多不同方面的应用，其中最常见的是用于诊断问题。贝叶斯网络还可以用于决策理论，即在制定不同结果的满意度和为达到目的所采取的行动的花费后通过分析去寻找一种性价比最高的措施。鉴于贝叶斯网络在处理多态性，不确定性等方面的优势，其在人因分析领域得到了越来越广泛的重视。

利用贝叶斯网络进行人因分析的核心就是建立适当的模型。在进行贝叶斯网络建模的时候，首先画出事件树，然后将事件树转化为贝叶斯网络，从构建的贝叶斯网络中查找与人因有关的节点，建立贝叶斯网络的拓扑结构。在构建贝叶斯网络之后，利用联合概率分布可以直接计算某一后果发生的概率。其中，参考节点和输入节点的先验概率可以通过已有的数据库、历史数据、专家信息等获得，而内部节点和输出节点的条件概率可以通过专家经验、历史数据，或通过贝叶斯网络的参数学习获得。除了能够计算某一后果发生的概率，贝叶斯网络还可以对基本时间进行重要度分析。常用的重要度分析包括致险价值RAW（risk achievement worth）、减险价值RRW（risk reduction worth）、fussel-veseley重要度。

随着计算机的使用和人工智能的广泛发展，各种工业系统的复杂性不断增加，对于系统可靠性和安全性评价的要求也越来越高。这些人工智能（Artificial intelligence）系统，又称为专家系统（Expert system），主要指在某个领域中，系统可以智能地执行任务，并且其解决问题的能力取决于此领域中的专家的知识水平。标准的专家系统是指以概率计算和决策理论作为基础，处理不确定性的原因并进行决策的模型系统。专家系统通常需要一系列的原理规则对系统的动作和现象进行监督，从而确保系统运作的正常。

使用经典的故障树和事件树的方法评价专家系统时，由于专家系统的复杂性，在评价分析中会出现许多的不确定因素，同时也很难获得系统的完整数据。即使在获得完备数据的基础下，使用故障树和事件树分析专家系统的原因和结果，还面临多状态和动态分析等问题。而对于可修复系统，经典的方法中使用马尔科夫链（Markov chain）进行动态分析，马尔科夫链在一定程度上可以通过转移概率矩阵对动态系统进行多状态的概率计算分析，但是随着系统规模的增加，状态转移矩阵的规模以指数增加从而造成状态爆炸现象。

4.2　城市轨道交通安全评价方法推荐

4.2.1　目前城市轨道交通安全评价已使用的安全评价方法

根据国内外城市轨道交通安全评价的现状，而国内城市轨道交通由于受到事故数据有限等原因，目前开展城市轨道交通安全预评价比较多，并主要使用了安全检查表法，国外城市轨道交通安全评价主要使用了基于过程控制和风险分析的安全评价方法。根据城市轨道交通系统的现状和发展，下面将根据城市轨道交通系统的特点和城市轨道交通安全评价的特点推荐若干种方法。

4.2.2　安全评价方法推荐

1）对城市轨道交通安全预评价的安全评价方法推荐

城市轨道交通安全预评价在设计之前进行，目的是希望将要设计的系统能够符合标准、规范的安全性规定，因此，在预评价阶段，选择使用安全检查表法，检查系统选型、设备、设施和材料是否符合法规、标准、规范的规定，同时是否采取了必要的安全措施。并可以识别出需进一步落实的安全措施，以达到安全设计的目的。

2009年颁布的国家标准《城市轨道交通技术规范》，是城市轨道交通的技术法规。条款以城市轨道交通安全为主线，统筹考虑了卫生、环境保护、资源节约和维护社会公众利益等方面的技术要求，因此，本研究将以标准中的安全要求为项目检查的主要依据。

但城市轨道交通安全预评价的目的还在于预测系统可能发生的危害及其风险程度，根据城市轨道交通系统的特点和目前城市轨道交通过程安全控制研究的基础，在预评价阶段推荐检查表法和基于风险评估的安全评价方法。

2）对城市轨道交通竣工验收安全评价的安全评价方法推荐

城市轨道交通竣工验收安全评价，通过在城市轨道交通投入载客运营阶段前查找、分析和预测工程、系统存在的危险、有害因素及其危害程度，提出合理可行的安全对策措施，指导危险、有害因素监控和事故预防，以达到最低事故率、最少损失和最优的安全投资效益。确保城市轨道交通工程及各系统满足投入载客运营的安全要求，为城市轨道交通在载客运营期间的运营安全打好基础。

通过对常用的城市轨道交通安全评价方法的分析，以及对竣工验收阶段安全评价的特点及评价方法的经济性与可操作性等方面的综合考虑，安全检查表法是最为行之有效的定性安全评价方法。另外，基于风险评估的安全评价方法也是较好的定量评价方法，用于新的危害识别、风险评估和对将转移到验收阶段的剩余危害的评价。

3）对城市轨道交通运营安全评价的安全评价方法推荐

城市轨道交通运营安全评价通过安全评价手段调查掌握运营系统安全状态，实现对系统硬件和安全管理软件的状态分析，判断风险和危险程度，并提出相应的对策措施，以保证城市轨道交通安全运营目标的实现。

针对地铁系统整体性、复杂性、开放性、动态性的特点，对结构相对清楚的硬系统采用安全检查表法。对于不易用系统模型描述的，受随机因素影响较大的软系统采用基于风险的安全评价方法。

城市轨道交通基础安全指标具有相对稳定的特点，建议采用检查表和LEC相结合的方式，制定各单项的检查方法和尺度，用定性、定量相结合的评价方法进行打分赋值。

事故是安全与不安全一对矛盾斗争过程中某些瞬间突变的结果，事故的发生既有偶然性，也有当时当地特定条件的必然性。用单位工作量的等效一般事故来衡量地铁线路的风险，即百万车公里等效事故率。

4）对城市轨道交通施工安全评价的安全评价方法推荐

城市轨道交通施工安全评价，应针对我国城市轨道交通施工的特点，进行安全评价。与城市轨道交通施工的特点相对应，城市轨道交通施工安全评价具有下列特点：

（1）城市轨道交通施工安全评价，不仅考虑到城市轨道交通系统内的危险物质、危险结构，而且也应考虑到系统的安全防护设施及其之间的相互作用关系状态，以及城市轨道交通周边的环境因素；

（2）城市轨道交通施工安全评价并非完全根据有关的规程、标准来制约技术和工程，而主要是根据客观被评价对象的存在状态、结构关系、灾变机理、灾害物质的物化特性等评价系统可能的危害；

（3）城市轨道交通施工安全评价的结果中，应包含人类的认识水平和接受能力，应该是对城市轨道交通系统整体在施工过程中安全状态的综合评价。

（4）城市轨道交通施工安全评价的目的，是为了正确掌握城市轨道交通系统施工过程中的安全状态水平，了解城市轨道交通系统施工安全中的薄弱环节，从而采取措施，改进城市轨道交通系统施工的安全水平，降低城市轨道交通系统施工中潜在的对人类的威胁程度。

通过对常用的城市轨道交通安全评价方法的分析，以及对施工阶段安全评价的特点及评价方法的经济性与可操作性等方面的综合考虑，建议在城市轨道施工阶段，对危害的定性分析使用安全检查表法，通过对工程特点的分析和评价单元的确定，安全检查表法是最为行之有效的安全评价方法。

而大多数企业在施工现场通常采用作业条件危险性评价法（LEC）进行定量分析，近年来，人们把LEC这种科学的方法加以改造，将它从初始应用的产品设计领域引入并应用于工程施工领域，利用其系统原理和科学的分析方法，分析评价工程施工和设备检修项目中，由人、机、物、环境组成的系统的危险性，从而指导施工单位和人员采取针对性的安全防范措施，在此基础上逐步完善分析方法，使之更加适合工程施工和设备检修等工作，因此在城市轨道交通施工安全评价阶段也将采用这种方法对系统的风险进行深入分析。

5）小结

上述方法推荐是基于人们对目前城市轨道交通系统的了解和对安全评价方法了解的基础上，还受国内城市轨道交通安全评价制度的约束。

很多评价方法还在发展成熟的过程中，如人因安全评价法和基于贝叶思的人因可靠性分析法等等。因此，本研究城市轨道交通安全评价方法尽管推荐了上述几种，但不局限于这几种。随着科学技术的发展，未来也可能出现更多新的安全评价方法。

另外，研究过程中，基于过程的安全评价方法和基于风险的安全评价方法结合，目前已在北京地铁亦庄线信号系统项目中得到实际应用，详细介绍见附录A示范工程《安全评价方法在北京地铁亦庄线中的应用研究》。

4.3 城市轨道交通安全评价实施框架

4.3.1 实施原则

1）安全评价实施应是合法合理的

除符合现有安全评价法律法规外，还要遵循城市轨道交通安全相关的法规和标准，除此外，为了弥补现有法律依据不足和标准的局限性问题，我们还根据具体情况引进国外或是其他领域的良好做法，选择针对城市轨道交通系统的合理的、可用的安全评价内容、方法和指标等，必要时引入适用的新理念、新技术和新方法，并在实践中适时改进，以最大限度的保证安全评价的合法合理性。

2）安全评价应是独立、专业的

安全评价实施机构必须是独立于评价对象之外的第三方，由具备专业资质或资格的人员从事安全评价活动，可以聘请专家顾问参与安全评价，但必须独立于评价对象。

3）安全评价过程应是系统的

城市轨道交通安全评价的实施应和城市轨道交通的建设程序紧密结合，并将节点安全控制与过程安全控制紧密结合，贯穿了城市轨道交通建设和运营的全过程，安全评价节点应起到承上启下的作用，将城市轨道交通安全评价体系的节点安全控制与城市轨道交通系统过程安全控制相结合，能够很好地解决这一问题。

4）安全评价工作与其他安全相关工作的关系

目前，我国城市轨道交通安全保障工作已由最初的纯靠人管理的安全责任制，过渡到管理、技术相结合手段的安全评价和基于风险分析理论的过程安全控制的阶段，特别是《城市轨道交通工程安全控制技术规范》（GB 50389-2013）的颁布，解决了以往直接引用国外标准水土不服的问题，同时为城市轨道交通的参与者制订了统一的技术和管理要求，推动了系统安全保障工作走向新的纪元，也将技术和管理结合的发展阶段推向新的高点。鉴于过去几十年我国城市轨道交通发展的良好安全记录和国外先进的理念和技术背景下的安全记录，可以说二者孰优孰劣未分胜负，无论如何，随着技术的发展，我们都将不断探索更可靠、适用的技术、方法和手段来保障城市轨道交通的安全，因此安全评价工作与其他安全相关工作是相互配合、补充的关系，特别在现有阶段和管理体制下，探索将安全评价与过程安全控制相结合来保障系统安全手段是未来的研究方向。

为了提高安全评价的全局性和系统性，安全评价实施机构，在预评价阶段制定如何满足系统各阶段安全评价及专项安全评价（必要时）需求的详细执行计划。

安全计划要涵盖以下方面内容，以确保覆盖安全评价各方。

4.3.2 安全评价实施内容框架

1）安全评价计划的工作目标

安全评价计划的目标从总体上讲，就是保障安全评价顺利实施。具体讲，可以分以下几个方面：

- 评价程序系统、合理
- 评价设置针对性强
- 评价机构独立、专业
- 监督机制合理、有效
- 资源配置合理、有效

2）关于安全评价实施机构

制定机构责任的明确、记录、移交。机构中的每个人都应有明确的责任并充分理解这些责任，并记录在案，同时在移交时确保他人明确与安全评价相关的重要事项。

安全评价实施机构应针对评价对象合理配置资源以保障安全评价的实施。

参加安全评价人员需要了解和考虑到与他们的职责相关，并且能够实现相互之间以及与其他机构或个人有效地合作来完成安全评价。

系统掌握城市轨道交通事故、故障资料。

3）关于实施前的准备工作

实施安全评价前，对应安全评价阶段，应了解以下方面的资料：

- 城市轨道交通系统相关机构制定了哪些安全制度，安全责任如何落实，如何监控安全；
- 城市轨道交通系统相关机构（建设公司或运营公司、供货商或其他机构）做了哪些有关安全的工作和活动，例如是否开展了过程安全控制，执行的法律法规和标准有哪些；
- 城市轨道交通系统相关机构及人员的资质及相关证明材料；
- 城市轨道交通系统及设备的安全认证材料；
- 以往的事故信息。

4）关于安全评价实施过程。

安全评价实施是完整的、系统化的过程。安全评价的设置应合法合理，并有针对性。在安全计划中设定安全评价程序并在实施过程中不断修正，并设定合理的批准机制。

安全评价的设置应根据收集到的资料，根据城市轨道交通工程建设程序及系统特点划定安全评价范围，设定安全评价程序和批准机制。

各阶段安全评价的内容应根据收集到的资料，对已有的有关安全的工作和活动设置作出预判，例如已开展过程安全控制的线路，根据过程安全控制工作的预判结果安排安全评价的内容，使安全评价与之有机衔接。专项安全评价针对涉及城市轨道交通系统安全性的重点子系统或对象设置，内容安排参考阶段安全评价。

要求在评价实施过程中，对实施内容与安全计划一致性程度作出判断，必要时进行修正。

明确安全文档的记录、管理要求。

5）安全评价的监督要求。

为保障安全评价的有效实施和评价结果的有效性，在安全计划中明确安全评价的监督机制，通过检查、审核等方式对安全评价过程进行监督。

4.3.3 安全评价实施过程

根据城市轨道交通安全评价体系的特点，安全评价实施应建立在完善的安全评价体制之上。在完善的安全评价体制下，各阶段安全评价和专项安全评价，可以按以下步骤开展工作。

1）制定初步安全评价计划

安全评价机构明确自己的责任和义务后，开始做安全评价实施前的准备工作（具体见4.3.2），准备工作完成后制定初步安全评价计划。初步安全评价计划是安全评价实施的指导，但在未来实施过程可持续修正。

2）确定评价依据

评价依据包括依据的法律、法规和标准，以及与评价目标、评价对象相关的技术文件、资料等。

（1）依据的法律、法规和标准

- 国家有关法律法规、部门规章及规范性文件;
- 国家及行业有关标准、规范;
- 企业规章制度及技术手册。

（2）相关的技术文件、资料

- 针对评价对象的研究报告;
- 相关程序性文件如批准文件、审核文件等;
- 相关技术文件、资料特别是针对安全的技术文件等。
- 以往的事故调查报告及故障报告。

4.3.4 符合性安全评价实施

符合性安全评价一般采用检查表法，针对评价对象的特点划分评价单元，编制安全检查表。

1）评价单元

评价单元确定是按照评价对象的特征进行选择的。城市轨道交通系统复杂，划分评价单元时需要注意：

- 为安全评价的系统性和可持续性，将整个城市轨道交通工程划分为相对独立而又有机联系的评价单元;
- 重视城市轨道交通子系统功能划分、相关安全要求对安全评价单元划分等影响，以便编制检查表。

2）编制检查表

根据已有经验，编制检查表是按照国家有关法律法规、标准、规范的要求，根据系统或经验分析的结果，把评价项目及环境的危险集中起来，编制了若干指导性或强制性检查表。但我国专门针对城市轨道交通系统化的检查表尚未有成熟的指导性推荐，也未有强制性的规范。因此评价人员需熟知国家及地方的安全评价法规、标准中规定的各类安全检查表，根据评价对象正确编制适宜的安全检查表，并纳入合理的检查项目。需要特别注意：

- 由于城市轨道交通系统的复杂性和专业的多样性，编制时应考虑人员经验、依据的局限性等多方面的因素;
- 检查表不可能是详尽的，应尽可能考虑全面，不断完善;
- 必要时，编制人员应组织各方人员进行会商。

4.3.5 基于风险的安全评价实施

基于风险的安全评价是一个包括危害辨识、风险评价和风险控制的过程。危害辨识是风险评价与风险控制的基础。它是一个对所面临的和潜在的事故危险加以判断、归类和分析危险性质的过程。其目的是要了解什么情况能发生，怎样发生和为什么能发生，辨识要进行管理或评价的危险。风险评价是指在危险辨识的基础上，通过对所收集的大量详细资料加以分析，估计预测事故发生的可能性或概率（频率）和事故造成损失的严重程度，确定其危险性。并根据一定的风险容许准则衡量风险的水平，以便确定风险是否需要处理和处理的程度。风险控制是指根据风险评价的结果，选择、制定和实施适当的风险控制计划来处理风险，它包括风险控制方案范围的确定，风险控制方案的评定，风险控制计划的安排和实施。监督和审查是指对危险辨识，风险评价以及风险控制全过程进行分析、检查、修正与评价。

《城市轨道交通工程安全控制技术规范》（GB/T 50839-2013），对城市轨道交通工程以风险分析和过程管理为基础的安全控制流程、方法、任务和要求做出了规定，可以指导基于风险的安全评价实施。

对已开展了系统安全保障工作的线路，安全评价以审核其评估过程及结论的合理性为重点，必要时重复安全评价过程。

1）危害识别

危害识别就是尽可能找出系统所有的危害，危害可以通过以往发生过的故障和事故经验来识别，也可以是从未发生过但可能会引起损害的潜在因素，例如非正常操作时可能发生事故的因素，应记录这种危害不大可能发生的原因，并持续监控。

2）风险评估

风险取决于发生事故和产生损害的可能性。应该综合考虑这两个因素。

3）风险控制

研究风险控制的合理措施，并采取措施确保其落实。必须实施一切合理合法的和法律要求的措施，如果采取一切措施后发现这种风险仍然过高，绝不能接受它。应该按优先顺序寻求：①移除危险源或降低其发生的可能性的方法；②包容危险源影响的方法；③意外事故发生后降低损失的应急措施。

决定一个控制风险的措施是否是合理可行的，必须平衡风险的降低和其他的因素，包括时间、财力和难度。如果成本过高，平衡不太明确，就有必要估计成本和效益，需要根据一定的风险容许准则。基准只是粗略的反映社会中的价值。如果公众对危险有特别关注的话，在做出决定时应该考虑到这一点。它可能只是预防措施，并不是其他方面。

4）风险监控

风险监控有以下四个方面：

- 系统的安全和可靠性；
- 子系统、部件和接口运行的安全和可靠性；
- 工作人员按章操作的严密程度和职责的履行程度；

- 系统的运行环境。

应该考虑收集和分析信息有：

- 事件、事故和临界失误；
- 来自员工的建议和反馈；
- 未能遵循标准和程序的状况；
- 故障和损坏；
- 其他任何可能影响你的工作的事情。

5）监督和审查

建立监督和审查机制，确保风险评估过程和结论是有效的。

第 5 章
城市轨道交通安全预评价

5.1 概述

我国的安全评价工作起步于20世纪70年代，是伴随着建设项目“三同时”而发展的，城市轨道交通建设的安全评价工作则启动得较晚。早期的轨道交通项目建设，没有开展正规的安全评价工作。

2003年《国务院办公厅关于加强城市轨道交通建设管理的通知》，第4条中提到在项目立项、可行性研究阶段进行安全、地质环境和地质灾害的评估；2003年《关于加强建设项目安全设施“三同时”工作的通知》规定“对矿山建设项目和生产、储存危险物品、使用危险化学品等高危险行业的建设项目以及具有较大安全风险的建设项目，建设单位在进行项目可行性研究时，应对安全生产条件进行专门论证，委托安全评价中介机构进行安全生产评价，对建设项目安全设施的安全性和可操作性进行综合分析，提出安全生产对策的具体方案。”；2005年住房与城乡建设部发布《城市轨道交通运营管理办法》第18条，提出要定期对城市轨道交通进行安全性评价，并针对薄弱的环节制定安全运营对策；2007年，国家安全生产监督管理总局发布了《安全评价通则》（AQ8001-2007）、《安全预评价导则》（AQ8002-2007）及《城市轨道交通安全预评价细则》（AQ8004-2007）等安全评价标准。

随着上述政策、法规、标准文件的出台，陆续开展了城市轨道交通安全评价工作，且主要为安全预评价。2008年以前，只有部分城市新建线路建设时，如北京、上海、广州等城市部分线路做过安全预评价。2008年以后则呈现出明显的加速态势，共有13个城市27条线路作了城市轨道交通安全预评价。目前，根据公开资料所统计到的我国城市轨道交通安全预评价实践情况如表5-1。

城市轨道交通安全预评价工作实践一览表（截至2009年6月） 表5-1

城市	线路	评价单位	评审时间
北京	轨道交通4号线	中国安全生产科学研究院	—

续表

城市	线路	评价单位	评审时间
北京	轨道交通10号线	—	—
上海	轨道交通10号线	中国安全生产科学研究院	—
	轨道交通6号线	上海纪杰注册安全师事务所有限公司	200308
广州	轨道交通3号线	中国安全生产科学研究院	200512
	轨道交通4号线	中国安全生产科学研究院	200406
	轨道交通5号线	中国安全生产科学研究院	—
	轨道交通6号线	中国安全生产科学研究院	200406
深圳	轨道交通2号线	中国安全生产科学研究院	200612
	轨道交通3号线	中国安全生产科学研究院	—
	轨道交通4号线	中国安全生产科学研究院	—
	轨道交通5号线	中国安全生产科学研究院	200707
南京	轨道交通2号线一期工程	中国安全生产科学研究院	200511
	轨道交通2号线东延线	中国安全生产科学研究院	200905
苏州	轨道交通1号线	中国安全生产科学研究院	200807
	轨道交通2号线	中国安全生产科学研究院	200903
沈阳	轨道交通1号线	中国安全生产科学研究院	200604
	轨道交通2号线	中国安全生产科学研究院	200803
哈尔滨	轨道交通1号线1期工程	中国安全生产科学研究院	200808
武汉	轨道交通4号线1期工程	—	—
长沙	轨道交通2号线1期工程	中国安全生产科学研究院	200905
郑州	轨道交通1号线	河南中咨安全工程师事务所	200806
	轨道交通2号线	河南中咨安全工程师事务所	—
佛山	广佛线	中国安全生产科学研究院	200704
	广佛线2期工程	中国安全生产科学研究院	200905
宁波	轨道交通1号线2期工程	北京市劳动保护科学研究所	200906
	轨道交通2号线1期工程	北京市劳动保护科学研究所	200906

5.2 已开展的预评价工作情况

5.2.1 现状预评价依据的法律法规和文件资料

目前，还没有直接和专门指导城市轨道安全预评价的法律法规。原则上主要依据《安全生产法》、《建设工程安全生产管理条例》和《关于加强建设项目“三同时工作的通知”》等国家法律法规和文件以及相关的法律法规文件，如《劳动法》、《消防法》等。

（1）国家及行业有关标准、规范

主要依据城市轨道交通技术标准和一些安全行业标准。安全行业标准如《安全评价通则》（AQ8001-2007）、《安全预评价导则》（AQ8002-2007）及《城市轨道交通安全预评价细则》（AQ8004-2007）等，城市轨道交通专业的标准如《城市轨道交通技术规范》（GB 50490-2009）、《城市轨道交通工程项目建设标准》（建标104-2008）、《城市轨道交通工程安全控制技术规范》（GB/T 50839-2013）等。

（2）依据的技术文件、资料

主要依据的技术文件是城市轨道交通工程可行性研究报告，依据的其他相关资料包括城市总体规划、城市轨道交通建设规划、城市轨道交通线网规划、城市轨道交通线路地质灾害危险性评估报告、地震安全性评价报告、各种安全相关的专题报告等。

5.2.2 组织机构现状

我国安全评价组织架构现状图如图5-1。

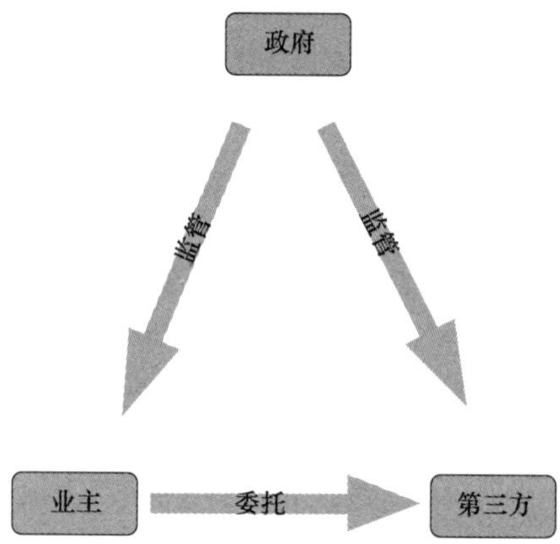

图 5-1 城市轨道安全评价组织架构图

根据第三章的分析，目前我国评价体制现状，城市轨道安全预评价涉及到组织机构主要有以下三部分。

第一部分由中央政府和地方政府各有关部门组成，是安全预评价工作的监督管理层。

第二部分由轨道交通生产经营单位，此处特指业主单位，是安全评价的执行层。

第三部分是指安全评价机构，是独立于第一和第二部分的第三方，目前一般是由业主委托实施安全评价。

5.2.3 评价程序

现状安全评价程序是按照《城市轨道安全预评价细则》的规定执行

的，过程分为9个阶段，包括19项具体内容。

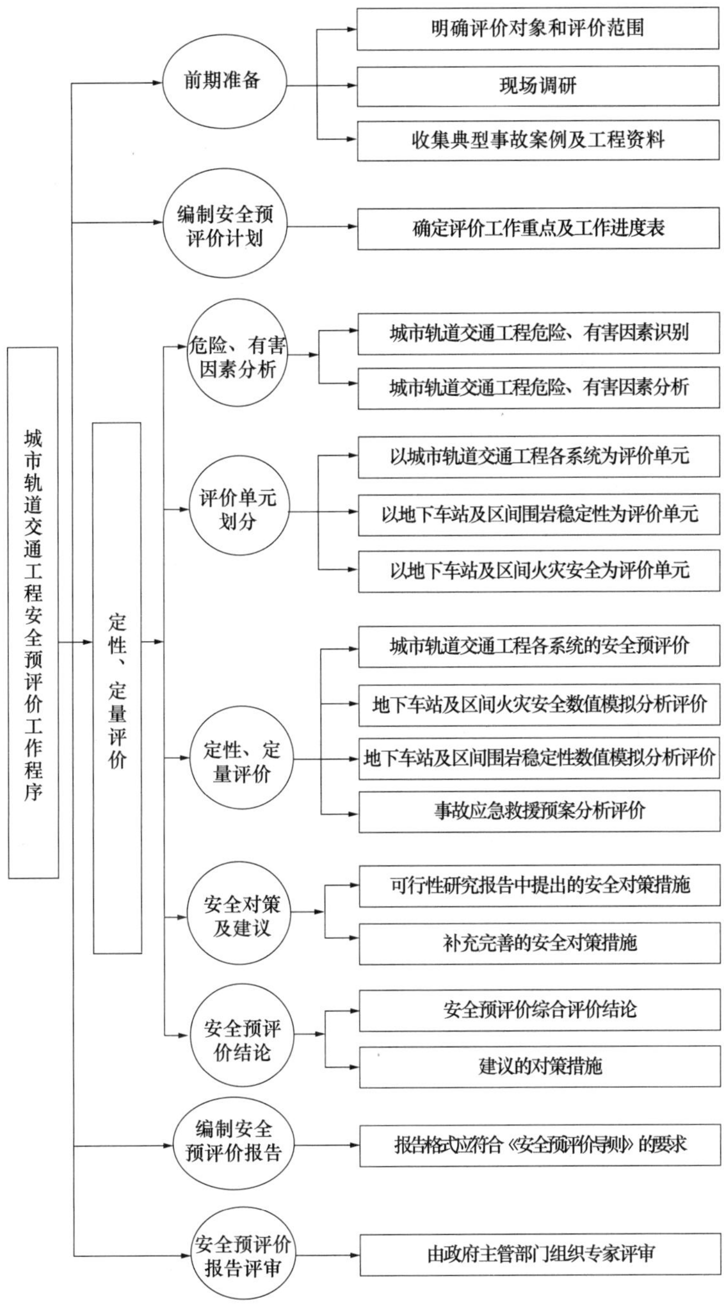

图 5-2 《城市轨道交通安全预评价细则》规定的评价工作程序

5.2.4 安全预评价现状

目前，城市轨道交通安全预评价主要包括以下内容：

（1）危险、有害因素分析

安全预评价报告中对于轨道工程危险有害因素的分析流程一般如下：

首先通过国内外地铁典型事故案例的统计与分析，寻找常见及重大的事故成因，作为危险、有害因素下一步分析的叙事背景与理论依据。重大事故一般都会有所披露，但国内一般事故的统计资料却非常匮乏，导致对国内事故比例分布和成因分析不准确，许多可能导致大事故的底层因素难以知晓。第二步则分门别类的进行危险、有害因素的列举分析。采用列举方法最大的问题在于很难全面的查找出所有的危害分析，且现阶段安全评价人员大多缺乏地铁工程的实践，难免挂万漏一。如车辆紧急制动或乘客滑倒时容易碰撞受伤，必要的钝化处理与柔性处理能有效的降低伤害。

（2）安全评价方法

目前预评价所采用的方法普遍为安全检查表法。以工程整体为评价单元，综合分析工程中危险有害因素，着重从车站建筑、线路及轨道等划分评价单元方面分类列项进行分析，其主要依据为《地铁设计规范》（GB 50127-2003）以及其他相关规范。示例如下：

车站建筑安全检查表　　表5-2

序号	设计要求	可能风险	对策措施
1	车站建筑		
1.1	车站的总体布局，应符合城市规划、城市交通规划、环境保护规划和城市景观的要求，妥善处理好与地面建筑、地下管线、地下构筑物等之间的关系。GB 50157-2003第8.1.1条	产生自然危害，交通阻塞，布置不妥，诱发事故	合理布置，统筹规划
1.2	车站设计必须满足客流需求，保证乘降安全、疏导迅速、布置紧凑、便于管理，并具有良好的通风、照明、卫生、防灾等等设施，为乘客提供舒适的乘车环境。GB 50157-2003第8.1.2条	设计不当，会造成乘客拥挤，通风不好，空气质量差；遇突发事件，疏散不利等不良影响	车站各部分通过能力应该按该站远期超高峰客流量确定
2	地下结构		
2.1	地下结构的设计，应减少施工中和建成后对环境造成的不利影响，考虑城市规划引起周围环境的改变对结构的作用 GB 50157-2003第10.1.3条	对地上建筑、周边环境的不利影响	地下结构的设计应根据沿线的不同地段的具体情况，通过对经济、环境影响和使用效果等综合评价，选择施工方法和结构形式

（3）火灾、烟气扩散与疏散的模拟分析

评价采用计算流体力学、计算燃烧学与传热传质学的方法，对地铁列车火灾和站台火灾的燃烧、烟气扩散的影响进入数值模拟研究，给出不同火灾条件下站点内烟气温度、有毒气体浓度、可见度、速度场等特征参数的分布情况。进而分析地铁站点在不同功率的站台火灾和列车火灾发生后，在不同排烟送风模式下，着火层内烟气横向流动和不同站层间烟气纵向蔓延规律，分析排烟送风设计方案是否可以确保楼梯开口形成临界向下空气流速，阻止烟气向上层站牌蔓延。

计算采用的火灾动力学模拟软件通常为大涡流软件FDS。FDS是一种火灾驱动流体流动的计算动力学软件，由美国国家标准技术局开发。其默认踹流模型采用Smagorinsky形式的大涡流模型，燃烧模型采用的是混合分数模型。这一软件可以通过对几何参数和网格数目以及燃烧过程的一些设置，如燃烧反应模型、火源功率与燃烧时间、边界热交换属性、通风口大小与流量等，然后模拟计算得到一些输出数据，如某点、某线或某面上的温度、密度、压力及混合组分在火灾模拟过程中随时间的变化。具体的基本控制方程及求解过程不再赘述。

（4）地下车站及隧道稳定性分析评价

该稳定性分析评价是对车站的稳定性，基坑开挖后周围地表岩土体的运动规律、破坏和变形特征、围护结构等在开挖过程的受力和位移状态、关键部位与关键工序的应力、位移变化趋势、地下工程主体的稳定性等进行研究。通过揭示地铁车站建设施工过程中的土体、结构应力的重新分布过程，达到分别从强度控制与变形控制两方面对开挖过程中的围护结构、车站主体结构的稳定性进行定性分析的预期目标，并为地铁车站在设计施工过程中重点关注问题提供相应的建议、措施。

5.2.5 安全预评价现状存在的问题

（1）城市轨道交通安全预评价地位不明确

现有法律、法规及政策中并未明确规定城市轨道安全预评价的地位。对于要不要做、谁来做、谁组织评审等方面都无明确的规定。

（2）具有城市轨道交通专业背景的安全评价人员缺乏

现有的评价机构行业背景大多来源于传统的煤矿、油气行业，评价人员知识的储备上也偏重于这方面，在城市轨道上相对欠缺，并且安全预评价的开展过程中也几乎没有城市轨道交通安全方面的专家参与。

（3）数据积累有限

现有安全事故案例收集困难，事故数据积累很有限。另一方面新技术、新材料、新工艺的采用也使得轨道交通这一复杂系统的风险源辨识更加困难。

（4）传统方法难以适应复杂变化的系统，危害识别不充分

现阶段所采用的危险有害源辨识方法为直接经验分析方法。此种方法极度依赖有关的标准、法规、检查表和分析人员的观察分析能力，虽然简便、易行，但受知识、经验、资料限制而容易遗漏。

5.3 城市轨道交通安全预评价的目的和意义

虽然有关安全评价的定义从文字叙述不尽相同，但其本质内容或基本过程是完全相同的，安全评价是以保障安全为目的，按照科学的程序和

方法，从系统的角度出发对工程项目或工业生产中潜在危险进行预先的识别、分析和评价，为制定基本防灾措施和管理决策提供依据。

（1）评价可研阶段方案是否符合城市轨道交通安全相关法律、法规和标准

轨道建设项目一般经过项目立项、可行性研究、总体设计、初步设计、施工图设计、现场施工、试运营、正式运营等几个阶段。在可行性研究阶段，多数设计单位都能按照有关法律法规要求编写安全专篇（节），但以往实践表明，有的专篇（节）的深度达不到要求，有的可研报告甚至没有专篇（节）。工程设计者往往只侧重于考虑建设过程实现的工程性能和经济指标，如质量、运能、成本等因素，设计单位通常也只配备与建设过程相对应的专业技术人员，不一定有安全方面的专业人员。而安全预评价者则更侧重于考虑劳动安全设施是否达到国家有关标准和规范的要求，能否确保劳动者的安全与健康，是对安全生产条件进行把关的专业单位，安全评价单位专门配备了经国家注册认证的安全专业的技术人员。两者把关出发点和力度大不相同。特别是在建设项目投资趋紧时，业主往往要求设计单位首先压缩安全生产投入。因此，如果没有进行安全预评价，设计单位直接进入初步设计和施工图设计，其劳动安全设施就有可能达不到国家有关标准和规范的要求。

（2）具有预防危害发生的性质

通过对系统的初步危害识别、风险评估和提出措施，并给予预防建议，使得系统能够尽早采取措施预防危害的发生。安全评价发展到现代，已不仅仅是对系统现状的安全程度的判断，更重要的是通过一定的评价方法预测系统可能发生的危害及其风险程度，为选择、制定和实施适当的风险控制措施和方案提供依据。因此，在预评价阶段，就可以通过制定系统的安全目标、安全评价计划，根据系统的特点预测系统可能存在的所有危害，进行预评价阶段的风险评价，也为系统整个寿命周期不同阶段的安全评价提供基础、建议。

（3）是城市轨道交通系统安全评价的基础

城市轨道交通工程可行性研究阶段是对系统的方案构思阶段，而在此阶段，就根据城市轨道交通系统未来应当重点关注的设备、设施安全问题或阶段制定未来要做的城市轨道交通安全评价的计划，将为城市轨道交通系统安全评价在城市轨道交通系统建设中顺利、及时实施打下良好的基础。

（4）是实施行政监督的一个重要程序

行政机关实施安全监督侧重于对建设单位是否贯彻落实安全生产法律法规的行为进行监督，在实施行政监督过程中，由于行政人员的专业知识和工作内容侧重于行政管理，技术上需要中介机构提供参谋。在市场经济条件下，设计已成为一种技术性商品，设计单位的行为受雇主观点和利益

影响，特别是一些雇主安全生产意识不强时，设计就不一定能完全体现全民和社会效益。而预评价单位则是从安全生产角度入手，对设计单位是否按照国家法律法规及技术标准进行设计作出鉴别评价，除了对雇主负责外还要对社会和生产安全性负责。它是行政机关实施安全生产行政监督的一个必要程序。尽管安全评价机构也是一种技术商品，也可能受经济利益影响，但参与安全预评价报告的审查备案和综合管理则是行政机关对中介机构的一种监督。

（5）目的是最大化减少人身伤害和经济损失

安全工作虽不能体现直接的经济效益，但其隐性效益是显著的。安全经济学上有一种理论，即安全效益金字塔关系：系统设计1分安全性=10倍制造安全性=1000倍应用安全性。从这个角度讲，工程设计阶段对安全设施的投入与事故发生后进行亡羊补牢式的整改的投入，两者是不能同日而语的。也就是说，在工程设计阶段的安全投入是最节省的安全投入。因此，通过安全预评价对“同时设计”工作进行把关绝不是可有可无的程序，而是具体体现“预防为主”的战略性措施。

5.4 城市轨道交通安全预评价运行机制及内容

5.4.1 运行机制和评价方法推荐

在安全评价方法一章已经对安全预评价的评价方法进行了推荐，通过对城市轨道交通安全预评价的目的分析进一步选择。

目前，城市轨道交通在工程可行性研究阶段，主要是依照城市轨道交通相关标准、规范进行的。城市轨道交通安全预评价的目的之一，是对可研阶段方案是否符合城市轨道交通安全相关法律、法规和标准的评价。城市轨道交通安全预评价在设计之前进行，目的是希望将要设计的系统能够符合标准、规范的安全性规定，因此，在预评价阶段，选择使用安全检查表法，检查系统选型、设备、设施和材料是否符合法规、标准、规范的规定，同时是否采取了必要的安全措施。并可以识别出需进一步落实的安全措施，以达到安全设计的目的。

城市轨道交通安全预评价通过对系统的初步危害识别、风险评估和提出措施，并给予预防建议，使得系统能够尽早采取措施预防危害的发生，安全评价发展到现代，已不仅仅是对系统现状的安全程度的判断，更重要的是通过一定的评价方法预测系统可能发生的危害及其风险程度，为选择、制定和实施适当的风险控制措施和方案提供依据。因此，在预评价阶段，就可以通过制定系统的安全目标、安全评价计划，根据系统的特点预测系统可能存在的所有危害，进行预评价阶段的风险评价，也为系统整个寿命周期不同阶段的安全评价提供基础、建议。

但城市轨道交通安全预评价的目的还在于预测系统可能发生的危害及其风险程度，根据城市轨道交通系统的特点和目前城市轨道交通过程安全控制研究的基础，在预评价阶段推荐检查表法和基于风险评估的安全评价方法。

5.4.2 城市轨道交通安全预评价内容

在城市轨道交通安全评价方法一章中，我们研究推荐了城市轨道交通安全预评价阶段的评价方法：基于安全检查表法的符合性评价和基于风险的系统安全评价方法。

城市轨道交通安全预评价在设计之前进行，目的是希望将要设计的系统能够符合标准、规范的安全性规定，并且我国城市轨道交通系统安全工作传统的工作方式主要是以制定详细技术规范，通过遵守技术规范来保证系统达到建设和运营安全，因此，在预评价阶段，选择使用安全检查表法，检查系统选型、设备、设施和材料是否符合法规、标准、规范的规定，同时是否采取了必要的安全措施。并可以识别出需进一步落实的安全措施，已达到安全设计的目的。

但城市轨道交通安全预评价的目的还在于预测系统可能发生的危害及其风险程度，根据城市轨道交通系统的特点和目前城市轨道交通过程安全控制研究的基础，在预评价阶段推荐检查表法和基于风险评估的安全评价方法。

1）评价依据的确定

根据轨道交通安全预评价的目的，评价依据应包括：

（1）城市轨道交通工程可行性研究报告。

（2）城市轨道交通系统应符合安全相关法律法规和标准，例如目前较全面以安全为主线的全文强制性国家标准《城市轨道交通技术规范》（GB 50490-2009）。

2）城市轨道交通安全预评价的目标和任务

根据轨道交通安全预评价的目的，城市轨道交通安全预评价的目标和任务至少包括以下几个方面：

（1）制定城市轨道交通系统安全评价计划

（2）城市轨道交通可行性研究阶段的方案应当符合安全相关法律法规和标准的规定

（3）建立初步危害识别表

（4）制定风险容许准则

（5）预评价阶段的风险评价

（6）提出安全对策措施

（7）剩余风险在验收评价时的持续监控建议

3）城市轨道交通安全预评价内容的确定

根据城市轨道交通安全预评价的目标、任务和评价方法的确定，城市轨道交通安全预评价的内容应包括如下几个部分：编制系统安全评价计划、符合性评价、基于风险评估的安全评价。

5.4.3 城市轨道交通系统安全评价计划制定

系统安全评价计划是在预评价阶段制定的如何满足系统各阶段安全评价需求的详细执行计划。

1）安全评价计划目标确定

安全评价计划解决安全评价是否能顺利实施、如何顺利实施和评价对象三个方面的问题，据此确定其目标如下：

（1）安全计划应能保障安全评价与城市轨道交通工程建设程序中的顺利实施。

安全预评价是工程实施前的阶段，根据安全预评价的目的和意义，有必要在该阶段先规划好之后各阶段的安全评价活动，再进一步具体实施，本阶段的安全评价计划可以但不必涵盖所有的事情，未来可以在其他阶段进一步改进和细化。并且可以在实施过程中根据新的信息不断修正安全计划，需要时也可以根据特定的细节层次和任务目标制定针对性的计划，但这些计划都必须是事前的，指导安全评价实施的。

（2）安全评价计划应与城市轨道交通建设程序紧密结合。

安全计划应与轨道建设程序相结合，应考虑项目立项、可行性研究、总体设计、初步设计、施工图设计、现场施工、试运营、正式运营等几个阶段的合理衔接，以确保安全计划的全面性和可实施性。

（3）安全评价计划应覆盖城市轨道交通交通系统建设过程中的重点安全问题。

每个阶段应针对不同的层次的影响安全的重点问题、重点子系统及重点部件或目的等制定专门的安全计划。

2）安全评价计划的内容

本阶段的安全评价计划为初步计划，未来可以在进行过程中不断修正，根据安全评价计划的目标，安全评价计划的内容至少包括以下内容：

（1）实现安全评价目标的策略

（2）安全评价，包括专项安全评价的设置

（3）项目系统安全评价管理组织架构建立及要求

（4）安全评价相关机构及人员的责任和资质要求，及其所承担的任务

（5）实施和监督要求

（6）安全评价的批准及变更程序

（7）安全评价实施时间安排

（8）安全文档管理

城市轨道交通安全评价计划内容要求　表5-3

评价对象：× × 市城市轨道交通 × 号线

安全计划内容	具体描述
安全评价范围	明确安全评价的范围和背景
安全评价程序和批准机制	① 明确安全评价对象的特点，找出需要进行安全评价的关键节点和关键设备、设施等。 ② 根据①设置合理的安全评价计划及评价任务。 ③ 有针对性的、合理的、可用的城市轨道交通系统安全评价的内容、方法、指标等要求，指导城市轨道交通安全评价实施。 ④ 制定合理的安全评价实施、审批程序和变更程序。 ⑤ 安全评价的实施时间应根据建设程序合理安排。
安全评价的设置，包括专项安全评价的设置	① 依据法律法规，须在城市轨道交通线路工程可行性研究报告编制完成后、线路载客运营前、运营过程中进行安全预评价、安全验收评价和运营安全评价（定期）。 ② 根据城市轨道交通线路施工风险高的特点，设置施工专项安全评价。 ③ 根据需要，设置 × × 专项安全评价。
项目系统安全评价管理组织架构建立及要求	① 城市轨道交通项目各有关单位应在其项目组织的基础上，建立合适的项目系统安全评价管理组织架构，从组织上保证所投入的人力、物力能满足系统安全评价管理的需要。 ② 项目系统安全评价管理组织架构需满足以下要求： • 制定安全评价依据的法律法规和政策保障。 • 建立安全评价的审批程序。 • 保证安全评价工作的客观独立性。 • 保证安全评价和后续工作的落实。
安全评价相关机构及人员的责任和资质要求，及其所承担的任务	① 安全评价机构及人员应当符合国家相关法规规定的资质。熟悉所负责的轨道交通系统部分；熟悉评价需要的信息并能获取这些信息；熟悉相关的标准和法律；对本部分安全评价对于轨道交通其他部分的影响要有深入的理解。 ② 明确政府的监督安全评价责任、业主的组织安全评价责任、评价机构的执行安全评价责任、其他相关机构的配合安全评价责任。 ③ 安全评价相关机构承担的任务： • 政府在安全评价体系中处于主导地位：负责制订安全评价有关的法律、法规、标准和政策保障，保证安全评价及后续工作的落实。建立安全评价的整体框架，审核第三方机构资质，审批安全评价报告，并应有专门设立的机构在不同城市轨道交通安全评价阶段建立安全评价的审批程序，进行审批、监督、管理。 • 业主（包括建设和运营）是项目安全评价工作最主要的贯彻组织者：负责项目全生命周期内安全评价工作的组织、协调和管理。在项目建设的各关键阶段向政府提交相关安全评价文件，办理有关手续，以确保城市轨道交通关键阶段在安全评价的指导下有序进行。 • 独立第三方安全评价机构按照国家制订的法律、法规和标准，在公正合理的立场上，开展安全评价，确保项目的安全性和可靠性达到预期的目标。 • 规划设计单位，应确保按照国家有关安全的技术规范和标准进行规划设计，并在项目各阶段安全评价工作中给予配合。 • 承包商（包括分包商和供货商）应在第三方安全评价机构和监理单位的监督下，认真配合安全评价工作和设备的认证工作，保证所承包系统的安全性。
实施和监督要求	① 业主应委托具备规定资质的第三方安全评价机构实施安全评价。 ② 第三方安全评价机构的资质和安全评价报告获得批准后，方可进入下一阶段建设程序。
安全评价的批准及变更要求	① 安全评价申请批准时，应同时提交安全评价机构资质证明、安全评价报告等安全文件。 ② 安全评价的批准和变更应符合国家有关标准和法规的规定。
安全评价实施时间安排	安全评价的时间安排应结合项目建设周期，应在规定的有效时间内完成。
安全文档管理	制定文档的建立和更新程序

5.4.4 城市轨道交通安全预评价符合性评价内容

1）评价单元划分

在安全评价理论综述中已经介绍过安全评价单元划分的原则和方法，简而言之，划分评价单元是为评价目标和评价方法服务的，要便于评价工作的进行，有利于提高评价工作的准确性。在预评价阶段，城市轨道交通系统方案本身就是由若干子系统方案构成的，这些子系统方案包括：车辆、限界、线路、轨道和与路基、建筑、结构、供电、通信、信号、通风空调与采暖、给水排水和消防、火灾自动报警、环境与设备监控、自动售检票、自动扶梯电梯和站台屏蔽门，每个子系统各自具有不同特点，可单独划为一个评价单元。

2）基于检查表法的符合性评价指标体系建立

（1）编制依据

世界各国都较为重视安全检查表法，有关人员按照国家有关法律法规、标准、规范的要求，根据系统或经验分析的结果，把评价项目及环境的危险集中起来，编制了若干指导性或强制性的安全检查表。评价人员需熟知国家及地方的安全评价法规、标准中规定的各类安全检查表，根据评价对象正确选择适宜的安全检查表。检查表中的每一项将尽可能地包括可能存在的需要检查项目，但是检查表不可能是详尽的，分析人员应该尽量使用自己的经验，在检查表中找出对应的危险内容。

城市轨道交通安全预评价在设计之前进行，目的之一是希望方案和将要设计的系统能够符合标准、规范的安全性规定，目前，在工程可行性研究阶段，主要是依照城市轨道交通相关标准、规范中的安全要求编制检查表。下面以车辆单元为案例编制检查表，其他单元检查表见附件。

（2）检查表编制案例——车辆单元安全检查表示例

根据城市轨道交通相关标准规范中车辆的安全要求，编制检查表如表5-4。

车辆单元预评价检查表 表5-4

评价单元	检查项目（标准要求）	评价意见（符合打“√”不符合打“×”）	备注
车辆单元	车门有效净高度不应低于1.80m；自地板面计算，座椅安装处的客室有效净高度不应低于1.70m。		
	客室侧面的布置应有利于乘客疏散和紧急逃生		
	采用不燃材料或低烟、无卤的阻燃材料		
	在车辆寿命周期内，车体应能够承受各种静态、动态荷载而不产生永久变形、断裂和疲劳失效，车体应有足够的刚度，应满足维修和复轨的要求。新设计的车辆或车辆经过改造对车体强度有影响时，应进行车体静强度试验。		

续表

评价单元	检查项目（标准要求）	评价意见（符合打“√”不符合打“×”）	备注
车辆单元	客室侧门应具备下列功能： ① 能单独开闭和锁闭；在站台设有屏蔽门时，能与屏蔽门联动开闭。 ② 列车运行时能可靠锁闭。 ③ 能对单个车门进行隔离。 ④ 在列车收到开门信号时才能正常打开。 ⑤ 在紧急情况下，乘客能手动解锁开门。		
	客室内应设扶手；在列车运行时，车辆连接处应采取保障乘客安全的措施。		
	客室车窗的结构应防止乘客在无意识状态下身体任何部位伸出窗外；车窗玻璃应为安全玻璃。		
	客室地板应防滑；客室结构、过道处不应有尖角或突出物。		
	新设计的车辆或经过重大技术改造的首列（辆）车应进行型式试验。		
	列车应具有既独立又相互协调配合的电气、摩擦制动系统，并应保证车辆在各种运行状态下所需的制动力。		
	当电气制动出现故障丧失制动能力时，摩擦制动系统应能自动投入使用，并应保证所需的制动力。		
	列车应具备停放制动功能，并应保证列车在超员载荷工况下停在最大坡道时不发生溜车。		
	与道路交通混合运行的列车（车辆）还应具备： 独立于轮轨粘着制动功能之外的制动系统。 用于粘着制动系统的撒砂装置。		
	当列车发生分离事故时，应能自动实施紧急制动。		
	当客室侧门未全部关闭时，列车应不能正常启动。		
	列车应具备下列故障运行的能力： 在定员载荷工况下，当列车丧失1/4动力时，应能维持运行到终点； 在定员载荷工况下，当列车丧失1/2动力时，应具有在正线最大坡道上起动和运行到最近车站的能力； 一列空载列车应能在正线最大坡道上推送一列故障的定员载荷工况下的列车至最近车站		
	牵引与制动的控制应符合下列要求： 制动指令应优先于牵引指令； 牵引及制动力变化时的冲击率应符合人体对加、减速度变化的适应性		
	列车应设置独立的紧急制动按钮，在牵引制动主手柄上应设置警惕按钮		
	当列车一个辅助逆变器丧失供电能力时，剩余列车辅助逆变器的容量应满足涉及行车安全的列车基本负载的供电要求		

续表

评价单元	检查项目（标准要求）	评价意见（符合打“√”不符合打“×”）	备注
车辆单元	车辆应设置蓄电池，其容量应满足紧急状态下车门控制、应急照明、外部照明、车载安全设备、广播、通信、信号、应急通风等系统的供电要求。用于地下运行的车辆，蓄电池容量应保证供电时间不小于45min；用于地面或高架线路运行的车辆，蓄电池容量应保证供电时间不小于30min		
	车辆内所有电气设备应有可靠的保护接地措施		
	与道路交通混行的列车，应具备满足道路交通法规要求的前照灯、示宽灯、方向指示灯、尾灯和后视镜		
	客室及司机室应根据需要设置通风、空调和采暖设施，并应符合安全要求		
	车辆应设有应急照明		
	应有固定轮椅车的装置		
	车辆应具备满足安全要求的通信设施和功能		
	司机室应至少设置1具灭火器；每个客室应至少设置2具灭火器		
	地下运行的固定编组列车，各车辆之间应贯通；当不设置纵向疏散平台时，列车两端应有应急疏散条件和相应设施		
	与道路交通混行的列车（车辆）应配备警示三角牌		
	单轨和磁浮列车的客室车门应配备缓降装置；列车应能实施纵向救援和横向救援		
	无人驾驶的列车应设置人工操控列车的装置		

（3）说明

评价人员根据表中的要求，针对具体的城市轨道交通方案进行评价，符合打“√”不符合打“×”，不符合需要整改时在备注中给出说明或整改意见，待整改后再行评价，直到全部符合为止。

5.4.5 基于风险的城市轨道交通安全预评价内容

城市轨道交通安全预评价包括初步危害识别、制定风险容许准则、评估、提出评估结果和结论、提出风险持续监控建议等内容。

1）初步危害识别

（1）初步危害识别的目的和特点

预评价阶段进行初步危害识别的目的是在城市轨道交通方案形成和设计前就进行识别及评估以下的潜在危害，包括：

- 系统接口间的潜在危害；

- 系统的运营及维护程序的潜在危害；
- 系统的设备故障模式、人为错误产生的潜在危害；
- 因系统与子系统之间的功能关系而产生的潜在危害。

通过上述潜在危害的识别，找出可能发生的各类潜在的危害。而后，就风险评价的结果作出可行的风险控制及减低措施的建议，以便在项目各阶段进一步的跟进。

（2）初步危害识别的过程——车辆系统单元初步危害识别案例

① 识别系统

先通过调研了解评价对象系统、子系统及其功能，使评价人员对该系统及子系统先有一个概观的了解，再考虑系统及子系统的每项细节，然后再作危害分析。须确保进行评估的系统安全保障人员对整个系统设计拥有一定程度的认识，并且对系统及子系统的每项细节考虑周密，然后再作危害分析，找出各系统及潜在的危害。危害的识别应从整个生命周期考虑，经验性的识别和创新的识别相结合。

② 形成初始危害清单——车辆系统单元案例

目前我们还没有成熟的初始危害清单，需要根据已有项目的清单，结合以往地铁运营经验，参考相关文件，通过危害及可操作性研究（HAZOP）而识别危害，经与设计单位交流后，形成初始危害清单。初始危害清单用于描述运营阶段的主要危害及其可能的原因。清单内容将在后面的评价阶段不断得到补充，或是在系统发展的过程中不断得到补充。以车辆单元为例，研究初始危害清单的建立过程。

初步危害清单是建立在整个城市轨道交通系统各子系统的合成基础上，并结合考虑各子系统之间的接口。

划分系统评价单元：车辆系统单元、供电系统单元、综合监控系统单元、轨道系统单元、站台屏蔽门系统单元、自动售检票系统单元、隧道通风系统单元、通信系统单元、信号系统单元等评价单元。

召集所有的设计专家和业主对由各子系统及其接口产生的总体风险和详细风险进行研究。

根据城市轨道交通系统的特点，子系统划分如下：

- 基础结构
- 车辆
- 操作系统
- 供电
- 通风
- 运营
- 维修
- 环境

然后找出系统、子系统、设备和接口的组成部件，在功能、季节设备的物理环境影响等方面存在与车辆单元有关的危害。

根据标准和已有经验，结合城市轨道交通系统特点，危害类型包括：由不明功能引起的或者不明环境中的特定功能可能引起的危害、机械设备由于物理作用可能产生危害、土木工程方案和计划中可以发掘的建筑潜在危害、电气方案中发掘的潜在危害、操作手册人为因素的潜在危害等。需要安全评价人员依据调研、收集到的基础资料，根据经验列出危害清单并实时补充完善，列出初始危害清单（表5-5）。

初始危害清单 表5-5

项目	危害	危害情景、可能的因素

通过上述危害辨识过程，可以获得危害清单。在验收和运营评价阶段发现新的危害时，应补充至初始危害清单。

初始危害清单可采用以下格式（表5-6），以便于安全评价软件使用。

初始危害清单格式 表5-6

危害清单								版次
序号	危害编号	危害	危害情景编号	危害情景	可能因素	可能后果	危害是否用于本单元	评价阶段
1								
2								
3								
4								
5								

2）风险容许准则

（1）风险等级确定依据

风险等级确定的依据可以从以下几个方面考虑

① 按标准规定的损失划分风险等级标准

按照自身损失划分风险等级，工程自身损失包括：直接经济损失、人员伤亡和工期损失。

a. 直接经济损失

直接经济损失是指风险事故发生后所造成工程项目发生的各种直接费用总称，包括：损失的直接费用及事故修复所需的各种费用等，直接经济损失等级的定义采用直接经济损失费用总量表示，具体等级标准见表5-7。

按直接经济损失划分风险等级标准 表5-7

风险等级	5	4	3	2	1
经济损失（万元）	EL<500	500≤EL<1000	1000≤EL<5000	5000≤EL<10000	EL≥10000

注：EL=经济损失；参考国务院《生产安全事故报告和调查处理条例》（2007-06-01）。

b. 人员伤亡

以人员伤亡为依据划分风险等级，人员伤亡是指与系统直接相关的各类人员所发生的伤亡，根据人员伤亡的类别和严重程度，具体等级标准见表5-8。

按人员伤亡划分风险等级标准 表5-8

风险等级	5	4	3	2	1
人员伤亡（人）	SI<5	5≤SI<10 或F<3	10≤SI<50 或3≤F<10	50≤SI<100 或10≤F<30	SI≥100 或F≥30

注：SI=重伤人数，F=死亡人数（含失踪）；参考国务院《生产安全事故报告和调查处理条例》（2007-06-01）和《企业职工伤亡事故分类标准》（GB 6441–86）。

② 按第三方损失划分风险等级标准

按第三方损失划分风险等级标准，第三方损失是指风险引起周边的建（构）筑物[包括建筑物、道路、管线及其他建（构）筑物等]发生破坏或影响其正常使用功能所造成的经济损失，包括可能对非参与工程建设人员的意外伤害。

a. 经济损失

经济损失是指引起的直接经济损失费用和事故修复所需的各种费用，采用直接经济损失费用表示，具体等级标准见表5-9。

按第三方经济损失划分风险等级标准 表5-9

风险等级	5	4	3	2	1
经济损失（万元）	EL≦50	50<EL≤100	100<EL≤500	500<EL≤1000	EL≥1000

注：EL=经济损失

b. 按人员伤亡

考虑不同的人员伤亡分类与严重程度，具体等级标准见表5-10。

按第三方人员伤亡风险等级标准 表5-10

风险等级	5	4	3	2	1
伤亡数（人）	MI<20	MI≥10 或SI<5	5≤SI<10	F<3或SI≥10	F≥3

注：MI=轻伤人员，SI=重伤人员，F=死亡人数（含失踪）。

③ 按周边区域环境影响损失划分风险等级标准

工程施工引起的周边区域环境影响包括：自然环境污染与社会转移安

置等，具体等级标准见表5-11。

按周边区域环境影响损失划分风险等级标准 表5-11

等级	损失严重程度描述
5	涉及范围较小，无群体性影响，需紧急转移安置小于50人
4	涉及范围较小，一般群体性影响，需紧急转移安置50～100人
3	涉及范围大，区域正常经济、社会活动受影响，需紧急转移安置100～500人
2	涉及范围很大，区域生态功能部分丧失，需要紧急转移安置500～1000人
1	涉及范围非常大，区域内周边生态功能严重丧失，紧急转移安置1000人以上，正常的经济、社会活动受到影响

注：参考《国家处置城市地铁事故灾害应急预案》（2006）、《建设项目环境保护管理条例》（1998-11-18）和《中华人民共和国环境影响评价》（2003-9-1）。

④ 按社会信誉损失划分风险等级标准

任何灾害或事故的发生都会引起社会负面压力，严重影响公众和政府对工程建设的良好意愿，从而导致项目参与单位发生社会信誉损失。社会舆论与公众评价对城市轨道交通建设和运营单位的信誉影响较大。社会信誉损失与不同风险事故的后果密切相关，特别是如造成第三方损失或周边区域环境造成损害，将会引起严重的社会信誉损失。社会信誉损失具体等级标准见表5-12。

按社会信誉损失划分风险等级标准 表5-12

等级	5	4	3	2	1
描述	轻微	严重	危急	重大	特别重大（灾难性的）

参考以上主要风险等级划分标准，城市轨道交通系统安全主要考虑人员伤亡，因此主要参考国务院《生产安全事故报告和调查处理条例》（2007-06-01）和《企业职工伤亡事故分类标准》（GB 6441-86）。

（2）确定风险发生频率标准

根据收集到的资料，建立风险发生频率标准（表5-13）。

风险发生频率标准示例 表5-13

等级	描述
F1（经常）	1年内发生多于10次
F2（可能）	1年内发生1至10次
F3（偶然）	1至10年内发生1次
F4（罕见）	10年至100年内发生1次

续表

等级	描述
F5（不太可能）	100年至1000年内发生1次
F6（不可能）	1000年或以上发生1次

（3）建立风险评价矩阵

根据风险等级标准和风险发生频率标准，建立风险评价矩阵。如表5-14风险评价矩阵示例1和表5-15示例2。

风险评价矩阵示例1 **表5-14**

危害发生频率	风险等级				
F1经常	可接受	不理想	不可接受	不可接受	不可接受
F2可能	可接受	可容忍	不理想	不可接受	不可接受
F3偶然	可接受	可容忍	不理想	不理想	不可接受
F4罕见	可接受	可接受	可容忍	不理想	不理想
F5不太可能	可接受	可接受	可接受	可容忍	可容忍
F6不可能	可接受	可接受	可接受	可接受	可接受
	SS没有影响	S1轻微	S2普通	S3严重	S4灾难性
	危害之严重程度				

也可以直接将风险等级与危害发生频率列入矩阵中，建立如下风险评价矩阵。

风险评价矩阵示例2 **表5-15**

				后果						
				7	6	5	4	3	2	1
				微不足道	极轻微	轻微	严重	危急	重大	特别重大（灾难性的）
		安全	死亡数目				少于3个	3个至10个	10个至30个	30个或以上
			重伤数目			少于5个	5个到10个	10个至50个	50个至100个	100个以上
			轻伤数目			少于3个	3至49个	50个或以上	—	—
概率	A	每周发生数次或更多	≥100 /年	R3	R1	R1	R1	R1	R1	R1
	B	每月发生数次	≥10–<100 /年	R4	R2	R1	R1	R1	R1	R1
	C	每年发生数次	≥1 –<10 /年	R4	R2	R2	R1	R1	R1	R1

续表

				后果						
				7	6	5	4	3	2	1
				微不足道	极轻微	轻微	严重	危急	重大	特别重大（灾难性的）
概率	D	十年内发生数次	≥0.1 -<1 /年	R4	R3	R2	R1	R1	R1	R1
	E	运营以来发生过一次	≥1E-2 -<1E-1 /年	R4	R3	R3	R2	R1	R1	R1
	F	不大可能出现	≥1E-3 -<1E-2 /年	R4	R4	R3	R3	R2	R1	R1
	G	非常不可能出现	≥1E-4 -<1E-3 /年	R4	R4	R4	R3	R3	R2	R1
	H	发生可能性极少	≥1E-5 -<1E-4 /年	R4	R4	R4	R4	R3	R3	R2
	I	不可能发生	≥1E-6 -<1E-5 /年	R4	R4	R4	R4	R4	R3	R3
	J	难以置信的	< 1E-6 /年	R4	R4	R4	R4	R4	R4	R3

（4）风险评价矩阵说明

风险评价矩阵说明 表5-16

风险评估等级	相对的风险控制及减轻措施
R1不可接受	必须消除或降低有关风险 • 在系统设计上必须优先提出及落实合理可行的风险控制及减轻措施 • 在项目各阶段内必须优先处理及确保有关风险能够消除或降低
R2不理想	必须尽量降低有关风险 • 在系统设计上及时提出及落实合理可行的风险控制及减轻措施 • 在项目各阶段内确定系统设计已根据现有最新规范及标准，以及风险控制及减轻措施是不可行或未能符合成本效益，经过业主同意后，方可接受有关风险
R3可容忍	需要尽量降低有关风险 • 在项目各阶段内及时提出及落实合理可行的风险控制及减轻措施 • 在项目各阶段内确定系统已具备足够的风险控制及减轻措施，经过业主及咨询公司同意后，方可接受有关风险
R4可接受	可接受的风险等级 • 可以提出及落实其他合理可行及符合成本效益的风险控制及减轻措施 • 在其他项目各阶段内，需要持续的监察及维持

（5）ALARP 原则的引入

此外，风险评估还需要考虑AIARP原则，其意义是：任何工业系统都是存在风险的，不可能通过预防措施来彻底消除风险；而且，当系统的风险水平越低时，要进一步降低就越困难，其成本往往呈指数曲线上升。也可以这样说，安全改进措施投资的边际效益递减，最终趋于零，甚至为负值。因此，必须在工业系统的风险水平和成本之间做出一个折中。为此，实际工作人员常把“ALARP原则”称为“二拉平原则”，ALARP原则可用图5-3来表示。在后面的评价阶段中，需要对R4可接受级别的风险进行持续监控。

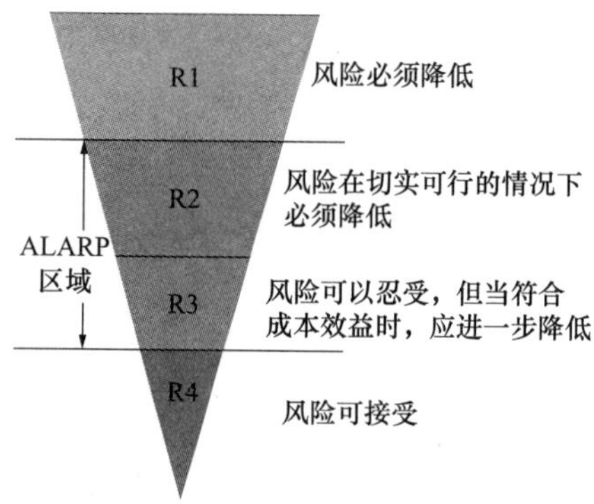

图 5-3　ALARP原则示意图

3）评估结果与结论

利用初始危害清单，根据所评价对象城市轨道交通线路的具体情况，根据危害事件发生的频率和严重性的统计数据基础（见运营安全评价章节的分析），编制危害风险评估及监控表，然后对照风险矩阵，评价后得到风险状态统计汇总表和危害风险等级统计汇总表。

风险状态统计汇总表　　表5-17

序号	系统名称	风险状态统计（项）			
		可接受	可容忍	不理想	不可接受
1					
2					
合计					

主要危害分析结果：

从危害记录最终统计数据来看，没有发现不可接受的风险。在初期危害分析中发现的不理想和可容忍级风险，经设计中采取各种措施，其风险程度已得到降低或消除，系统的安全程度是可以接受的。

跟进：以上未消除的剩余风险须于后阶段予以重视和跟进。

各类危害风险等级的统计结果如下：

风险等级统计结果　　表5-18

数量	原有风险	剩余风险
不可接受（R1）		
不理想（R2）		
可容忍（R3）		
可接受（R4）		
合计		

危害风险等级统计汇总表　　表5-19

序号	单元名称	危害状态统计（项）							
		可接受		可容忍		不理想		不可接受	
		现有	剩余	现有	剩余	现有	剩余	现有	剩余
1									
2									
合计									

4）风险持续监控建议

（1）建议减轻危害风险的措施

根据制定的风险矩阵，根据施工已采取措施评估危害的现有风险，对各危害提出相应的建议减轻措施。填写下表（表5-20）：

危害风险评估及监控表　　表5-20

评价单元						
危害编号	危害说明	可能成因	已采取的措施	风险评价（是否可接受）	剩余风险	剩余风险建议措施

城市轨道交通系统的风险减低与消除，应根据不同的实施阶段（可行性研究、设计、施工、运营、维护）来制定相应的风险应对具体措施。

可行性研究阶段措施包括但不限于：

- 详细核算所用材料的技术参数；
- 方案设计须满足有关要求或符合标准的规定；
- 风险应对就是针对风险评估的结果，制定相应的应对措施去响应风险，其目的是创造机会，回避威胁。

风险应对中，需要对风险的正面效应（即潜在的机会）制定增强措施，对风险的负面效应（即可能的威胁）制定应对方法。对于不同的风险，需要根据其重要性、影响大小以及已经确定的处理优先次序，采取相应的措施加以控制，对负面风险的反应可以是尽量避免、努力减小或设法接收。另外，在处理风险时需要注意应对的“及时性”和“反复性”，即在第一时间对各种突发的风险作出判断并采取措施；对已经发生或已经得到控制的风险经常进行回顾，确保风险能够得到稳定长期的控制。

风险应对对策略包括以下几种策略：

- 规避（Avoidance）——排除特定威胁往往靠排除威胁起源，而不是创新的方法。虽然不可能排除所有风险，但特定的风险事件往往是可以排除的。
- 转移（Transference）——转移风险指设法将风险的后果连同应对的责任转移到其他方身上，并不能消除风险。

- 缓解（Mitigation）——缓解风险是指设法将某一负面风险事件发生的概率和，或其后果降低到一种可以承受的限度。
- 接受（Acceptance）——接受风险意味着决定去面对某一风险，或还没有合适的风险应对策略，接受一切后果。这种接受可以是积极的（如制定预防性计划），也可以是消极的。积极的接受包括一个应急计划，先想好发生后如何对付，消极的接受只是在风险发生时去考虑如何对付。

如有危害未能消除或消除方法不属于其合同范围，安全评价人员应向业主汇报，提请业主采取危害控制及减低的措施，如果仍然未能在本阶段解决，经安全评价人员同意后可将危害转移至下一阶段持续监察。

危害的减轻措施，可分为设计、建造、运营及维修四个类别，在设计阶段结束前，所有设计减轻措施必须完成。在载客运营前，所有建造减轻措施必须完成。在试运营阶段前，所有运营减轻措施（指运营程序、警告标示、训练等措施）及维修减轻措施（指维修程序、维修计划、训练等措施）必须完成。

在招标后，承包商须深化在危害记录表内的减轻措施，如有新识别的危害，承包商须加入危害记录表内，然后按照上述危害管理的方法完成减轻措施，结束危害。

如有危害未能消除或消除方法不属于其合同范围，危害管控单位应向业主汇报，提请业主采取危害控制及减低的措施，如果仍然未能在本阶段解决，经业主同意后可将危害转移至下一阶段持续监察。

危害管理工作主要通过督促减轻措施管控单位实施。减轻措施管控单位应通过落实建议的危害减低措施来降低危害的风险等级，根据减轻措施完成的情况更新危害记录表。承包商及相关单位需定期向业主报告减轻措施的进度。

项目进入到系统招标阶段，故危害管理主要在系统招标阶段及项目后阶段继续跟进。

（2）危害的结束

如果危害未能结束，或未能把风险等级降至R3（可容忍）或以下，危害管控单位须向业主提交证明或具体分析，以确定/证明危害的风险等级已是“最低实际可行（As Low As Reasonably Practicable）”。

采取危害的全部减轻措施后，剩余风险等级应降至R3或R4级。若现有的风险等级被评估为R3级，但没有其他有效的方法，把风险降至R4级，经业主同意后，可确定这危害已结束。

（3）危害分析结果总结

将上述安全评价表格进行整理汇总，并填写下表（表5-21），存档，以便后续评价调用。

安全预评价评价表格汇总 表5-21

内容	附件
车辆系统单元危害分析结果	
供电系统单元危害分析结果	
综合监控系统单元危害分析结果	
轨道系统单元危害分析结果	
站台屏蔽门系统单元危害分析结果	
自动售检票系统单元危害分析结果	
隧道通风系统单元危害分析结果	
信号系统单元危害分析结果	
通信系统单元危害分析结果	

5.5 城市轨道交通安全预评价的实施

5.5.1 实施程序

城市轨道交通工程安全预评价的实施主要包括三个阶段：准备阶段、实施评估阶段和评估评审阶段。

（1）准备阶段

准备阶段主要包括前期准备、编制安全评价计划。

前期准备工作，主要是要确定评价小组的构成，以及明确评价对象，备齐有关城市轨道交通工程安全评价所需的资料。

首先，成立地铁安全评价组，具体包括评价组组长的任命，评价小组成员的选拔，明确评价任务和职责。

其次，制定安全评价时间安排计划。

第三，资料准备

第四，准备有关城市轨道交通安全预评价所需的相关法律法规、标准等资料；同时，明确本次评价工作应提交的相关材料，说明评价目的、评价内容、评价方式、所需资料（包括图纸、文件、资料、档案、数据）的清单、拟开展现场检查的计划，及其他需要各参建单位配合的事项；最后，评价小组应通知有关被评价方应提前准备好评价组织方需要的资料。

评价人员根据评价内容的具体要求选择合理的评价方式，包括现场检查、领导及员工访谈和文件审查。

（2）实施评价阶段

进驻现场根据城市轨道交通安全预评价的内容开展安全评价。包括制定安全评价计划、实施符合性评价和风险评价、做出安全评价结论和编制安全评价报告四项内容。

（3）评估评审阶段

评估评审按照相关规定进行。根据规定，建设单位按有关要求，将安全预评价报告交由规定的行业组织或具备相应资质条件的中介机构，组织专家进行技术评审，并由专家评审组提出评审意见；预评价单位根据审查意见，修改、完善预评价报告后，由建设单位按规定报有关部门备案。

5.5.2　城市轨道交通安全预评价报告编制

1）报告主要内容

城市轨道交通安全预评价报告应根据具体情况制定，至少应包括以下内容。

（1）城市轨道交通安全预评价报告编制说明：包括编制依据、评价目的、评价范围、评价原则、评价程序

（2）城市轨道交通工程可行性研究方案介绍

（3）安全评价计划编制

（4）城市轨道交通安全预评价内容

（5）城市轨道交通安全评价结论和建议

（6）应急救援预案纲要

2）城市轨道交通安全评价报告基本格式要求

城市轨道交通安全评价报告的基本格式要求有：封面、安全评价资质证书影印件、著录项、前言、目录、正文、附件、附录。

3）城市轨道交通安全评价报告的规格要求

（1）城市轨道交通安全评价报告应采用A4幅面，左侧装订。

（2）封面的内容应包括：①委托单位名称；②评价项目名称；③标题；④安全评价机构名称；⑤安全评价机构资质证书编号；⑥评价报告完成时间。

（3）标题应统一写为“城市轨道交通安全评价报告”。

（4）著录项一般分两页布置，包括“安全评价机构法定代表人、评定项目组成员”等内容，第一页署名安全评价机构的法定代表人、技术负责人、评价项目负责人等主要责任者姓名，下方为报告编制完成的日期及安全评价机构公章。第二页则为评价人员、各类技术专家以及其他有关责任者名单，评价人员和技术专家均应亲笔签名。

5.6　小结

通过研究，改进并提出了安全预评价的内容和评价方法。改进并提出了新的城市轨道交通安全评价单元。研究提出了基于检查表法的评价指标体系和评价参数，构建了符合性安全检查表。提出了基于风险分析方法的

评价内容和评价指标体系和基于风险分析方法的风险容许准则，并研究提出了初步危害清单，构建了风险评估矩阵。具体如图5-4：

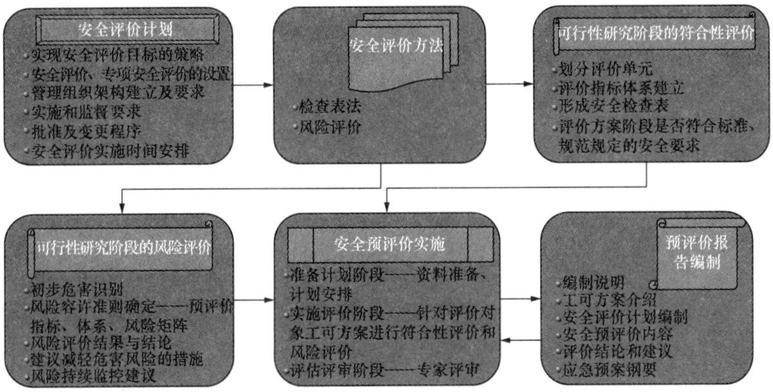

图 5-4 城市轨道交通安全预评价程序及评价内容

第 6 章 城市轨道交通竣工验收安全评价

虽然一起城市轨道交通运营事故的发生往往是由系统自身原因、人为因素和环境因素等多方面而造成的，但其中的部分事故致因却可以在城市轨道交通投入载客运营前的竣工验收阶段发现并处理解决。以北京机场线轨道车脱轨事故为例，事发的11号道岔为正线道岔，但设计上划分到车场控制区，道岔转换及进路办理由车辆段信号楼独立操纵控制，这样就造成了对11号道岔的操作缺少了车辆段与正线车站值班员相互确认的互控环节，是导致事故的原因之一。此外，机场线正线全线无照明，对列车运行和夜间施工造成影响，特别是司机瞭望距离不够、特殊路段（如岔区等）和特殊情况下不能及时采取措施，也是事故发生的原因。再以上海地铁1号线“1222”列车侧撞事故为例，本起事故的主要原因就是1号线北延伸上海火车站折返线N11-1438轨道区段编码电路配线出错所致。上述两起运营事故中这些直接涉及运营安全的设计缺陷本应在竣工验收安全评价阶段就得以发现并解决。

由于我国城市轨道交通安全评价是伴随着2003年《关于加强建设项目安全设施“三同时”工作的通知》才逐渐在城市轨道交通行业中开展起来的，安全评价的理念与机制引入相对较晚。从以往的一些事故中不难发现安全预评价之后的设计阶段、施工阶段以及工程质量验收阶段还是存在一定的安全隐患，可能在载客运营阶段引发运营安全事故。随着我国城市轨道交通事业的高速发展，越来越多的城市轨道交通线路即将投入运营，作为载客运营前最后一道安全关卡的竣工验收安全评价工作就越发显得重要起来。

6.1 国内城市轨道交通竣工验收安全评价现状

目前，国内尚没有城市轨道交通竣工验收安全评价的案例，但竣工验收安全工作在各城市以不同形式逐步展开。如2007年上海城市轨道交通“三线两段”试运营基本条件认定工作、南京地铁1号线一期工程，在项目竣工验收阶段邀请了第三方独立机构主持实施了部分系统的可靠性测试等。

1）上海

国内各主要城市轨道交通项目经过十余年的建设运营，已将逐步建立和完善竣工验收安全工作提上议事日程，相继开展了相关的工作，但目前尚无完整的竣工验收安全标准和规范可遵循和参照。各城市在认定、评估轨道交通项目开通载客运营的基本条件时，多采用以专家评议法为主的定性的方法。

以2007年底上海城市轨道交通“三线两段”为例，认定“三线两段”试运营基本条件的工作即采用了专家评议法。上海城市轨道交通“三线两段”试运营基本条件认定工作邀请了来自北京、广州、南京、成都和上海等地专家以及相关政府职能部门、投资方、建设单位及运营单位的代表对上海城市轨道交通“三线两段”试运营基本条件进行了专业认定。

上海城市轨道交通“三线两段”试运营基本条件认定范围为：

- 试运营各线路内的土建、机电设备、车辆段；
- 试运营线路和车辆段工程验收、核准、备案等情况；
- 试运营接管和试运营各项准备工作；
- 试运营线沿线公共交通配套状况。

专家共分成土建、机电设备和试运营准备三个小组，听取建设单位关于《上海城市轨道交通“三线两段”工程建设情况汇报》和运营单位关于《上海城市轨道交通“三线两段”试运营准备综合报告》的介绍，对现场进行了考察，审议了送审材料，对相关内容进行了提问和认真的讨论，对上海城市轨道交通“三线两段”的工程总体、车站建筑与结构工程、线路、轨道、限界与线路标志、消防、环保、劳动安全、卫生防疫和防雷工作、宝钢车辆基地、供电系统、通信、信号系统、自动售检票、电梯系统、FAS、消防、环控、给排水系统、试运营准备工作、试运营基本条件等各方面进行了试运营基本条件的认定，最后给出了认定结论与意见，上海城市轨道交通“三线两段”工程已具备了安全开通试运营的基本条件。

目前包括上海在内的绝大多数城市轨道交通项目开通载客运营前的竣工验收评价工作主要还是采用专家评审会的形式进行。虽然专家评议法这种形式是比较典型、也较为常用的安全评价方法之一，但不可否认作为一种定性分析方法，相比精确、客观的定量安全评价方法，专家评议法还是有其一定的局限性，由于受到参加验收工作的专家人数及验收时间的限制，往往无法全面地对城市轨道交通项目进行竣工验收安全评价工作。此外，目前的城市轨道交通竣工验收评价工作，仍停留在传统的系统符合性验收评价形式，与真正意义上的安全评价还存在一定的差距。

2）南京

在一条新线投入载客运营前，基于城市轨道交通技术、设备的先进性、复杂性的内在要求以及高密度、大容量、安全、可靠运行的外在要求，实施城市轨道交通系统运行系统可靠性测试是十分重要的。其方法是在全系统实施设备开通、人员到位实际操作、按照实际运营图进行模拟运行，然后通过科学的可靠性测试方法，对城市轨道交通系统可靠性进行分析、评估，最终得出系统功能及运营体系是否合格的结论。运行系统的可靠性测试也已被许多国家采用，作为城市轨道交通或铁路开通载客运营前的法定程序。

南京地铁1号线一期工程，在项目竣工验收阶段开创性地邀请了第三方独立机构，主持实施了部分系统的可靠性测试，该测试报告还被列入政府初步验收的文本汇编，作为项目竣工验收的依据之一。由第三方独立机构主导的系统可靠性测试，作为项目竣工验收安全评价的一种形式，在南京地铁1号线一期工程竣工验收工作中的应用可以说是一种进步，但其评价内容的范围还未覆盖整个系统，无法系统地对该项目进行全面的竣工验收安全评价。

3）小结

我国城市轨道交通发展历史比较短，建设和运营管理经验不足，城市轨道交通建设和运营中存在许多不容忽视的安全隐患。由于我国尚未建立起完善的城市轨道交通安全法规和统一的管理标准，各地的城市轨道交通的安全保障工作处于分散不成体系的状态，对城市轨道交通竣工验收的管理和做法也各不相同。这种状态与我国城市轨道交通迅速发展的形势极不相称。

而城市轨道交通投入载客运营后的安全又极为重要，一旦发生安全事故就关系到人民群众的生命财产安全，其后果是极其严重的，会对社会形成巨大影响，进而关系到和谐社会的建设。

但目前国内城市轨道交通竣工验收还存在诸多问题，归纳起来存在以下问题：

（1）城市轨道交通竣工验收安全评价是有必要的，2007年国家安全生产监督管理总局发布的《城市轨道交通安全验收评价细则》（AQ8005-2007），是国内仅有的一部针对城市轨道交通竣工验收安全评价工作的标准，但作为一部行业标准，其对各城市轨道交通项目的竣工验收安全评价工作具有一定的指导性，但竣工验收安全评价工作并未落到实处；

（2）竣工验收安全评价工作由谁组织、谁监管、谁评价的问题没有明确；

（3）仅有少数城市轨道交通项目由独立安全评价机构进行了部分项目的竣工验收安全测试工作，但全方位、系统性的竣工验收安全评价工作在国内城市轨道交通项目中还未得到开展实施；

（4）城市轨道交通竣工验收安全评价工作缺少系统性的安全评价理念和方法，缺少能够全面进行城市轨道交通竣工验收安全评价的机构来开展系统安全保障的各项工作。

6.2 国外城市轨道交通竣工验收安全评价现状

自20世纪80年代起，轨道交通行业引入了RAMS（Reliability可靠性、Availability可用性、Maintainability可维护性、Safety安全性）管理体系。

如今，拥有丰富轨道交通建设和运营经验的欧洲主要国家城市轨道交通的安全评估体系，基本是建立在全寿命周期的RAMS管理体系的基础上。考虑到城市轨道交通工程的大型性及其系统的复杂性，以及城市轨道交通投入运营后高密度、大运量的特点，使得城市轨道交通运营安全成为不容忽视的重要问题。因此，社会对于城市轨道交通投入载客运营的安全评价工作的公正性、客观性和独立性的要求不断提高。现今，新加坡以及欧盟主要国家的城市轨道交通行业，在新线投入载客运营前的安全评估工作中，均采用第三方独立安全评估（Independent Safety Assessment，ISA）的做法。同时建立起一套以RAMS管理体系为基础，第三方独立评估机构操作的安全评价体系。

城市轨道交通竣工验收安全评价体系，主要由颁发载客运营前的安全许可的政府安监部门或城市轨道交通主管部门、城市轨道交通建设、运营单位、第三方评估机构共同构成。

1）英国

英国的铁路及城市轨道交通安全评价亦称风险评估，是铁路及城市轨道交通安全管理体系（Safety Management System，SMS）中的重要组成部分。根据英国《铁路及其他轨道交通安全规范2006》（The Railways and Other Guided Transport Systems（Safety）Regulations 2006）（以下简称ROGS）规定："铁路、城市轨道交通在投入任何形式运营前，运营单位必须拥有一套符合欧盟以及英国安全标准的安全管理系统（SMS），并持有一份能够证明该安全管理系统已得到政府安全行政部门许可的安全执照或许可证书。"因此，载客运营前的安全评价工作就成为铁路及城市轨道交通获批运营许可程序中的关键一环。

英国铁路及城市轨道交通开通载客运营前的安全评价程序为：确定铁路及城市轨道交通项目后，即聘请第三方评价机构参与项目的风险分析及安全评价工作，根据做出的风险分析及安全评价结果，有针对性地指导工程及各系统设计、建设等各个阶段的工作。工程建设完成、设施设备安装联调结束后，由建设或运营单位指定的第三方评估机构，在根据上述欧盟及所在国安全评价标准和相关技术条款的基础上，对项目进行安全评价工作。若工程项目可能影响其他铁路及城市轨道交通，安全评估工作还需邀请"被告知方"（Notified Body，NoBo）一同参与安全评估工作。经过评估后，第三方评估机构提交安全评估报告及建议，建设方或运营单位根据评估报告进行相应的整改或调整后，建设或运营单位向政府安全职能部门"轨道交通管理办公室"（ORR）递交最终安全评估报告，由ORR下属的安全监察部门"女皇铁路监察机构"（Her Majesty's Railway Inspectorate，HMRI）对工程进行安全审查、验收后，由ORR颁发安全证明和运营许可证书，批准项目开通载客运营。

英国铁路及城市轨道交通安全评价体系主要由以下各方组成：

- 铁路及城市轨道交通政府主管部门；
- 建设、运营企业；
- 第三方评估机构。

英国铁路及城市轨道交通安全评价的主要标准为：

- 欧盟铁路机构（European Railway Agency，EBA）颁布的“安全管理体系指示”（Directive 2004/49/EC）；
- 欧盟标准 EN 5012X 系列、EN 50159、IEC61508 等；
- 英国《铁路及其他轨道交通安全规范 2006》（ROGS）；
- 英国铁路安全及标准委员会（RSSB）编制的铁路安全黄皮书（ESM Yellow Book）、安全评价准备导则 GE/GN8561 等；
- 以及其他安全技术标准。

2）德国

德国作为欧盟的成员国之一，其铁路及城市轨道交通的安全评价体系采用欧盟的相关安全管理体系标准，并在欧盟标准的框架内，结合本国铁路及城市轨道交通的情况及特点进行适当的调整，制定出适用于德国本国的铁路及城市轨道交通安全评价体系。

德国城市轨道交通系统基于欧盟铁路标准EN 50126的全寿命周期RAMS管理体系。城市轨道交通试运营或运营条件的安全评价体系以及验收体系，均依据欧盟标准EN 50126的全寿命周期RAMS管理体系展开（图6-1）。

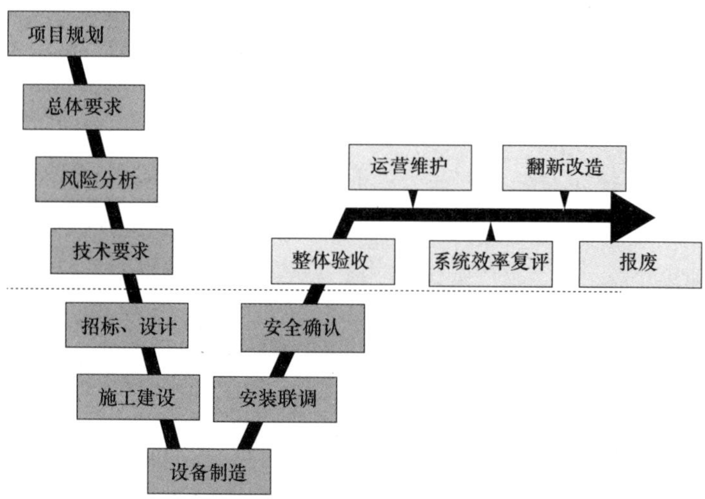

图 6-1　德国应用的系统安全全寿命周期流程图

对应于本次研究的城市轨道交通竣工验收安全评价工作的，是全寿命周期系统安全管理体系中第9、10阶段。其中第9阶段，在工程完工及各系统安装、联调结束后，运营商及建设商（包括设备供应商）组织独立安全评价机构或独立专家，对工程及系统进行安全确认工作。独立安全评价机构或专家就各系统开展安全确认验收工作，并提交安全确认报告与建议意见。运营商及建设商（包括设备供应商）经整改和调整后，向所在联邦州政府技术监管部门（TAB）提请工程验收。第10阶段，城市轨道交通项目所在联邦州政府技术监管部门（TAB），组织验收委员会对整个工程进行验收工作。验收委员会由代表州政府技术监督部门的独立专家组成，专家成员人选由验收委员会负责人挑选并经政府技术监督部门同意。而验收委员会负责人则由政府技术监督部门直接指定。通过州政府技术监督部门的验收后，报国家政府主管部门备案后，批准开通载客运营。

现行德国铁路及轨道交通安全评价的主要标准为：

- 欧盟铁路机构（European Railway Agency，EBA）颁布的“安全管理体系指示”（Directive 2004/49/EC）；
- 欧盟标准 EN 5012X 系列、EN 50159、IEC61508 等；
- 德国《轨道交通建设与运营管理规范》（Verordnung über den Bau und Betrieb der Straßenbahnen，BOStrab）；
- 德国《铁路建设与运营管理规范》（Eisenbahn-Bau-und Betriebsordnung，EBO）；
- 德国交通企业联合会（Verband Deutscher Verkehrsunternehmen，VDV）的相关技术纲领；
- 以及其他安全技术标准。

除了德国国内通用的上述这些规范标准外，一些长期从事安全评价的知名独立安全评价机构（如TÜV等）在进行对铁路及城市轨道交通项目独立安全评价的工作中，亦采用其公司及机构内部符合的安全技术标准。其内部安全技术标准往往是其长期从事安全评价工作的专业知识、经验积累，在符合欧盟及德国国内法规标准的同时亦是欧盟及国内通用标准的延伸，具有很强的实用性和可操作性。

3）国外城市轨道交通竣工验收安全评价工作经验

纵观国外城市轨道交通竣工验收安全评价工作，归纳起来有以下经验可以值得借鉴：

（1）完整的安全评价理论体系

欧盟的英国和德国的城市轨道交通安全评估工作，基本是建立在全寿命周期的可靠性、可用性、可维护性及安全性的RAMS管理理论体系的基础之上。

RAMS管理理论体系的实质在于对轨道交通在其整个寿命周期（从最初的轨道交通规划至最终轨道交通报废）内，进行系统化的管理。而作为RAMS管理体系中重要组成部分的安全评价工作，也贯彻于轨道交通的整个寿命周期之中，而轨道交通投入载客运营前的验收安全评价，也是整个安全管理体系中的重要一环。

（2）严格的验收安全管理制度

根据欧洲铁路机构（ERA）规定：“铁路、城市轨道交通在投入任何形式运营前，运营单位必须具备一套符合欧盟以及所在国安全标准的安全管理系统（SMS），并持有一份能够证明该安全管理系统已得到政府安全行政部门许可的安全执照或许可证书。”因此，欧洲各国的轨道交通必须严格执行该法规，在项目投入任何形式的运营前均已建立起一套标准的安全管理体系，而验收安全评价工作在城市轨道交通运营企业的安全管理体系中占有举足轻重的地位。因此，城市轨道交通竣工验收安全评价工作是该项目能够投入载客运营的关键。

（3）统一的安全评价标准

欧洲各国的轨道交通开通载客运营前的安全评价工作、试运行及运营阶段安全保障工作，均按照统一的标准体系进行评价、监督和审核。欧洲的安全标准体系自上而下分为三个层次：

- 欧盟标准，例如：Directive 2004/49/EC 以及 EN 50126 等；
- 国家标准，例如：英国的 ROGS，德国的 BOStrab 等；
- 行业标准，例如：英国的安全评价准备导则 GE/GN8561，铁路安全管理黄皮书，德国 VDV 协会技术标准等。

各级标准均对轨道交通竣工验收安全评价工作提出了相应的要求，为轨道交通竣工验收安全评价工作提供了统一的、权威的依据。

（4）独立的第三方安全评价

为保证城市轨道交通竣工验收安全评价工作的公正性、客观性和独立性，欧洲各国基本上采用聘请第三方独立安全评价的形式，对城市轨道交通各主要系统开展安全评价工作。

考虑到城市轨道交通工程的体量以及其系统的复杂性，由专业的第三方安全评价机构执行安全评价工作还可以很大程度上规避项目的风险，并起到明细责任、避免安全评价工作“走过场”等作用。

（5）专业且权威的安全审查验收政府机构

欧洲主要国家均设立专门负责铁路及城市轨道交通监督、审查和验收的职能部门，诸如从英国健康安全部分离出来的轨道交通管理办公室（ORR）以及德国各联邦州所设的技术监督机构（TAB），均是执行铁路及城市轨道交通安全审查、验收的专业政府机构。这些专业的政府安全审查及验收机构拥有系统、权威的安全审查方法和手段，可以承担对安全评价工作的审查及最终验收职责。

6.3　城市轨道交通竣工验收安全评价的目的和意义

1）城市轨道交通竣工验收安全评价的定义

根据中华人民共和国安全生产标准《城市轨道交通工程安全验收评价细则》（AQ 8005-2007）对城市轨道交通安全验收评价的定义，城市轨道交通安全验收评价是在城市轨道交通工程竣工、试运营正常后，检查城市轨道交通工程的安全设施、设备、装置与主体工程同时设计、同时施工、同时投入生产和使用的情况；安全生产管理措施到位情况；安全生产规章制度健全情况；事故应急救援预案建立情况；城市轨道交通工程建设满足安全生产法律法规、标准、行政规章、规范要求的符合性情况，从整体上确定城市轨道交通工程的运行状况和安全管理情况，做出安全验收评价结论的活动。

由于我国城市轨道交通竣工验收体制的特殊性，从完成城市轨道交通项目竣工验收、通过试运营基本条件评审、开通试运营直至工程国家验收，期间通常将经历至少1年的试运营期。城市轨道交通试运营阶段虽还未达到工程国家验收，但已实现载客运营，为保障乘客、系统及工作人员在试运营阶段的安全，本次研究中建议将竣工验收安全评价的时间提前至载客运营（即试运营）前。

因此，我们定义城市轨道交通竣工验收安全评价为：在城市轨道交通工程载客运营（即试运营）前，检查城市轨道交通工程的安全设施、设备、装置与主体工程同时设计、同时施工、同时投入生产和使用的情况；安全生产管理措施到位情况；安全生产规章制度健全情况；事故应急救援预案建立情况；城市轨道交通工程建设满足安全生产法律法规、标准、行政规章、规范要求的符合性情况；对安全预评价中所提出的安全对策措施的落实情况及其有效性进行评价，并对竣工验收后可能存在的剩余危险、有害因素进行辨识与分析，从整体上确定城市轨道交通工程的运行状况和安全管理情况，做出安全验收评价结论的活动。

从另一方面讲，城市轨道交通竣工验收安全评价是对城市轨道交通开通载客运营前各系统危险程度的客观评价，它通过对系统中存在的危险、有害因素及其控制措施的评价，客观地描述系统在载客运营阶段的危险程度，从而指导城市轨道交通设计、建设、运营单位，于城市轨道交通投入载客运营前，先行采取有效的安全措施来消除危险或降低系统的危险性。

2）城市轨道交通竣工验收安全评价的目的

城市轨道交通竣工验收安全评价的目的是贯彻“安全第一、预防为主、综合治理”的方针，为城市轨道交通安全验收提供科学依据，对城市轨道交通工程中未达到安全目标的系统或单元提出安全补偿或补救措施，以利于提高城市轨道交通工程本质安全程度，满足安全运营的要求。

同时城市轨道交通竣工验收安全评价，通过在城市轨道交通投入载客运营阶段前查找、分析和预测工程、系统存在的危险、有害因素及其危害程度，提出合理可行的安全对策措施，指导危险、有害因素监控和事故预防，以达到最低事故率、最少损失和最优的安全投资效益。确保城市轨道交通工程及各系统满足投入载客运营的安全要求，保证城市轨道交通在载客运营期间的运营安全。

3）城市轨道交通竣工验收安全评价的意义

城市轨道交通竣工验收安全评价的意义，在于可有效地预防城市轨道交通在载客运营期间的事故发生，减少财产损失、人员伤害和伤亡。

城市轨道交通竣工验收安全评价的意义可概括为以下5个方面：

（1）是城市轨道交通安全管理的一个重要组成部分

城市轨道交通安全评价体系由安全预评价、施工安全评价、竣工验收安全评价和运营安全评价所组成。竣工验收安全评价是城市轨道交通工程投入载客运营前的最后一道安全关卡，通过竣工验收安全评价可以确认该工程是否具备了安全投入载客运营的条件。

（2）有助于城市轨道交通安全投资的合理选择

竣工验收安全评价不仅能确认系统的危险性，而且还能进一步考虑载客运营阶段危险性发展为事故的可能性及事故造成损失的严重程度，进而计算事故造成的危害程度，并以此衡量系统危险可能造成负效益的大小，以便合理地选择控制、消除事故发生的措施，确定安全措施投资的多少，从而使安全投入和可能减少的负效益达到合理的平衡。

（3）有助于提高城市轨道交通单位的安全管理水平

通过安全评价可以促使城市轨道交通单位的安全管理模式的转变。将"事后处理"转变为"事先预防"；将"经验管理"转变为"目标管理"。

（4）有助于城市轨道交通运营单位降低事故风险，提高经济效益

竣工验收安全评价可将一些潜在的事故隐患在城市轨道交通投入载客运营前就及时消除，避免载客运营期间安全事故的发生。运营单位安全事故风险的降低、安全生产水平的提高，无疑可产生更好的经济效益，特别是其带来的社会效益。

（5）有助于政府相关管理部门对城市轨道交通运营单位的安全生产管理实行宏观控制

城市轨道交通工程建设项目建成后，投入载客运营前的竣工验收安全评价，是根据国家有关法律法规和标准的要求，对各系统、相关安全措施、安全管理水平的符合性评价，是对城市轨道交通试运营乃至正式运营中危险、有害因素的风险评价，可以提高城市轨道交通工程安全达标水平。城市轨道交通竣工验收安全评价是政府相关管理部门实施安全生产行政监督的一个必要程序。

6.4 城市轨道交通竣工验收安全评价内容

6.4.1 竣工验收安全评价方法

在安全评价方法一章已经对竣工验收安全评价的评价方法进行了推荐，通过对城市轨道交通安全竣工验收安全评价目的的分析作进一步选择。

城市轨道交通工程建设项目建成后，投入载客运营前的竣工验收安全评价，是根据国家有关法律法规和标准的要求对各系统、相关安全措施、

安全管理水平的符合性评价。同时城市轨道交通竣工验收安全评价，通过在城市轨道交通投入载客运营阶段前查找、分析和预测工程、系统存在的危险、有害因素及其危害程度，提出合理可行的安全对策措施，指导危害监控和事故预防，以达到最低事故率、最少损失和最优的安全投资效益。确保城市轨道交通工程及各系统满足投入载客运营的安全要求，保证城市轨道交通在载客运营期间的运营安全。

因此，选择安全检查表法和基于风险评估的安全评价方法，可以对载客运营前的城市轨道交通系统及各种安全措施是否符合规定进行符合性检查，同时，通过对系统的风险预测，指导危害监控和事故预防。同时有助于发现补充系统的危害清单，为系统安全评价提供经验指导，并提供运营时的风险持续监控建议。从而达到系统安全评价的效果和持续改进。

6.4.2　竣工验收安全评价的目标和任务

城市轨道交通工程作为一个评价对象，是由相对独立又相互联系的若干部分（各系统及其子系统和单元）组成，各部分的功能、存在的危害因素及其危险性和风险均不尽相同。竣工验收安全评价一般以整个城市轨道交通工程为评价对象实施时，可按一定原则将评价对象划分成若干有限、确定范围的单元分别进行安全评价，再综合为整个系统的安全评价。

将整个城市轨道交通工程划分为相对独立而又有机联系的评价单元进行竣工验收安全评价，可以简化安全评价工作、减少重复的评价工作量以及避免评价工作的遗漏。因此，我们建议将城市轨道交通竣工验收安全评价对象划分为土建系统、线路及轨道系统、供电系统、通信系统、信号系统、车辆系统、消防系统、环境与设备监控系统、机电设备系统、自动售检票系统、控制中心系统、外界环境、试运行情况、运营组织管理、安全运营管理以及安全对策措施等各个子系统。此外，还需对预评价中安全对策措施的落实情况进行评价。通过对评价对象的划分，也有利于各专业安全评价人员对不同安全评价内容进行具体的实际评价。

城市轨道交通竣工验收安全评价任务主要包括：

（1）预评价剩余风险建议措施的落实检查；

（2）评价载客运营前的系统是否符合安全相关法律法规和标准的规定；

（3）划分评价单元；

（4）新的危害识别；

（5）基于风险的竣工验收安全评价；

（6）剩余风险在运营过程中的持续监控建议。

6.4.3　预评价阶段剩余风险监控建议的处置

为保证安全预评价的有效性和对风险的控制，验收评价的重要任务之一就是对预评价阶段剩余风险控制措施的落实检查和对可接受风险监控建议的处置。这个环节是与预评价阶段剩余风险的处置的互动，从而解决了不同安全评价阶段间的“接点”问题，是城市轨道交通安全评价体系运行机制的具体体现，也使得体系更好的遵守了安全理念对于缜密的高要求。

建议按下表（表6-1）的设置进行检查。其中危害编号、危害说明、可能成因、剩余风险和剩余风险建议措施均与安全预评价中一致。

预评价阶段剩余风险安全对策措施落实检查表 表6-1

危害编号	危害说明	可能成因	剩余风险	剩余风险建议措施	检查意见

6.4.4 城市轨道交通竣工验收安全符合性评价内容研究

1）城市轨道交通竣工验收安全评价指标体系选取原则

城市轨道交通竣工验收安全评价指标体系的选取与建立，是进行城市轨道交通竣工验收安全评价的重要基础，是有效地进行安全评估工作的保证。

安全评价指标体系是由若干个单项指标组成的整体，安全评价指标体系的确定是安全评价工作成功与否的关键，指标体系应力求实际、完整、合理、科学、尽可能全面地反映城市轨道交通各系统安全的所有因素。

在建立城市轨道交通竣工验收安全评价指标体系的过程中，应遵循以下的原则：

（1）科学性原则

安全评价指标体系要充分反映城市轨道交通系统的内在安全机制，安全评价指标体系结构的确定、指标的取舍都要有科学依据，保证评价结果的真实、可靠，正确地反映各系统的安全现状。

（2）全面性原则

城市轨道交通工程是一个复杂的系统，安全影响因素众多，安全评价指标体系必须全面反映城市轨道交通的安全现状，综合衡量城市轨道交通的安全水平。

（3）主导性原则

在全面性原则的基础上，指标要选择那些影响全局的安全关键因素。

（4）可测性原则

安全评价指标不宜过多、过繁杂，指标要求概念明确，数据易收集，能够方便地进行评测，并符合国家及各地的法规政策要求。

（5）独立性原则

同层次上的指标不应具有包含关系，每个指标都必须具有各自的影响特征，不能被其他的影响指标所代替。

（6）可比性原则

安全评价指标体系中同一层次的安全指标应具有相同的计量范围、计量口径和计量方法，使指标能反映实际情况，便于比较优劣。

（7）定性分析与定量分析结合原则

以定量分析为基础，定性分析和定量分析结合。根据实际情况结合专家经验将定量因素和定性因素进行综合考虑。

2）城市轨道交通系统竣工验收安全评价指标体系的构建

城市轨道交通载客运营安全影响因素广泛，为了恰当地反映城市轨道交通的安全水平，需要在众多的安全影响因素中找出最灵敏、内涵最丰富且便于度量的主导性因素作为安全评价指标。依据评价的目的和对象，指标之间存在一定的层次关系，因此可以考虑将评价指标分为三个层次：

（1）第一层目标层

评价的目的，即城市轨道交通载客运营的安全。

（2）第二层准则层

反映目标层的因素。安全评价主要可以从人员、设备、环境和管理四个因素来进行。

（3）第三层指标层

具体反映评价目标和因素的指标，具体可细化得到多级指标。

依照城市轨道交通竣工验收评价指标选取原则及筛选方法，最终可以确定城市轨道交通竣工验收安全评价指标体系。

3）城市轨道交通系统竣工验收安全评价指标——以车辆系统单元为例

城市轨道交通竣工验收安全评价，主要包括对预评价安全对策措施的落实情况及其有效性评价、对城市轨道交通各系统的竣工验收安全评价以及对载客运营期间危险、有害因素分析和评价。下文将以车辆系统单元为例，对城市轨道交通各系统的竣工验收符合性安全评价指标体系和参数进行具体分析（表6-2）。

车辆系统安全评价表 **表6-2**

评价单元	评价指标	评价结果		备注
		合格	不合格	
车辆系统	1.车辆的制式、选型、列车编组和列车动力配置应符合设计要求			
	2.车辆及其各大系统基本功能和性能符合设计要求			
	3.车辆的机械和电气主要技术参数符合技术要求			
	4.车辆按有关标准在制造厂内和用户现场已完成规定的型式试验和例行试验，并具备符合要求的报告			
	5.车辆已完成限界测试，并符合相应的国家标准规定			
	6.列车已安装车载信号设备和车载无线通信设备，并且已完成与地面信号设备和无线通信设备的联合调试			

续表

评价单元	评价指标	评价结果		备注
		合格	不合格	
车辆系统	7.乘客信息系统和照明系统工作正常，列车上的应急设施和功能符合国家相关标准规定			
	8.首列样车经5000km空载试运行，运行中出现的故障已排除，并对整改项目进行了有效性验证			
	9.车辆技术资料齐全，包括技术规格书、试验报告、调试报告、验收报告、空载试运行报告、操作手册、维修手册、培训手册、车辆履历簿以及基本图纸等			
	10.车辆的操作人员、维修人员和生产管理人员已接受培训，经考核合格持有上岗证			
	11.载客运营期间必需的关键检修和检测设备安装、调试完毕并可投入正常使用			
	12.已编制列车故障在线应急处理及救援预案，并进行了演练			

4）说明

评价人员根据表中的要求，针对具体的城市轨道交通方案进行评价，符合打“√”不符合打“×”，不符合需要整改时在备注中给出说明或整改意见，待整改后再行评价，直到全部符合为止。

6.4.5 基于风险的竣工验收安全评价

（1）新的危害识别

在验收评价阶段，城市轨道交通系统已经形成，通过预评价中介绍的危害识别方法进行新危害识别，并补充到初始危害清单中，形成新的危害清单。

（2）根据风险矩阵进行风险评价

根据预评价确定风险矩阵，对形成新的危害清单进行风险评价。

（3）评估结果与结论

根据所评价对象城市轨道交通线路的具体情况，对照风险矩阵，进行评价得到风险状态统计汇总表（表6-3）和危害风险等级统计汇总表（表6-5）。

风险状态统计汇总表 表6-3

序号	子系统名称	风险状态统计（项）			
		可接受	可容忍	不理想	不可接受
1					

续表

<table>
<tr><td rowspan="2">序号</td><td rowspan="2">子系统名称</td><td colspan="4">风险状态统计（项）</td></tr>
<tr><td>可接受</td><td>可容忍</td><td>不理想</td><td>不可接受</td></tr>
<tr><td>2</td><td></td><td></td><td></td><td></td><td></td></tr>
<tr><td colspan="2">合计</td><td></td><td></td><td></td><td></td></tr>
<tr><td colspan="2"></td><td colspan="4">主要危害分析结果：
从危害记录最终统计数据来看，没有发现不可接受的风险。在初期危害分析中发现的不理想和可容忍级风险，经设计中采取各种措施，其风险程度已得到降低或消除，系统的安全程度是可以接受的。</td></tr>
<tr><td colspan="2"></td><td colspan="4">跟进：以上未消除的剩余风险须于后阶段予以重视和跟进。</td></tr>
</table>

各类危害风险等级的统计结果如表6-4、表6-5。

风险等级统计结果 **表6-4**

数量	原有风险	剩余风险
不可接受（R1）		
不理想（R2）		
可容忍（R3）		
可接受（R4）		
合计		

危害风险等级统计汇总表 **表6-5**

<table>
<tr><td rowspan="3">序号</td><td rowspan="3">单元名称</td><td colspan="8">危害状态统计（项）</td></tr>
<tr><td colspan="2">可接受</td><td colspan="2">可容忍</td><td colspan="2">不理想</td><td colspan="2">不可接受</td></tr>
<tr><td>现有</td><td>剩余</td><td>现有</td><td>剩余</td><td>现有</td><td>剩余</td><td>现有</td><td>剩余</td></tr>
<tr><td>1</td><td></td><td></td><td></td><td></td><td></td><td></td><td></td><td></td><td></td></tr>
<tr><td>2</td><td></td><td></td><td></td><td></td><td></td><td></td><td></td><td></td><td></td></tr>
<tr><td colspan="2">合计</td><td></td><td></td><td></td><td></td><td></td><td></td><td></td><td></td></tr>
</table>

（4）建议减轻危害风险的措施

根据制定的风险矩阵，根据施工已采取措施评估危害的现有风险，对各危害提出相应的建议持续监控措施。填写下表（表6-6）。

危害风险评估及监控表 **表6-6**

<table>
<tr><td colspan="7">评价单元</td></tr>
<tr><td>危害
编号</td><td>危害
说明</td><td>可能
成因</td><td>已采取
的措施</td><td>风险评价
（是否可接受）</td><td>剩余风险</td><td>剩余风险
建议措施</td></tr>
<tr><td></td><td></td><td></td><td></td><td></td><td></td><td></td></tr>
<tr><td></td><td></td><td></td><td></td><td></td><td></td><td></td></tr>
</table>

城市轨道交通系统的风险减低与消除，应根据不同的实施阶段（设计、施工、运营、维护）来制定相应的风险应对具体措施。

风险应对中，需要对风险的正面效应（即潜在的机会）制定增强措施，对风险的负面效应（即可能的威胁）制定应对方法。对于不同的风险，需要根据其重要性、影响大小以及已经确定的处理优先次序，采取相应的措施加以控制，对负面风险的反应可以是尽量避免、努力减小或设法接收。另外，在处理风险时需要注意应对的"及时性"和"反复性"，即在第一时间对各种突发的风险作出判断并采取措施；对已经发生或已经得到控制的风险经常进行回顾，确保风险能够得到稳定长期的控制。风险应对策略参照安全预评价。

如有危害未能消除或消除方法不属于其合同范围，安全评价人员应向业主汇报，提请业主采取危害控制及减低的措施，如果仍然未能在本阶段解决，经安全评价人员同意后可将危害转移至下一阶段持续监察。

在载客运营前，所有建造减轻措施必须完成。载客运营后，如有新识别的危害，须加入危害记录表内，然后按照上述危害管理的方法完成减轻措施，结束危害。

如有危害未能消除或消除方法不属于其合同范围，危害管控单位应向业主汇报，提请业主采取危害控制及减低的措施，如果仍然未能在本阶段解决，经业主同意后可将危害转移至下一阶段持续监察。

危害管理工作主要通过督促减轻措施管控单位实施。减轻措施管控单位应通过落实建议的危害减低措施来降低危害的风险等级，根据减轻措施完成的情况更新危害记录表。项目将进入到运营阶段，故危害管理主要在运营阶段继续跟进。

（5）风险持续监控建议

提出对可接受级风险的持续监控建议。

（6）危害的结束

如果危害未能结束，或未能把风险等级降至R3或以下，危害管控单位须向业主提交证明或具体分析，以确定/证明危害的风险等级已是"最低实际可接受"。

采取危害的全部减轻措施后，剩余风险等级应降至R3或R4级。若现有的风险等级被评估为R3级，但暂时未有有效的方法把风险降至R4级，经业主确认后，可确定这危害已结束，后期应注意持续监控。

（7）危害分析结果总结

将上述安全评价表格进行整理汇总，并填写下表（表6-7）存档。

安全评价表格汇总 **表6-7**

内容	附件
土建单元危害分析结果	

续表

内容	附件
机电系统单元危害分析结果	
车辆系统单元危害分析结果	
试运营准备及安全管理单元危害分析结果	

6.5 城市轨道交通竣工验收安全评价的实施

1）成立竣工验收安全评价组织

评价组织由总体评价组和按评价单元划分的各专业评价小组组成，总体评价组组长对整个评价工作和评价结果总负责，各专业评价小组组长对本评价单元的评价负责。评价成员应由从事城市轨道交通安全管理的人员、从事城市轨道交通专业技术并具备高级职称的技术人员和具有安全评价资格的安全评价人员共同组成。或聘请具有相关资质的独立安全评价机构操作竣工验收安全评价工作。

2）前期准备

（1）制定评价方案

安全评价方案中应包括以下内容：确定本次评价对象和范围；根据评价对象的特点，确定本次评价工作的重点。

（2）资料收集

制定城市轨道交通运营企业需要提供的图纸、文件、资料、档案、数据目录；收集国内外相关法律法规、标准、行政规章、规范及其他城市轨道交通竣工验收安全评价工作所需的基础资料（表6-8）。

（3）现场初步调研。

城市轨道交通竣工验收安全评价需提供的资料 表6-8

相关批复资料	立项批准文件、初步设计批准文件
	城市轨道交通安全预评价报告及相关备案文件
	城市轨道交通消防验收评价报告综合结论及批复文件
	城市轨道交通防雷检测合格证明
	城市轨道交通特种设备检验检测合格证
	城市轨道交通安全预评价报告主要结论及执行情况
设计文件	可行性研究报告
	初步设计
	各类设计图纸

续表

<table>
<tr><td rowspan="13">安全管理</td><td colspan="2">设置的安全生产管理机构相关文件</td></tr>
<tr><td colspan="2">检查安全管理人员的考核记录</td></tr>
<tr><td colspan="2">运营管理部门主要负责人的安全生产责任制档案文件</td></tr>
<tr><td colspan="2">各部门安全管理人员的安全责任制档案</td></tr>
<tr><td colspan="2">安全生产责任制责任档案</td></tr>
<tr><td colspan="2">安全管理目标档案</td></tr>
<tr><td colspan="2">本单位财务提供的安全投入、工伤保险、劳保用品、安全培训等的资金投入证明</td></tr>
<tr><td colspan="2">突发事件应急救援预案</td></tr>
<tr><td colspan="2">安全教育培训记录</td></tr>
<tr><td colspan="2">安全交流文件及向乘客发放的安全教育手册</td></tr>
<tr><td colspan="2">事故隐患管理档案</td></tr>
<tr><td colspan="2">岗位的安全操作规程</td></tr>
<tr><td colspan="2">安全检查档案</td></tr>
<tr><td rowspan="14">设备设施</td><td rowspan="3">车辆</td><td>查阅车辆使用年限档案和车辆技术文件</td></tr>
<tr><td>车辆出厂合格证、检测证明</td></tr>
<tr><td>查阅车辆维修人员的上岗资质文件和定期培训记录</td></tr>
<tr><td rowspan="3">供电系统</td><td>主变电站设计文件</td></tr>
<tr><td>牵引变电站设计文件</td></tr>
<tr><td>降压变电站的设计技术文件</td></tr>
<tr><td>防火与报警系统</td><td>防火、防风、防震、防淹等的安全防范措施</td></tr>
<tr><td>线路与轨道</td><td>查询线路及轨道的设计技术文件</td></tr>
<tr><td rowspan="2">机电设备</td><td>电梯、扶梯、自动人行道的清单、检测证明及安全防护措施</td></tr>
<tr><td>屏蔽门/安全门的合格证明、检测证明及安全防护措施</td></tr>
<tr><td rowspan="4">通信与信号设备</td><td>通信系统简介及技术方案</td></tr>
<tr><td>通讯系统的安全防护措施</td></tr>
<tr><td>信号系统简介及技术方案</td></tr>
<tr><td>信号系统的安全防护措施</td></tr>
</table>

续表

设备设施	环境与设备监控系统	通风空调系统的设计技术文件
		BAS系统的设计情况简介
		环境与设备监控系统安全防护措施简介
	自动售检票系统	自动售检票系统设计情况简介
从业人员	客运服务人员	持证上岗证、培训记录
	客车司机	持证上岗证、培训记录
	调度人员（电力调度、行车调度）	持证上岗证、培训记录
	特种作业人员	持证上岗证、培训记录
	应急救援人员	应急救援人员的职业技能培训情况记录

（4）制定评价进度计划；

制定城市轨道交通竣工验收安全评价的进度计划，确定重要时间节点。

3）实施评价阶段

进驻现场根据城市轨道交通安全预评价的内容开展安全评价。包括：

（1）安全评价现场检查

根据竣工验收安全评价计划及评价单元的划分，对城市轨道交通工程现场进行检查，记录检查情况并总结现场存在的安全隐患（表6-9）。

城市轨道交通安全验收评价现场检查点　　表6-9

检查地点		检查内容
供电系统	主变电站	安全标志、接地保护、消防设施、避雷设施、应急照明设施等
	牵引变电站	安全标志、接地保护、消防设施、避雷设施、应急照明设施等
	降压变电站	安全标志、接地保护、消防设施、避雷设施、应急照明设施等
	接触网	安全标志、接地保护、地面及高架段的避雷设施等
	各站点的电控室	安全标志、气体自动灭火装置
环控监控系统	通风和空调设备间	通风、空调设备设施现状
	风亭	各站点风亭的位置及周边情况
	BAS系统	BAS系统的设备设施情况
车站	自动扶梯、电梯、自动人行道	安全标志、检测记录及设备的位置及使用现状等
	屏蔽门	安全标志、检测记录及设备使用现状等
	自动售检票系统	设备的位置及使用现状等

续表

检查地点		检查内容
车站	车站公共区	安全标志、消防设备设施、给排水设备、安全疏散口的位置、大小等情况
	车站控制室	安全标志、消防设备设施
线路轨道	高架线路	设置的隔离栏杆、防脱轨装置、隔音屏等安全防护措施
	线路末端	车挡装置
车辆及车辆段	车辆	车辆蓄电池合格证明及现场使用情况、紧急疏散门、乘客紧急按钮、司机紧急对讲装置、应急灯、消防器材、安全防护标示
	车辆段	特种设备（行吊等）现场使用情况、安全标志、消防设施等
其他	控制中心、区间人员疏散通道等项目	

（2）实施符合性评价和风险评价

具体实施参照安全预评价。

（3）做出安全评价结论

具体实施参照安全预评价。

（4）编制城市轨道交通竣工验收安全评价报告

具体见竣工验收安全评价报告内容及要求。

4）审查、验收

安全评价方做出最终的安全评价报告后，根据城市轨道交通竣工验收安全评价报告的意见与建议，城市轨道交通项目建设单位和运营单位对工程进行整改和完善，并完成工程初验；

城市轨道交通项目建设单位或运营单位向城市轨道交通主管部门提出书面申请试运营条件审查；

在受理试运营书面申请后规定期限内，城市轨道交通主管部门成立试运营条件审查工作小组；

试运营条件审查小组负责制定审查方案、组织专家组、组织开展审查工作、报送审查结论等工作；

审查小组经审查，认定城市轨道交通项目已满足载客运营的基本条件及其他相关安全法规的要求，通过审查，认定项目具备载客运营的条件；

审查小组报城市轨道交通主管部门审定，城市轨道交通主管部门审定后，上报政府核准开通试运营；

城市轨道交通项目未通过试运营条件安全审查，城市轨道交通主管部门将不予以批准开通试运营。

城市轨道交通竣工验收安全评价程序如图6-2所示。

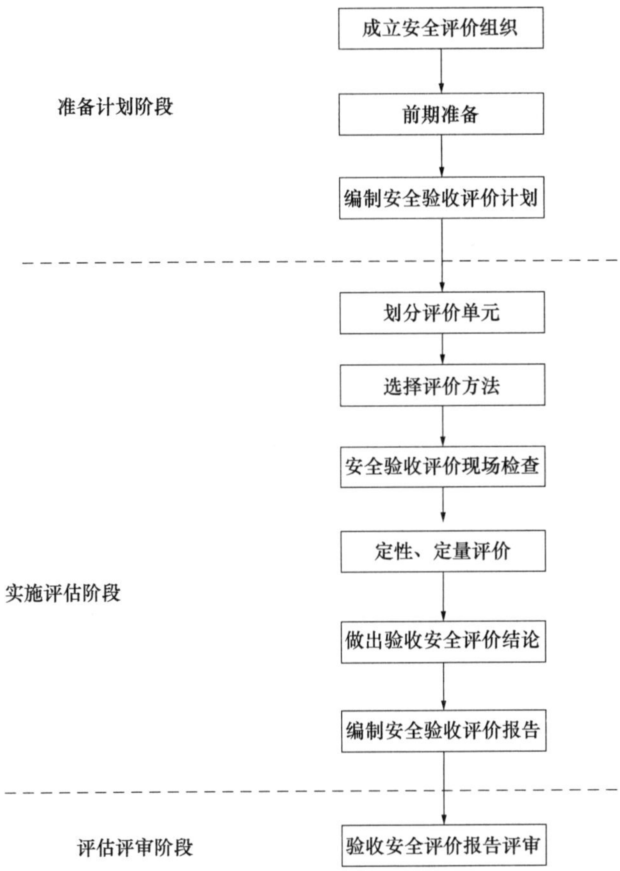

图 6-2 城市轨道交通竣工验收安全评价程序表

6.6 城市轨道交通竣工验收安全评价报告内容及要求

（1）城市轨道交通竣工验收安全评价报告内容

根据城市轨道交通竣工验收安全评价所涉及的内容，竣工验收安全评价报告的内容应至少包括以下主要内容。

① 城市轨道交通安全预评价报告编制说明：

——编制依据；

——评价目的；

——评价范围；

——评价原则；

——评价程序。

② 城市轨道交通系统介绍。

③ 城市轨道交通安全评价内容。

④ 城市轨道交通安全评价结论和建议。

⑤ 应急救援预案纲要。

（2）城市轨道交通竣工验收安全评价报告要求

城市轨道交通竣工验收安全评价报告应内容全面，条理清晰，数据完整，查出的问题明确，提出的安全对策措施可行、有效，安全评价结论客观公正。

报告格式参照安全预评价报告。

6.7 小结

本次研究建立城市轨道交通竣工验收安全评价的内容和流程，如图6-3。城市轨道交通竣工验收安全评价采用了检查表法和风险评价的安全评价方法，建立了城市轨道交通竣工验收符合性安全评价的指标体系，编制了安全检查表，提出了竣工验收安全评价对处置预评价阶段剩余风险的互动关系。同时，在基于风险的城市轨道交通安全评价中，针对城市轨道交通系统的具体情况，更新预评价阶段的初步危害识别表，利用已经确定的风险容许准则对系统进行评价，对未达到可接受级别的风险采取相应的并且是经济合理的措施建议，对于可接受级的风险，给出持续监控建议。

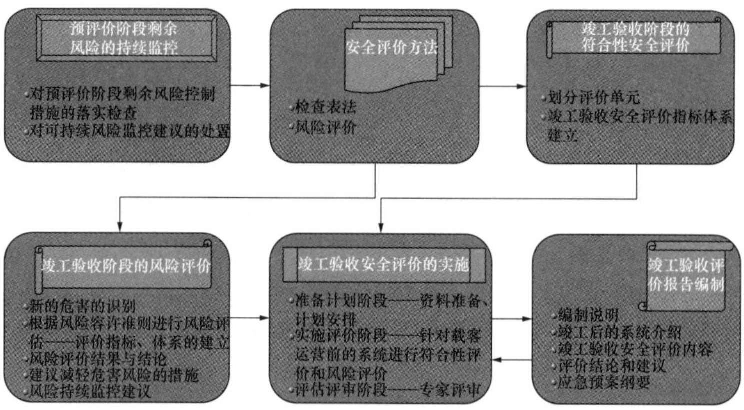

图6-3　竣工验收评价内容及流程

城市轨道交通竣工验收安全评价还需要在以下几个方面进行完善：

（1）竣工验收安全评价标准的完善

通过本次研究了解到欧盟先进的城市轨道交通竣工验收安全评价理念及做法。反观国内，由于我国尚未建立起完善的城市轨道交通安全法律法规和统一的安全评价标准，各地的城市轨道交通竣工验收安全评价工作开展与否以及做法也各不相同，竣工验收安全评价工作处于分散不成体系的状态，这种状态与我国城市轨道交通迅速发展的形势以及社会对城市轨道交通安全的需求极不相称。

经过本次研究我们建议城市轨道交通安全管理部门应尽快建立起适合我国国情的城市轨道交通竣工验收安全评价制度，建立健全城市轨道交通竣工验收安全评价标准体系，规范城市轨道交通企业的竣工验收安全评价工作。

（2）定量安全评价方法的运用

安全的定义是“没有不可接受的有害风险”，可见安全与否实质上就是风险的高低。城市轨道交通安全评价工作是一个识别风险、衡量风险、消除风险的动态过程。因而安全评价工作中往往采用定性分析结合定量分析的安全评价方法，以期更全面、更精确、更客观地反映城市轨道交通投入载客运营前的安全状态。

目前我国城市轨道交通竣工验收安全评价工作，基本采用专家评审会的形式进行。虽然专家评议法这种形式是比较典型、也较为常用的安全评价方法之一，但不可否认作为一种定性分析方法，相比精确、客观的定量安全评价方法，专家评议法还是有其一定的局限性。通过此次研究了解到定量分析方法已成为国外轨道交通定量安全评价的主流手段，相关的轨道交通风险计算软件也已非常成熟。国内城市轨道交通安全评价工作可以根据自身情况及需求，通过采用诸如事故树（FTA）和事件树（ETA）在内的适用于我国城市轨道交通特点的定量安全评价方法，通过定性分析结合定量分析的安全评价方法，进一步充实完善城市轨道交通竣工验收安全评价工作。

（3）安全风险数据的积累

我国城市轨道交通开展比较晚，建设和运营时间短、管理经验不足，客观上造成了事故数据较少、事故分析资料不全以及安全风险数据管理不善等情况，而安全风险数据的积累与统计，又对安全评价工作起着非常重要的作用，危险、有害因素的识别、定量风险分析等工作，均需要庞大的历史事故资料及安全风险数据作为支撑。以本次研究的对象之一——英国轨道交通的安全评价为例，英国的铁路安全标准委员会（RSSB）定期发布安全风险概况报告（2008年5月发布第5.5版，计划2009年3月发布第6版），报告涵盖英国铁路及城市轨道交通运营及维护中发生的安全事故以及潜在的安全风险，报告将所有的安全事故根据不同类型进行划分统计并加以分析。以事故类型划分为3类：列车事故（HETs）、行车事故（HEMs）和非行车事故（HENs）；以事故风险受众类型划分为3类：乘客风险、工作人员风险和公众风险。此外，还对安全事故发生的原因及后果进行分析。

经过本次研究使我们认识到积累安全风险数据的必要性，以及对数据进行分类统计分析的重要性，因为没有庞大的安全风险数据支撑的安全评价工作只能是“空中楼阁”。因此，我们建议我国城市轨道交通企业借鉴国外在城市轨道交通风险统计管理上的先进经验及做法，进一步完善自身安全风险数据管理系统。

（4）第三方独立安全评价的尝试

目前，我国城市轨道交通竣工验收安全评价工作基本采用专家评审会的形式进行。城市轨道交通工程开通载客运营前，通过邀请各地城市轨道交通方面的专家听取项目公司及运营单位关于工程情况及试运营准备等相关内容的汇报，结合现场考察，并组织专家进行分组评审的形式开展城市轨道交通竣工验收安全评价的工作。

通过对城市轨道交通竣工验收安全评价体系的研究分析可知，国外城市轨道交通运营前的安全评价工作更青睐于聘请第三方独立安全评价机构来担当，而且在基于全寿命周期的RAMS管理体系框架内，第三方安全评价机构从工程伊始就参与进来，通过对工程的风险评估来指导、改进工程设计、建设；工程建成、系统联调完毕后再开展安全确认工作，通过完全独立于建设和运营单位的安全评价工作来确保城市轨道交通投入试运营以及正式运营后的安全。

采用第三方独立安全评价有其自身优势，第三方独立安全评价的介入保证了城市轨道交通竣工验收安全评价工作的独立性、客观性及公正性，同时还能起到与建设、运营单位分担权责的作用，很大程度上能够规避由建设、运营单位自行完成安全评价工作所可能带来的风险。但不可回避的现实是，目前我国在城市轨道交通领域能够从事、担任城市轨道交通竣工验收安全评价工作的安全评价机构还很少，对其监管的法律法规体系还不完善。可以说，我国目前还不完全具备将第三方独立安全评价形式引入城市轨道交通竣工验收安全评价工作中的条件和能力。但这一形式已成为安全评价工作的发展趋势，可以预见的是其也将成为今后相当长一段时间内城市轨道交通安全评价工作的主流，也给我国城市轨道交通开展包括竣工验收安全评价在内的各阶段安全评价工作指明了发展方向。

（5）专业化城市轨道交通安全管理部门的建立

城市轨道交通安全管理部门是竣工验收安全评价体系监督与管理的主体。党中央与国务院也多次要求建立健全城市轨道交通安全管理机构，进一步加强对轨道交通、运营安全生产依法监督管理工作。

欧盟主要国家均设立专门负责铁路及城市轨道交通监督、审查及验收的安全管理部门，例如从英国健康安全部分离出来的铁路管理部门（ORR）以及德国各联邦州所设的技术监督机构（TAB），均是高度专业化的铁路及城市轨道交通安全管理机构。这些专业的铁路及城市轨道交通安全管理机构拥有系统性的安全监督、审查、验收、管理方法和手段，可以承担对安全评价工作的监督、审查、验收及管理职责。因此，我们建议尽快建立健全我国城市轨道交通竣工验收安全评价管理机构，明确统一从国家、行业到地方的三级主管机构，更为高效地承担起城市轨道交通竣工验收安全评价工作的监督、审查和管理职能。

第 7 章
城市轨道交通运营安全评价

7.1 轨道交通运营安全评价现状

城市轨道交通运营安全是个大问题，2003年2月18日发生在韩国大邱市的地铁纵火案，至今还让不少人心有余悸。当时发生的火灾虽然是人为纵火，但同时也暴露出应急安全设施准备不足、安全设备无法在应急状态下全面启动等地铁建设中的安全问题。

各城市对于轨道交通安全问题的规定并不统一，有些只是做了一个笼统的责任规定，并没有具体实施细则。从全国范围来讲，更没有形成一套系统、完整的运营安全评价体系。急需建立完善的安全机制。从轨道交通系统建设的动因来看，其首要的经营目标是向城市居民提供安全、便捷、准时的公共交通服务。因此，安全是发展轨道交通要保证的首要基本条件。

美国自20世纪50年代起，将重大安全事故的安全评价标准从高危行业引入轨道交通，建立了轨道交通的安全预评价、安全验收评价、安全现状评价及专项评价四类评价标准；英国则把铁路安全评价系统引入轨道交通，把所有的风险分为三个等级进行区别对待；我国香港的地铁也有自己的安全评价制度。“实践出真知”，他们的安全评价标准都是从经年累月的安全统计数据中得出的，从各类安全事故发生的时间、路段、原因等方面，系统、细致地进行了总结和归纳，从而形成了一套完整的安全预防、检查、处理机制，做到防患于未然，一旦发生事故，都能以最快、最稳妥的方式保护乘客的安全，最大程度地减少人员伤亡。

城市轨道交通运营安全评价作为安全管理的重要工作方法之一，通过采用科学系统的方法，对轨道交通运营系统进行安全评价，有利于总体把握运营系统基础条件、设备施工状况和运营情况的安全状态，及时发现系统功能和管理存在的缺陷和不足，并通过科学分析提出有效的补救措施和改进建议，提高轨道交通安全运营水平。

目前国内城市轨道交通安全评价还处于起步阶段，基于城市轨道交通行业特点的安全评价方法还不够成熟和完善，特别是真正按照标准进行运营安全评价标准的地铁极少，说明需要做进一步有针对性的研究，提出能够适应我国目前城市轨道交通发展特点的安全评价方法。城市轨道交通运营安全评价作为安全管理的重要工作方法之一，通过采用科学系统的方法对轨道交通运营系统进行安全评价，有利于总体把握运营系统基础条件、设备施工状况和运营情况的安全状态，及时发现系统功能和管理存在的缺陷和不足，并通过科学分析提出有效的补救措施和改进建议，提高轨道交通安全运营水平。基于对城市轨道运营安全评价工作的重视和经验积累，2007年发布了国家标准《运营安全评价标准》（GB/T 50438-2007）。

7.2　轨道交通运营安全评价的目的

1）轨道交通运营安全定义

通过对运营线路常规的管理和维护，达到避免事故、防止伤亡、确保系统安全运行条件，保证轨道交通完成正常运营任务。

2）轨道交通运营安全的特征

（1）轨道交通运营秩序良好，车辆设备系统工作正常。

（2）保证人员安全，不发生人员重伤和死亡事故，保证设备、设施安全，不发生重大设备设施损害和经济损失

（3）不发生撞车、火灾等重大责任事故

3）轨道交通运营安全评价的目的

通过安全评价手段调查掌握运营系统安全状态，实现对系统硬件和安全管理软件的状态分析，判断风险点和危险程度，并提出相应的对策措施，以保证城市轨道交通安全运营目标的实现。

4）事故分析与安全评价

（1）事故分析

通过对各种事故证据的收集和整理，事故调查组根据有关理论知识，结合事故实际情况就可以对事故进行分析。

事故分析的目的是找到事故的直接原因和间接原因，明确事故的主要原因和次要原因。这是事故责任确定的基础。

事故的直接原因是指直接导致事故的原因，正是这些原因导致了人员的伤亡和财产的损失。一般来说，事故的直接原因包括人的不安全行为、物的不安全状态。其中，人的不安全行为主要是由于操作人员由于各种原因而导致的错误，主要包括疲劳作业和人为差错。物的不安全状态是由于机器、设备以及外界环境的影响而导致事故的发生。一般事故的直接原因是比较容易找到的，主要通过相关人员的证言以及一些基本物证就可以得到。

事故的间接原因是指隐藏起来的，但却对事故的发生具有不同影响的因素。分析事故的间接原因就需要采取各种手段把这些隐藏的因素找出来。因为事故的主要原因常常都是隐藏在事故中的，如果间接原因分析不够，可能导致对事故主要原因的判断出现错误。一般说来，安全生产经费的投入不

足往往会导致企业招聘人员的素质不高，设备和环境条件不佳等。应该说安全生产经费的投入不足是导致各类事故发生的一个重要间接原因。

从对事故所起作用来看，事故的原因分为主要原因和次要原因：主要原因是指对事故的发生、发展和变化有很大的作用，是指导致事故的根本因素，如果没有这个因素，事故发生的概率将大大下降；次要原因是指对事故的影响有限，不能改变事故的发生、发展和变化趋势，但可以加快事故发生的变化趋势。

一般认为事故的主要原因是人的不安全行为。由于人的不安全行为而导致的事故在整个事故中占据相当大的比重，而对于人的因素间接导致事故发生的例子也很多，比如机器设备由于设计者的失误，或者由于制造人的过失，最终在正常使用过程中发生事故，表面上看是机器设备的故障导致事故，但归结起来还是人的原因。

事故的次要原因对事故的发生、发展没有根本的影响，但会加速或延缓事故的发生。一般认为事故的次要原因是物的不安全状态，而隐藏更深的是安全生产经费的不足，这也是导致事故发生的次要原因。但总体来看，这些因素对事故的发展变化影响不是很大，而且归结起来，物的不安全状态也是人的不安全行为的表现形式，安全生产经费的不足主要也是由于领导人的安全意识不足所导致。所以从本质上讲，人的不安全行为是事故的根本原因，在开展安全生产工作中始终加强人员的管理，从本质上确保生产的安全进行。

总之，发生事故是由于系统存在缺陷，这些缺陷表现在生产一线，但根子却潜藏于系统各个层面，特别是决策管理层。管理层，尤其是决策层造就了一线人员工作的前提条件。只有找到并消除系统各个层面的缺陷，特别是那些潜在条件，才能有效地防止事故的再次发生。

（2）事故分析与安全评价

我们理解事故分析和安全评价在以下方面存在明显不同

① 目的不同。

事故分析的主要目的是找到事故的直接原因和间接原因，明确事故的主要原因和次要原因。安全评价的目的主要是对工程、系统中存在的危险、有害因素进行识别与分析，判断工程、系统风险，即发生事故和危害的可能性及其严重程度，提出安全对策建议。

寻求最低事故率、最少损失和最优的安全投资效益。安全评价要达到的目的还包括：

a.系统地从计划、设计、安装、运营、服务和维修等全过程进行控制。

b.建立使系统安全的最优方案，为决策提供依据。

c.为实现安全技术、安全管理的标准化和科学化创造条件。促进企业实现本质安全化。

② 开展的时间不同。

事故分析主要是在事故发生后对事故进行分析；而安全评价基本上与事故发生时间无关，可以采取定期或不定期的评价。

③ 对象不同。

事故分析基本上在事故发生现场及其相关的有限范围内进行；而安全评价主要对象是整个系统甚至涉及系统外。

④ 范围不同。

事故分析涉及的范围相对较小；而安全评价则涉及的范围将包括整个系统。

⑤ 采用的方法不同。

事物分析主要是应用技术手段；安全评价则采取安全系统工程的原理和方法。

7.3　运营安全危害识别

1）基于国内外典型事故案例的危害识别

（1）国内外城市轨道交通运营事故统计

为了比较定量地研究城市轨道交通运营风险，我们收集统计了国内外地铁发生的各类事故，国内外城市轨道交通事故情况如表7-1所示，并对其进行了分析，针对事故发生的次数、危害后果、事故后果损失、发生次数统计列表，对城市轨道交通中存在的危险有害因素进行了等级划分。

国内外地铁事故情况一览表　　**表7-1**

时　间	地　点	原因及事故类型	后　果
1903年8月	法国巴黎	车厢是用木质材料进行装修	84名乘客不幸在地铁中丧生
1971年12月	加拿大蒙特利尔	地铁机车短路诱发火灾	36辆车被毁，司机死亡
1973年3月	法国巴黎	第七节车厢人为纵火	车辆被毁，2人死亡
1974年1月	加拿大蒙特利尔	车辆内废旧轮胎引起电线短路引起火灾	9辆车被毁，300m电缆烧断
1974年	俄罗斯莫斯科	车站平台引发火灾	中断运营，无伤亡
1975年7月	美国波士顿	隧道照明线路被拉断，引发大火	中断运营，无伤亡
1976年5月	葡萄牙里斯本	火车头牵引失败，引发火灾	4辆车被毁
1976年10月	加拿大多伦多	人为纵火	4辆车被毁
1977年3月	法国巴黎	天花板坠落引发火灾	无伤亡
1978年10月	德国科隆	丢弃的未熄灭的烟头引起火灾	伤8人

续表

时　间	地　点	原因及事故类型	后　果
1979年1月	美国旧金山	电路短路引起火灾	死亡1人，伤56人
1979年3月	法国巴黎	乘客车厢电路短路引发大火	毁车1辆，伤26人
1979年9月	美国费城	丢弃的未熄灭烟头引燃油箱	2辆车燃烧，4名乘客受伤
1980年4月	德国汉堡	车厢座位着火	2辆车被毁，伤4人
1980年6月	英国伦敦	丢弃的未熄灭的烟头引起火灾	死亡1人
1981年6月	俄罗斯莫斯科	电路引起火灾	死亡7人
1981年9月	德国波恩	人员操作失误导致火灾	车辆报废，无人员伤亡
1982年3月	美国纽约	传动装置故障引发火灾	伤86人，1辆车报废
1982年6月	美国纽约	人为纵火	4辆车被毁
1982年8月	英国伦敦	电路短路引起火灾	伤15人，1辆车被毁
1983年8月	日本名古屋	地铁站变电所起火	大火燃烧了3个多小时，3名消防队员死亡，3名救援队员受伤。
1983年9月	德国慕尼黑	电路着火	2辆车被毁，伤7人
1984年9月	德国汉堡	列车座位着火	2辆车被毁，伤1人
1984年11月	英国伦敦	车站站台引发大火	车站损失巨大
1985年4月	法国巴黎	垃圾引发大火	伤6人
1987年11月	英国伦敦	地铁站机房内产生电火花，引燃自动扶梯的润滑油导致大火	32人丧生（包括一名消防员），100多人受伤，地下二层的两座自动扶梯和地下一层的售票厅被烧毁
1987年	韩国釜山	地铁煞车失灵导致撞车	造成78人受伤
1989年5月	中国北京	供电故障	积水潭站外环中断行车2小时20分，内环中断行车1小时51分
1990年8月	法国巴黎	地铁列车撞车	43人受伤
1991年4月	瑞士苏黎世	地铁机车电线短路起火	重伤58人
1991年6月	德国柏林	人为火灾	18人送医院急救
1991年8月	美国纽约	设备故障引起列车脱轨	6人死亡，100多人受伤
1994年10月	韩国汉城	运送燃油的地铁列车撞上客运列车	3人死亡，44人受伤
1995年3月	日本东京	沙林毒气事件	12人死亡，5000多人受伤
1995年7月	法国巴黎	列车炸弹爆炸事件	造成8人死亡，117人受伤
1995年	韩国大邱	煤气爆炸引发地铁事故	101人死亡，143人受伤
1995年10月	阿塞拜疆	电动机车电路故障引起火灾	死亡558人，伤269人

续表

时　间	地　点	原因及事故类型	后　果
1995年10月	中国北京	电缆击穿接地	中断内环行车2小时47分
1996年1月	中国北京	北京市供电系统电源故障	堵塞长达146分钟，停在隧道里的4组地铁列车共有乘客2000多名
1996年6月	俄罗斯莫斯科	地铁列车在行进途中突然发生爆炸	造成4人死亡，7人受伤
1999年5月	白俄罗斯	地铁车站人数过多意外	54人被踩死
1999年6月	俄罗斯圣彼得堡	地铁车站发生爆炸	造成6人死亡
1999年7月	中国北京	变电站突发短路事故	导致地铁运行中断，12组列车被困隧道，千余人被困
1999年8月	德国科隆	地铁撞击事故	造成67人受伤，其中7人重伤
1999年11月	中国北京	水淹道床事故	造成复八线试运营停运123分钟
2000年3月	日本东京	地铁列车发生出轨意外	造成3人死亡，44人受伤
2000年11月	奥地利萨尔茨堡州	列车上的电暖空调过热，使保护装置失灵引起火灾	死亡155人，受伤18人
2000年6月	美国纽约	地铁列车出轨意外	89位乘客受伤
2001年8月	英国伦敦	意外爆炸	造成6人受伤
2001年12月	中国上海	拥挤踩踏	1人死亡
2003年1月	英国伦敦	地铁列车出轨事故	32名乘客受伤
2003年2月	韩国大邱	人为纵火	死亡140人，伤289人，失踪318人
2003年1月	英国伦敦	列车撞月台引发大火	至少造成32人受伤
2003年7月	中国上海	供电系统发生故障	一号线中断运营1小时，给上下班的乘客造成极大的影响，滞留乘客达到45万人，无伤亡
2003年8月	英国伦敦	重大停电事故	伦敦近三分之二地铁停运，大约25万人被困在地铁中
2003年8月	法国巴黎	设备故障引起列车脱轨	设备损失较为严重
2003年10月	英国伦敦	地铁出轨事故	导致7人受伤，其中1人伤势严重
2004年1月	中国香港	人为纵火	有14人不适送院
2004年2月	俄罗斯莫斯科	恐怖袭击	40人丧生，100多人受伤
2004年3月	中国北京	风机故障	列车在大望路车站停滞半小时
2004年3月	中国上海	站厅意外断电	影响运营
2004年7月	中国广州	供电网断线短路	造成区间停运将近2小时

续表

时　间	地　点	原因及事故类型	后　果
2004年10月	日本新潟	地震引起列车脱轨	无伤亡
2005年1月	泰国曼谷	列车相撞	100多人受伤
2005年4月	日本尼崎	列车脱轨	91人死亡，数百人受伤
2005年7月	英国伦敦	自杀式爆炸	59人死亡，数百人受伤
2005年7月	英国伦敦	爆炸	1人死亡
2006年7月	西班牙瓦伦西亚	列车脱轨倾覆	41人死亡
2006年7月	中国北京	乘客掉下站台	1人死亡，停运32分钟
2007年3月	中国北京	施工现场塌方	6人死亡
2007年7月	中国南京	乘客卧轨	1人死亡，停运30分钟
2007年7月	中国上海	乘客被夹在车门与屏蔽门之间	1人死亡
2007年7月	中国南京	乘客进入轨道区	列车停运4分钟
2008年4月	中国深圳	施工现场坍塌	3人死亡，2人受伤
2008年6月	中国南京	乘客卧轨	未遂
2008年9月	美国洛杉矶	地铁与货车相撞	25人死亡
2008年10月	印度新德里	地铁施工高架桥坍塌	2人死亡，16人受伤
2008年11月	中国杭州	施工现场坍塌	40多人受伤
2009年1月	中国上海	吊车侧翻	1人死亡
2009年2月	韩国首尔	乘客掉下站台	4人死亡
2009年5月	中国广州	施工现场不明气体泄漏	3人死亡
2009年5月	美国波士顿	撞车	50多人受伤
2009年6月	美国华盛顿	两列地铁追尾	9人死亡，70多人受伤
2009年7月	印度新德里	地铁施工高架桥坍塌	至少5人死亡，20人受伤
2009年7月	中国西安	地铁施工现场坍塌	2人死亡
2009年12月	中国上海	两列地铁侧面相撞	车辆损坏，无伤亡

说明：本表收集的数据为国内外发生的给社会造成一定影响的事故。

（2）运营事故风险分析

对于运营事故风险的量化计算时，采用风险（Risk）＝严重性（Serious）×概率（Probability）的分析方法：①受害程度或损失大小，即严重度；②造成某种损失或损害的难易程度，损害发生的难易性一般用某种损害发生的概率大小来描述。通过对国内外地铁事故发生情况进行分析，确定了风险取值，见下列表格。按事故后果严重程度分析所得严重度分级赋值结果表7-2，再分析得到事故发生频次分析所得危害概率赋值表（表7-3）。

严重度分级赋值情况表 表7-2

严重度分级	表现特征	取 值
灾难性的	具有紧急的危险，能引起大范围的死亡及伤病的危害能力	9 ~ 10
严重的	危害能引起严重的疾病、伤亡、设备及财产损失	6 ~ 8
临界的	危害能引起疾病、伤害及设备损失但不是严重的	3 ~ 5
可忽略的	危害不会引起严重的疾病、伤害，极小的伤害可能，伤害程度不需急救处理	1 ~ 2

危害概率分级赋值情况表 表7-3

危害概率分级	表现特征	取 值
可能发生	有可能立刻发生或短期内会发生	9 ~ 10
有理由可能发生	一段时间内会发生	6 ~ 8
可能性小	一段时间内可能发生	3 ~ 5
可能性极小	不太可能发生	1 ~ 2

国内外发生各类事故损失后果情况一览表 表7-4

损失类别	死亡人数	伤亡人数	设备损失	严重度分级	取 值
地铁火灾事故	809	575	68辆车被毁	灾难性的	10
人为纵火恐怖袭击	328	818	11辆车被毁	灾难性的	10
列车脱轨事故	9	272	—	严重的	8
列车撞车事故	10	232	—	严重的	8
拥挤踩踏事故	55	—	—	严重的	6
中毒窒息	12	5000	—	灾难性的	10
其他事故	只是中断运营，无伤亡				2

国内外发生各类事故频率情况一览表 表7-5

损失类别	发生次数	危害概率分级	表现特征	取 值
地铁火灾事故	20	有理由可能会发生	一段时间内会发生	8
人为纵火恐怖袭击	23	可能性小	一段时间内可能不会发生	2
列车脱轨事故	7	有理由可能会发生	一段时间内会发生	8
列车撞车事故	4	有理由可能会发生	一段时间内会发生	6
拥挤踩踏事故	2	有理由可能会发生	一段时间内会发生	5
中毒窒息	1	可能性小	一段时间内可能不会发生	5
其他事故	6	可能发生	短期内有可能发生	9

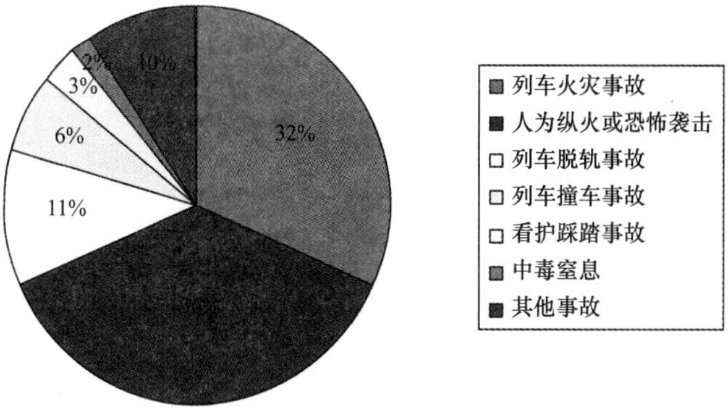

图7-1 国内外地铁事故种类发生频率情况比例图

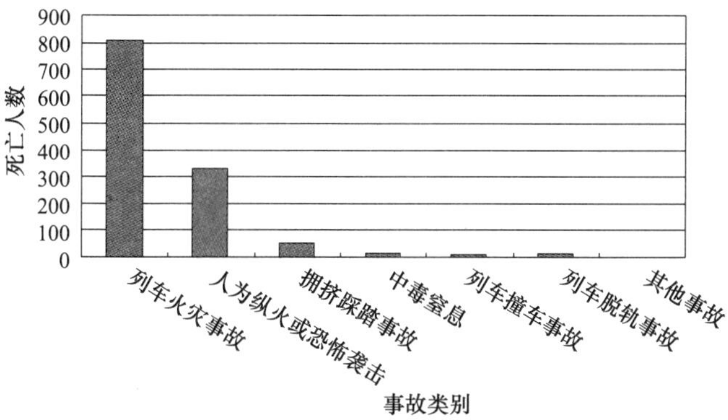

图7-2 国内外地铁事故种类发生损失后果情况对比图

通过对国内外地铁事故种类发生次数的统计分析可以看出，人为纵火和恐怖袭击占36%，居第一位，人为纵火和恐怖袭击均为外界因素影响地铁的安全问题，具有一定的不可控性，在此不作过多分析。列车火灾事故占32%，居第二位，以下依次是列车脱轨事故、其他事故、列车撞车事故、拥挤踩踏事故、中毒窒息事故。

通过对国内外地铁事故种类发生损失后果的统计分析可以看出，列车火灾事故导致的死亡人数最多，其次是人为纵火或恐怖袭击等意外因素导致的伤亡，以下依次是拥挤踩踏事故、中毒窒息事故、列车撞车事故、列车脱轨事故、其他事故。

根据国内外事故种类发生的次数和后果损失情况，对影响地铁危险有害因素等级情况划分如表7-6所示。火灾事故是地铁中的多发事故，国内地铁火灾情况统计如表7-7所示。

危险有害表因素等级分类情况表 表7-6

事故种类	R=S×P	等级序号	备 注
地铁火灾事故	10×8=80	1	
人为纵火、恐怖袭击等意外事故	10×2=20	6	考虑我国国情而定
列车脱轨事故	8×8=64	2	
拥挤踩踏事故	8×6=48	4	

续表

事故种类	R=S×P	等级序号	备　注
列车撞车事故	6×5=30	5	
中毒和窒息事故	10×5=50	3	考虑二次事故后窒息情况
其他事故	2×9=18	7	

我国主要城市地铁火灾情况表 **表7-7**

地　点	开始运营时间	火灾情况	火灾原因
北京	1969年开通第一条线路	自1984年以来，共发生火灾5起。	车辆电器故障；人员违章操作；车厢内座椅为可燃物；设备老化
上海	1993年开通	39次设备故障；3次使用灭火器；1次启动卤代烷1301灭火系统；2起火灾直接经济损失1725万元	设备过载，断路；小动物损坏设备等；违章电焊
天津	1980年开通第一条线	1起火灾	值班室棉被被电灯引燃
广州	1999年全线开通运营	1起火灾，直接经济损失约为20万元	变电所电柜电器元件故障引燃电线

通过对地铁危险有害因素风险分析可知，地铁火灾事故的风险值最高，人为纵火、恐怖袭击等意外事故在国外发生的次数比较多，但根据国内情况，人为纵火、恐怖袭击等意外事故的风险分值对我国地铁而言较低。列车脱轨事故风险值也较高，是考虑到城市轨道交通运营系统每天运载大量乘客，且起、停较为频繁，城轨车辆在固定的钢轨上移动，行车安全问题就伴随其移动而产生，没有车辆移动就没有行车安全问题，城轨车辆是由许多部件组成的复杂整体，一旦某一个部件发生故障，就可能造成城市轨道交通行车事故。

2）基于企业统计数据的危害辨识

轨道交通运营企业在长期的生产实践过程中克服困难，保证运输安全。同时也积累了大量宝贵的数据资料，为我们识别和判断系统风险创造了条件。

基础数据来源于某地铁运营有限公司，由2006、2007、2008三年安全情况记录表构成，其中：2006年共有937条记录；2007年共有805条记录，其中10月份开通的5号线有107条记录；2008年共有1126条记录。事件的结果可由多种原因造成，同一事件可能由多种原因共同作用导致，因此分类不同，数据统计也会有所出入。

对数据进行统计，得到3年事件率，2006年为12.68件/百万车公里，2007年为9.14件/百万车公里，2008年为7.16件/百万车公里，如图7-3所示，事件率逐年下降。

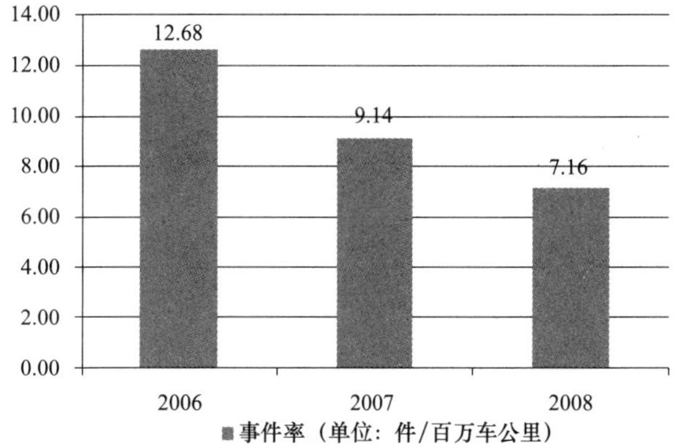

图7-3 事件率统计图

针对事件数据进行系统分类，按专业分类分为车辆、运营、通号、线路、机电、供电、建安、调度和环境，其中调度又可划分到运营中。数据统计结果如表7-8所示。

事件数据分类表 表7-8

年 份		车辆	调度	供电	环境	机电	建安	通号	线路	运营	总计
2006	1	253	4	27	196	78	17	82	70	209	936
	2	27.03	0.43	2.88	20.94	8.33	1.82	8.76	7.48	22.33	100.00
2007	1	249	4	23	143	34	4	122	49	176	804
	2	30.97	0.50	2.86	17.79	4.23	0.50	15.17	6.09	21.89	100.00
2008	1	210	80	20	91	30	5	372	26	293	1127
	2	18.63	7.10	1.77	8.07	2.66	0.44	33.01	2.31	26.00	100.00
总计	1	712	88	70	430	142	26	576	145	678	2867
	2	24.83	3.07	2.44	15.00	4.95	0.91	20.09	5.06	23.65	100.00

补：1代表事件数量；2代表系统发生事件数占总事件数的百分比，单位为%

从统计结果中，可以看到各个系统安全事件数量差距很大，对于安全事件多发系统应予以高度重视，如图7-4所示，在三年的平均数据中可以看到，车辆、运营、通号、环境四类系统的事件数量占总事件数量的83.57%，因此，需要重点考虑这四类系统。

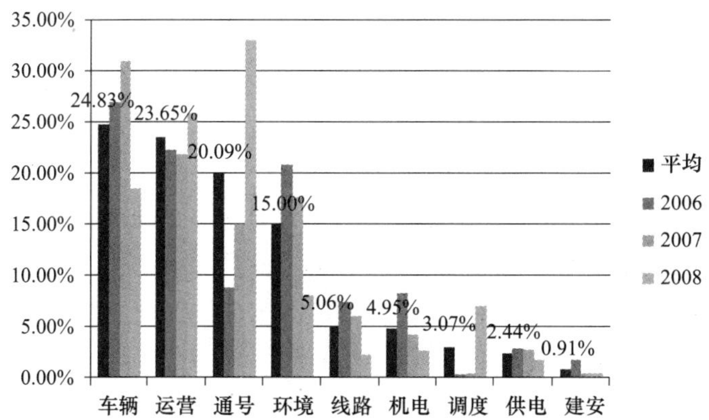

图7-4 各类安全事件的数量情况

车辆是城市轨道交通运营所必备的重要基础条件，从上述统计结果中可以了解到，车辆安全事件已成为城市轨道交通安全事件的重要构成，降低车辆安全事件数量，对减少总事件发生起到重要作用。车辆安全事件中，车门故障、牵引故障和列车玻璃故障4项之和所占车辆安全事件比例，2006年是60.48，2007年是61.69，2008年是71.77%。

在2006年数据中，因异味、异音引起的事件有30件，占2006年事件比例的11.86%，加上此项，2006年这5项事件之和占全年车辆事件的72.34%。

为提高车辆安全性和可靠性，北京地铁对全线车辆进行了补充和更新，从根本上提高车辆运行质量及服务水平，降低能耗，并根据相关经验完善维修制度。根据统计，车辆系统事件指标2006年为3.46件/百万车公里，2007年为2.83件/百万车公里，2008年为1.44件/百万车公里。如图7-5所示，车辆系统事件指标逐年下降。

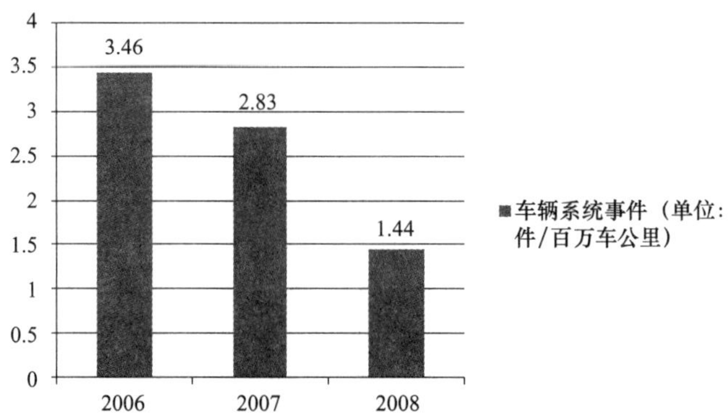

图7-5　车辆系统事件的变化情况

在安全事件中，平均运营事件所占比例为23.80%，而此类事件大部分由乘客引起。平均通号事件在安全事件中所占比例为20.25%。在通号事件中，主要有ATP故障、红光带、道岔故障、信号故障以及设备丢失引起。2006年，ATP故障占全年通号事件的26.83%，红光带占全年通号事件的18.29%，道岔故障、信号故障所占比例皆为9.76%，设备丢失所占比例为10.98%，5项之和比例为75.61%；2007年，ATP故障占全年通号事件的50%，红光带所占比例为9.02%，道岔故障所占比例为11.47%，信号故障所占比例为6.56%，设备丢失所占比例为8.19%，5项之和比例为85.24%；2008年，ATP故障占全年通号事件的比例高达80.87%。

平均环境系统事件所占比例为15.43%，主要由天气、外部人员、外部设施引起，而由外部人员引起的事件占大部分，2006年由外部人员造成事件占全年环境系统事件比例的80.10%，2007、2008年这一比例分别为69.23%、68.13%。

城市轨道交通系统除按专业分类外，还可按构成分类，如图7-6所示。将城市轨道交通分为外部、内部，外部则又由天气、设施、人员构成，内部有工作人员、乘客、设备和设施构成，各个元素间相互作用相互影响。

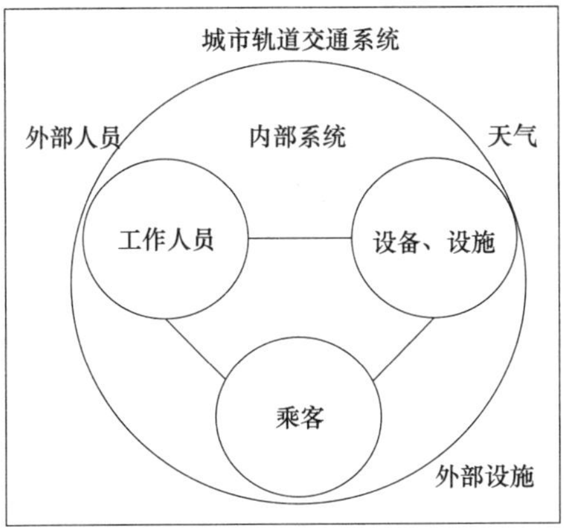

图7-6 轨道交通系统图

按上述分类进行统计得到下表：

各类时间的统计分析表　　表7-9

年份	乘客	工作人员	设备	设施	天气	外部人员	外部设施	误报	其他	总计
2006	187	39	318	21	14	271	30	51	8	939
2007	170	31	392	16	20	119	32	11	15	806
2008	151	24	597	78	14	73	13	18	81	1049

2008年数据中因运行图临时调整引起的事故有75件，在上述事件统计中剔除。如图7-7至图7-9所示，在各类事件中由设备、外部人员以及乘客引起的事件在总事件中所占比例颇高，因此需要针对这三个元素进行深入研究。

对由设备、乘客系统引起的事件指标进行分析：虽然总体事件指标呈下降趋势，由设备引起的事件指标在2007年还有所上升，但总体保持平稳，如图7-10所示。在总体事件中，由设备引起的事件占总事件的三成以上，而且这一趋势逐年增长，到2008年超过半成，降低由设备引起的事件数，对减少事件发生有着重要意义。

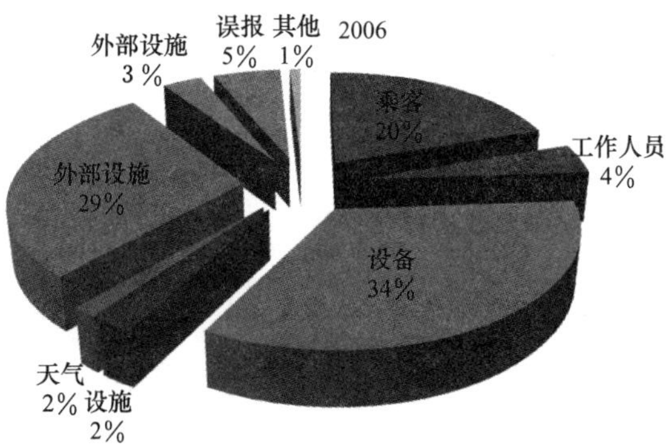

图7-7 事故统计分析图

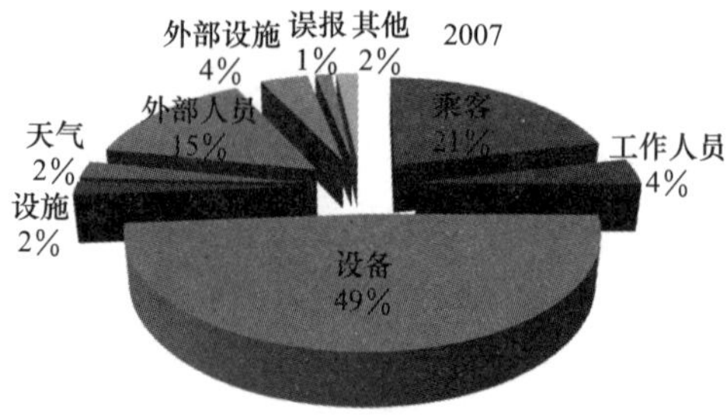

图7-8　事故统计分析图

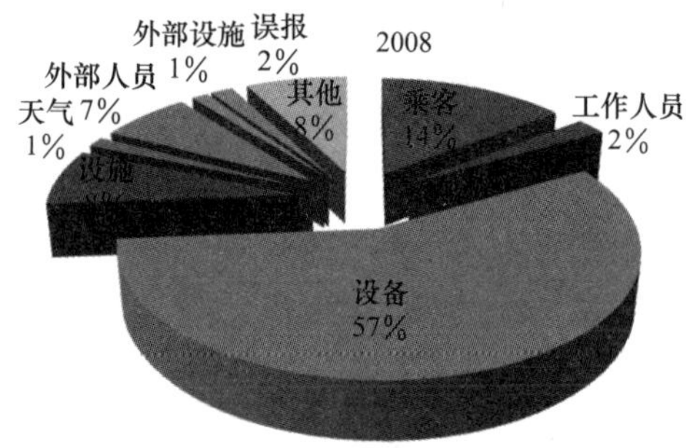

图7-9　事故统计分析图

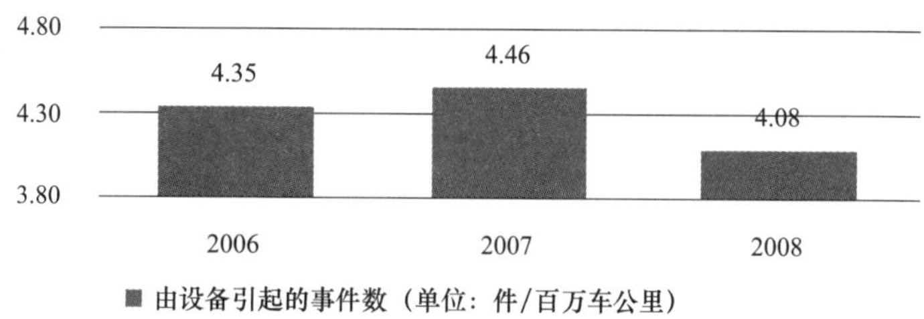

图7-10　各类设备引起的时间情况

在总体事件中，由乘客引起的事件所占比例也较为重要，由乘客引起的事件指标如表7-10、图7-11所示。

由乘客引起的安全事件　表7-10

年份	2006	2007	2008
客运量（单位：万人次）	76889.78	68629.22	121659.9

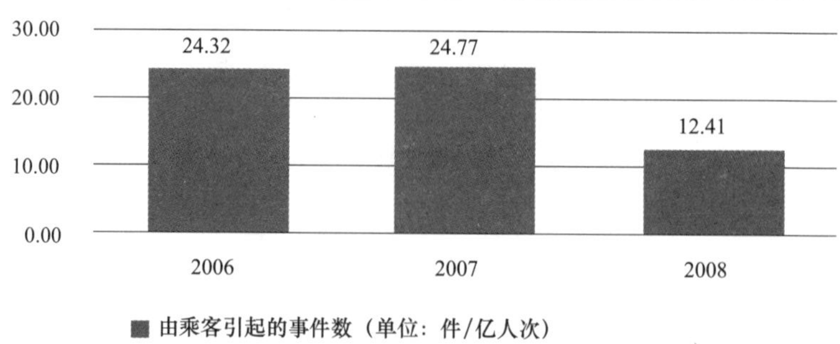

图7-11　由乘客引起的安全事件

由乘客引起的事件数2006、2007两年相对持平，在2008年减少将近一半。从年客运量来看，2008年客运量较2007年增加77.27%，虽然由乘客引起的事件总数量相对持平，但根据完成客运量来计算，2008年降低此项内容工作还是很成功的。

从分析中可以看到，在对不同系统发生的事件处理中，不能平衡对待，对于发生事件多的系统应予以重视；对于不同因素引起的事件，根据其发生频率予以相应重视。根据历史数据比较，判断工作的有效性，对于有效的工作内容予以肯定，对工作效果不明显的则进行改进或是变更。因此，对历史数据进行统计分析，是保障地铁安全运营的重要手段。

3）基于专家访谈的危害识别

从前面两节所介绍的轨道交通危害辨识情况，我们可以清楚地看出他们的结论相去甚远。在基于国内外典型案例的危害辨识的结论中，地铁火灾事故的风险最高，其次是人为纵火、恐怖袭击等意外事故，再次是撞车、出轨，这些在基于国内企业事故统计的危害辨识中几乎不见踪影。而在国内企业事故统计中高发的车辆、信号等问题，在国内外典型案例的危害辨识中也未明显表现出来。分析其中原因我们发现，国内外典型案例的基础数据多来源于新闻媒体，事故后果相对严重，传播范围较广，影响较大；而国内企业事故统计的基础数据来源于轨道交通企业日常运营过程中的问题，大部分在系统内部处理，个别的成为事故，而大多数并未造成严重的后果和影响。

从安全管理的奶酪理论分析，所有事故从潜在风险到突发有很多屏障，屏障的作用就是防止事故的发生。其实不一定每一道屏障都得到保证，只要其中一个屏障起作用，就不会发生事故。但是每一个屏障中间都有很多小孔，即隐患，像奶酪一样，当各屏障的小孔偶然碰到一起，所有屏障都失效，事故也就发生了。也就是说，国内外典型案例属于多层屏障都失效，而企业事故统计属于个别屏障失效。

对于这两种情况，我们认为都应当作为危害辨识的依据，而不能有所偏废。关键是用适当的方法使二者互相衔接，互相补充。由此我们考虑使用半定量的专家访谈法。因为业内的专家具有知识优势和经验优势，在其头脑深处已对系统有较为深刻的认识和判断，重要的是要通过一种形式和方法从不同角度把众多的个体经验和感受变为比较集中统一的共识，为定量确定风险大小乃至为定量评价服务。为避免一般开会表决前面发言后面趋同的相互影响，我们推荐德尔菲法。

德尔菲法是为了克服专家会议法的缺点而产生的一种专家预测方法。在预测过程中，专家彼此互不相识、互不往来，这就克服了在专家会议法中经常发生的专家们不能充分发表意见、权威人物的意见左右其他人的意见等弊病。各位专家能真正充分地发表自己的预测意见。

德尔菲法（Delphi Method）是在20世纪40年代由O.赫尔姆和N.达尔

克首创，经过T.J.戈尔登和兰德公司进一步发展而成的。德尔菲这一名称起源于古希腊有关太阳神阿波罗的神话，传说中阿波罗具有预见未来的能力。因此，这种预测方法被命名为德尔菲法。1946年，兰德公司首次用这种方法用来进行预测，后来该方法被迅速广泛采用。

德尔菲法依据系统的程序，采用匿名发表意见的方式，即专家之间不得互相讨论，不发生横向联系，只能与调查人员发生关系，通过多轮次调查专家对问卷所提问题的看法，经过反复征询、归纳、修改，最后汇总成专家基本一致的看法，作为预测的结果。这种方法具有广泛的代表性，较为可靠。

德尔菲法的典型特征是：

（1）吸收专家参与预测，充分利用专家的经验和学识；

（2）采用匿名或背靠背的方式，能使每一位专家独立自由地作出自己的判断；

（3）预测过程几轮反馈，使专家的意见逐渐趋同。德尔菲法的这些特点使它成为一种最为有效的判断预测法。

德尔菲法是经验量化的一项重要工具，在实际应用中通常可以划分三个类型：经典型德尔菲法（classical）、策略型德尔菲法（policy）和决策型德尔菲法（decision Delph）。

4）危害识别与因果分析

根据大量不同口径的事故数据经专家筛选判断的轨道交通运营危害辨识，对城市轨道交通存在的主要危害进行了预先危险分析。

城市轨道交通主要危害分析汇总表　　表7-11

危　害	可能发生位置或区域	可能原因	事故后果
地铁火灾、爆炸	列车上	车辆电路短路等列车故障；车厢内可燃物着火；未熄灭的烟头；人为纵火	设备损失、中断运营、人员伤亡
	车辆段内	维修设备时违章作业；电气火灾	设备损失、人员伤亡
	车站	乘客携带危险品、吸烟和吸烟后烟蒂随处乱扔等处置不当；人为纵火；地铁站厅和通道内违规设置的商业网点发生火灾引起连锁火灾等	设备损失、人员伤亡、中断运营
		车站内设备间、辅助服务设施等电气设备故障	
	隧道内	隧道电缆着火；隧道内电气设备故障起火；隧道内可燃物着火	设备损失、中断运营
列车脱轨	运营线上或车辆段内	车辆故障、车辆设计缺陷；列车超速；钢轨断裂、道岔伤损、线路设计缺陷；异物侵界；司机误操作	设备损失、人员伤亡、中断运营

续表

<table>
<tr><th>危　害</th><th>可能发生位置或区域</th><th colspan="2">可能原因</th><th>事故后果</th></tr>
<tr><td>列车撞车</td><td>运营线上或车辆段内</td><td colspan="2">车辆故障；司机误操作；错办进路；信号故障</td><td>设备损失、人员伤亡、中断运营</td></tr>
<tr><td rowspan="6">拥挤踩踏</td><td>列车车厢内</td><td>运量过大，超员</td><td rowspan="6">停电</td><td rowspan="6">人员伤亡、中断运营</td></tr>
<tr><td>车站站台</td><td>站台容量不足</td></tr>
<tr><td>车站出入口</td><td>车站出入口少</td></tr>
<tr><td>车站检票处</td><td>检票口少</td></tr>
<tr><td>楼梯</td><td rowspan="2">楼梯和通道宽度不足</td></tr>
<tr><td>通道</td></tr>
<tr><td rowspan="3">中毒窒息</td><td>车站</td><td colspan="2">火灾情况下，燃烧后产生有毒有害物质，并排烟设备能力不足；人为投毒或恐怖袭击</td><td rowspan="3">人员伤亡、中断运营</td></tr>
<tr><td>列车上</td><td colspan="2">火灾情况下，燃烧后产生有毒有害物质；人为投毒或恐怖袭击</td></tr>
<tr><td>其他位置</td><td colspan="2">人为投毒或恐怖袭击</td></tr>
<tr><td rowspan="2">停电危险</td><td>供电设备</td><td colspan="2">设备故障，误操作，水淹</td><td rowspan="2">运营中断，可能导致人员伤亡</td></tr>
<tr><td>地铁外部</td><td colspan="2">外部大范围停电</td></tr>
<tr><td rowspan="2">触电危险</td><td>变电站</td><td colspan="2">违反操作规程，设备故障，安全防护措施不利</td><td rowspan="2">中断运营、人员伤亡</td></tr>
<tr><td>接触网（轨）</td><td colspan="2">违反操作规程，安全防护措施不利</td></tr>
<tr><td>跌落站台</td><td>车站站台</td><td colspan="2">站台过于拥挤被挤下，乘客失足掉下，自杀，盲目跳下站台、捡拾物品、追车</td><td>人员伤亡</td></tr>
<tr><td rowspan="4">外界灾害</td><td>隧道</td><td colspan="2">洞体坍塌、水淹、侵入保护区</td><td rowspan="4">中断运营、人员伤亡、财产损失</td></tr>
<tr><td>站台</td><td colspan="2">墙体脱落、水淹、侵入保护区</td></tr>
<tr><td>车辆段</td><td colspan="2">水淹、雷击</td></tr>
<tr><td>车辆</td><td colspan="2">雷击、冰雪风害</td></tr>
<tr><td rowspan="3">其他危险</td><td>列车上</td><td colspan="2">车厢内灯管爆裂、内侧玻璃意外脱落等，乘客手扶车门、上下车时机选择不当夹人</td><td>可能掉线或人员伤害</td></tr>
<tr><td>扶梯</td><td colspan="2">扶梯夹人；跌落</td><td>人员伤害，不会影响运营</td></tr>
<tr><td>列车与站台结合处</td><td colspan="2">间隙过大</td><td>人员伤害</td></tr>
</table>

7.4　运营安全评价内容

7.4.1　轨道交通运营系统的分析

从安全的角度进行对系统的全面准确分析，是进行安全评价前提。在整个系统工程中占有主要的地位。为了充分认识系统的危险性，必须对系统进行细致正确的分析，才能采取正确的措施，根据不同的需要，进行初步、详细、定性、定量的分析，做出正确的安全评价。

1）系统描述

城市轨道交通是一种依托轨道运行，借助于电力驱动，以列车编组方式在市区的主要交通走廊行驶的高速度、大运量现代化的城市绿色公共客运系统。其特点是内部专业复杂、协同运作，具有大联动机的特性。

城市轨道交通系统的基本功能是为城市人口（包括居民与流动人口）提供大众化的出行服务。由于它具有速度快、容量大的基本特点，因而特别适用于城市内部和城郊之间大规模的、集中性的出行需求，常常成为现代化城市公共客运交通体系中的骨干，起到城市旅客运输的主导作用。

图7-12较详细地描述了城市轨道交通运营系统的服务流程。乘客进入站台，客运服务系统为其提供了售票、候车以及出站服务，站台上设有通风空调、照明系统及自动扶梯等，为乘客提供了舒适的环境，乘客在站台值班员的指挥下有序地上、下车；乘客上车（车辆系统）后，司机根据信号（通号系统）显示，按计划行车图行驶，隧道（土建系统）和钢轨线路保证了电动客车安全高速行驶，接触三轨给列车行驶提供了动力，供电系统是整个城市轨道交通运营系统的生命线，防灾系统对城市轨道交通发生意外事故时抢险救灾至关重要；整个运营系统由调度指挥系统统一指挥，以保证安全、正点、高效的运营。

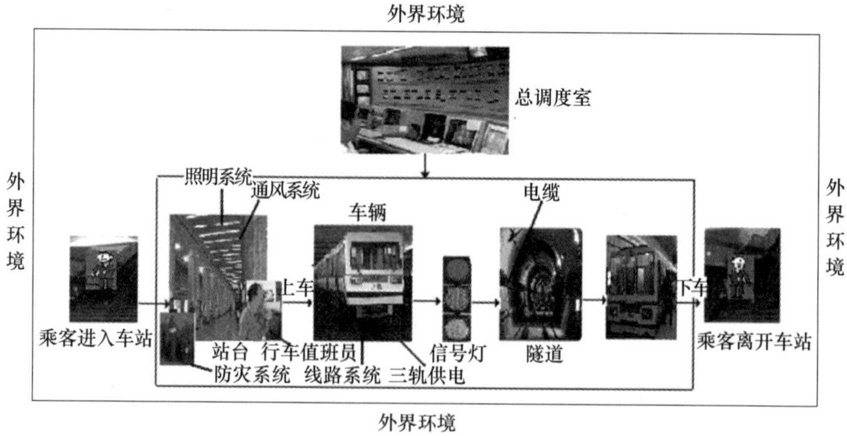

图7-12　城市轨道交通运营服务系统流程

2）轨道交通系统组成

城市轨道交通运营系统的特点是内部专业复杂、协同运作，具有大联动机的特性。其技术系统由车辆、线路、供电、通信、信号、机电、车站、车辆段、防灾硬件部分等组成，长期以来人们对硬件部分的重视程度超过软件。但是由于生产技术朝着综合化、复杂化、大系统化方向发展，人们观察安全问题的眼界也不断扩大；由埋头于技术改进到考虑人为因素，再到从组织角度全面考虑设备技术、人、管理和外部环境，系统思考不断深化。这个过程还在继续，也不会停止。

轨道交通系统的基本要素主要包括以下几个方面。

（1）人员

包括轨道交通系统内的员工和乘客，即服务的提供者和接受服务的对象等。

统计表明，几乎每一起重大事故都与地铁工作人员的失职有关。所以务必加强对工作人员的法制教育、技术教育、安全教育和职业道德教育。工作人员要牢记“安全第一”的运营准则，任何时候都不能麻痹大意。韩国大邱市地铁的惨案有一个重要原因，就是将平时的教育流于形式，没有落实到实处，因而自食恶果。沉痛的教训告诉我们培训不到位、有章不循、违章违纪、麻痹大意是安全运营的天敌。我们必须从管理的角度，以人为本强化全体员工，包括司机、站务人员、调度人员、设备检修人员和管理人员等的安全意识，靠制度抓管理，靠管理保安全。

据统计，在近年地铁中发生的问题中约17%是由于乘客原因造成的。城市轨道交通运营系统的宏观特点是开放性。城市轨道交通是大运量公共交通工具，每天面对广大公众迎来送往。在相对狭小的空间里，乘客高度聚集，且在候车、上下车的过程中基本上属于半自助性质服务，因此乘客自身的素质及水平和对城市轨道交通的认识程度都有可能带来人员和财产的损失的风险。由于乘客素质对地铁安全有很大的影响，所以应加强对市民的城市轨道交通安全乘车意识的教育，减少由于乘客的失误而产生的城市轨道交通运营事故。例如，2004年4月出台的《北京市城市轨道交通安全运营管理办法》中，对乘客的各种危害城市轨道交通安全运营的行为作了规定，并且明确了运营单位工作人员应当履行的安全管理职责。另外，大量的乘客短时间内在地铁狭小的空间内聚集，本身就是危及安全的严重问题。必须要加强对乘客在紧急情况下逃生自救知识的宣传和教育。

（2）设备

包括车辆、线路、供电、通信、信号、车站、车辆段、机电、消防等，属系统硬件部分。

运营设备系统的特点是内部专业繁多、技术复杂、协同运作，具有大联动机的特性。长期以来人们对硬件部分的重视程度超过软件。但是由于设备系统固有的生命周期和可靠性规律，每年发生的设备故障仍占相当比例。

例如从北京地铁2006～2008年三年的故障统计数据中可以看到，车辆、通信两类故障的事件数量分别为712和516起，占总事件数量的24.8%和20.1%，因此，在安全评价过程中设备系统的安全状态也应重点关注。

（3）外部环境

包括内部管理所不及的各种外界因素。

外部原因是指运营企业管辖以外的市政、能源、气候、地理等原因造成的断水、断电、洪涝、水淹、地震、台风、雷电等灾害对地铁造成的影响。这些灾害还会在地铁引发次生灾害，造成更大的危险性。各种灾害对城市轨道交通及乘客的损害情况见表7-12。

灾害对城市轨道交通及乘客的损害情况表 表7-12

灾害类型	土建工程			设备安装工程					人员
	地下车站	隧道	轨道结构	车辆	电气	环卫	通信	信号	
地震	○	○	□	□	○	○	○	○	◇
洪涝	○	○	○	○	◇	◇	◇	◇	○
台风	△	△	◇（高架结构）	△	△	△	△	△	□
雷击	○	○	□	□	◇	□	◇	◇	◇
泥石流滑坡	○	◇	○	△	△	△	△	△	○
沼气瓦斯	○	◇	△	◇	◇	◇	◇	◇	◇
备注	◇——产生严重破坏 ○——一般性损坏 □——轻微损坏 △——基本无损坏								

（4）社会原因

是指纵火、放毒、恐怖袭击等社会负面因素。近年来发生的韩国大丘地铁火灾和伦敦地铁恐怖袭击事件都是极端的例证。北京地铁自奥运会以来采取实行安检是对这种社会负面影响的提前防范和有力措施。

（5）技术与管理

包括各种作业技术、方法和管理制度，属系统的软件部分。

为保证系统能够协调、高效、可靠运转，技术与管理是必不可少的。关键是看技术是否适用有效，制度是否贯彻落实。

城市轨道交通发展的总趋势是：规模扩大、层次增加、选择增多；系统变得越来越复杂，同时也变得越来越优越，将朝着大系统方向进化。生产力发展到今天，对地铁安全的思考兴起了一场大的变革和飞跃，随着航空、航天、核工业、重化工等行业率先提出并开始实践“系统安全”思想。系统安全不再孤立考虑安全工作，而是把安全放在系统的全局考虑，谋求整个系统的优化与和谐发展；不再仅仅着眼于技术方面，而是以人为本，强调人的主导作用；不再要求生产者被动“符合”，而是鼓励他们“主动”负起安全责任，提高“自调控”、“自规范”的能力；不再局限于经验管理，而是倡导利用计算机、网络等先进技术手段实现“数据驱动的管理”。“系统安全”已经成为重大的战略举措，对改善行业的安全起到了明显的积极作用。这种趋势不仅体现在地铁整体，而且渗透到了城市轨道交通系统的各个子系统，子系统的子系统。

按照MMEM理论，轨道交通系统可以描述为由人、机、环境、管理组成的系统（图7-13）。各子系统可靠，系统之间协调整个系统就运转正常，否则，就会出现问题和故障。

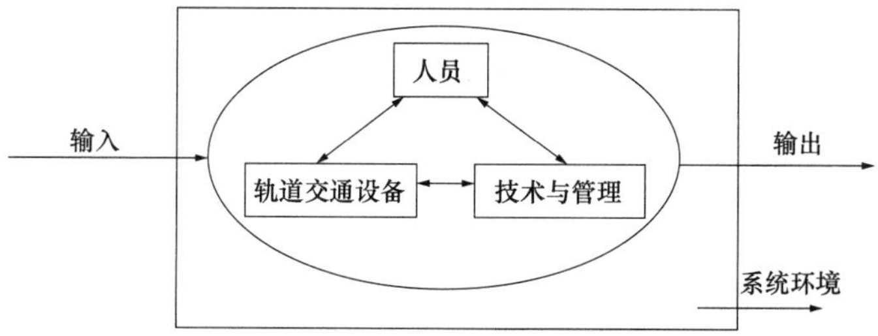

图7-13 城市轨道交通系统组成描述

由此也可找到影响地铁安全的诸因素（图7-14）。

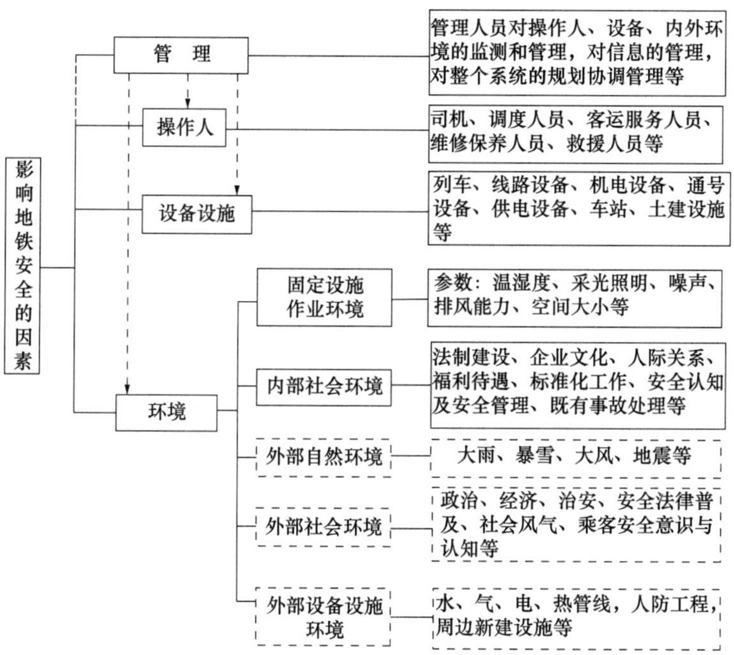

图7-14 影响城市轨道交通安全因素图

7.4.2 运营安全评价评价方法选择

1）运营系统的安全性测度

（1）状态测度

状态测度是正面测度。各城市轨道交通公司、各场段基于过去的经验和理论分析会逐渐形成自己的“最好实践”，亦即本系统保持良好安全的最佳状态。对于技术系统，虽说最终是源于经验，但更直接的是基于“硬科学”的理论分析，设计者确定了最佳的运行范围，并据此制定了详细的“技术规范”。对于社会技术系统，要用到社会学、心理学等“软科学”

衡量，如行为规范、组织纪律性好，战斗力强，这类评价往往是定性的，因而更多地要依赖实践经验，逐步规范化。所以，社会技术系统“最好实践”的明确性不是“一刀切”的。对于简单环节，特别是以技术系统为主的部分，“最好实践”是十分明确的，高度规范，可以定量把握。但一般情况下，只能相对规范，往往给出最佳做法的定性描述，操作者要灵活掌握。有一些新出现的复杂情况，规范操作尚在形成中，“最好实践”也可能是较为模糊的预想。

状态测度就是将实际观察到的状态与“最佳”状态比较，根据差异度评定安全度。

评价系统根据行业特点设计，开发了详细的检查表，检查表虽然具体表述不同，但根据实际观察到的状态与“最佳”状态比较，依照差异评定安全程度是一致的。

用以检查差距的内容包括：

①目标协同；②安全责任落实；③信息交流畅通，有效利用；④程序合理并得到严格执行；⑤设备、设施完备；⑥设备、设施完好；⑦现场井然有序，工作条件良好；⑧训练严格，人员素质高；⑨可靠的安全屏障。

（2）结果测度

结果测度是负面测度，用特定时期内发生不安全事件的多少来衡量系统的安全水平。不安全事件不单指事故，还包括事故苗子、差错等一般事件。过去单用事故来判断安全与否，这种判断是不准确的。而采用不安全事件来测度情况就不同了。因为按照安全界广泛认可的金字塔定律，一般事故比大事故多，大事故比重大事故多。

例如根据北京地铁的统计，一般事故大概是险性事故的3.5倍，险性事故是大事故的3倍。所以一个组织的不安全事件如果都分析存档，经过一段时间，数量是很大的，用于统计分析会具有较高的可信度。

系统不能有事故，但小的不安全事件是任何组织都避免不了的。不安全事件直接暴露系统的缺陷，是对系统安全性的客观探测；因此鼓励暴露并认真分析不安全事件，发现隐患，及时矫正，是引导系统向更安全方向发展的有效手段。

不安全事件是实际发生的，而且是系统多种不安全因素结合起来的具体表现。因而，结果测度具有客观性和综合性。安全部门历来都非常重视事故处理，都有系统的事故、事故苗子统计。然而普遍存在的有以下两个问题：一是由于政策和信息渠道等多重原因，小的不安全事件未能充分暴露，这就影响了结果测度的信息量可靠性，因为事故、事故苗子以及强制报告的事件终归是很少的；二是由于缺乏统一的分析框架，数据缺乏累积，因而也就不能基于数据发现系统内在缺陷和隐患的发展趋势，这就严重限制了结果测度的应用价值。

综上所述，状态测度和结果测度是从正反两个方面看系统的安全，两者综合可更全面地测度系统的安全状态。一个稳定、健康的系统应当有高的状态测度，低的结果测度，状态测度评分越高，结果测度评分越低，系统的风险越低，也就越安全。

2）运营安全评价方法分析

针对地铁系统整体性、复杂性、开放性、动态性的特点。对结构相对清楚的硬系统采用确定论办法。对于不易用系统模型描述的，受随机因素影响较大的软系统采用概率论办法。

（1）符合性评价方法

地铁基础安全指标具有相对稳定的特点，应采用检查表的方式，制定各单项的检查方法和尺度，用定性、定量相结合的评价方法进行打分赋值。

（2）基于风险的安全评价方法

事故是安全与不安全一对矛盾斗争过程中某些瞬间突变的结果，其发生风险既有偶然性，也有当时当地特定条件的必然性。可用单位工作量的等效一般事故来衡量地铁线路的风险，即百万车公里等效事故率。

7.4.3 运营安全符合性评价研究

1）评价指标体系构建

城市轨道交通运营安全评价是对城市轨道交通运营安全状态进行的全方位评估，它涉及安全管理、运营组织、运营设备、运营设施、外界环境等几个大的方面。因此，城市轨道交通运营安全评价体系是一个多层次、多属性的结构体系，不仅要能客观准确地反映系统的功能结构和运用效果，而且要能提出相应的安全对策。本章综合考虑人、机、线路、环境与管理诸因素的作用和影响，提出城市轨道交通运营安全评价指标体系，以实现城市轨道交通运营安全评价工作的体系化。

（1）评价指标体系的功能

运营安全评价指标体系应具备两种功能，即评价功能和引导功能。作为评价功能，评价指标体系应能反映出不同时期同一城市轨道交通运营安全水平的比较。此外，以评价指标体系为依据，可以对城市轨道交通运营安全问题的症结所在及严重程度进行分析，从而提出切实有效的治理方案。

作为引导功能，评价指标体系有运营安全管理导向的作用。它可帮助城市轨道交通安全管理部门建立城市轨道交通安全系统工程的概念以及解决城市轨道交通运营安全问题的总体思路，给出解决城市轨道交通运营安全问题的总体框架，引导城市轨道交通运营安全管理走向科学化、系统化、现代化。

（2）评价指标体系的建立原则

城市轨道交通运营安全评价指标体系是由若干单项评价指标组成的整体，评价指标体系的建立是系统评价成功与否的关键，指标体系要实际、完整、合理、科学，尽可能全面反映系统安全的所有因素。所以，在建立城市轨道交通运营安全评价指标体系的过程中，应注意体现以下基本原则。

① 系统性

城市轨道交通运营系统是一个涵盖多种因素的复杂系统，城市轨道交通运营本身的安全性是其中的一个子系统。为使评价指标能从各个不同的角度反映出城市轨道交通运营的安全水平和主要特征，要从运营安全大系统以及其中各个子系统间的相关关系考虑确定各项指标。

② 层次性和全面性

评价指标体系应根据城市轨道交通运营安全系统的结构分出层次，并在次基础上将指标分类，这样才能使指标体系机构完整清晰。同时，城市轨道交通是一个复杂的庞大系统，安全影响因素众多，指标体系必须全面反映城市轨道交通的安全现状，既要包括隐患指标，又要包括事故指标，综合衡量城市轨道交通的安全水平，而单一的指标只能从某一侧面反映运营安全水平，而不能全面反映运营安全的整体水平。评价指标体系应力求全面反映评价对象的安全水平，否则评价就会失效，给决策带来误导。

③ 定性与定量评价的结合性

评价指标体系的设计应当满足定性与定量相结合的原则，即在定性分析的基础上，还要进行量化处理。量化指标有利于进行准确、科学、合理的评价，对于那些难以量化的指标，可采用评分法，利用专家意见近似实现其量化。

④ 指标之间的独立性

在综合评价时，需要对各指标赋予不同的权数或分数以便进行加权求和，因此，各指标之间的独立性就十分重要。而包含一个方面因素的指标可能有若干个，所以只能从中选取最有代表性的指标，以免造成概念上的重复或对各项指标赋予权数的相互干涉，造成综合评价结果的失真。

⑤ 可操作性

评价指标应该简单明确、使用方便，要考虑到指标的量化及数据获得的难易程度和可靠性，尽量选取那些表征性强的、实用的、便于统计和量化的参数作为指标。评价指标必须有良好的可操作性才能保证评价值准确、快捷的获得，以确保评价工作的正常进行。指标个数的多少应以能说明问题为准，同时保证指标的公正性。

⑥ 政令性

指标体系的设计在宏观上要体现我国安全生产的法律、方针和政策，微观上要符合现有城市轨道交通相关的设计和管理规范，以便通过评价，引导城市轨道交通企业贯彻执行“安全第一，预防为主”的方针以及城市轨道交通部门安全生产的规章制度。

⑦ 可比性

拟定的评价指标体系，既能客观地评价同一城市轨道交通在不同时期的安全水平，又能比较同一时期不同城市轨道交通或不同线路的安全水平。所以，首先指标体系的建立必须考虑时间和空间变化的影响，选取在一段时间内统计上通用的指标，同时指标尽量选用相对值，以方便比较；其次指标要具有可测性，没有可测性的指标是难以比较的。在指标的具体运用方面，应根据不同评价目的，选取不同的评价指标；或结合我国各个城市轨道交通的实际情况，对于相同的指标给予不同的打分。

⑧ 科学性和可靠性

评价标准必须建立在科学的基础上，才能反映客观实际，才能对实践具有指导作用。评价指标必须可靠，起实际作用，才能构成评价标准的基础。如果指标本身很不可靠，那么评价标准就失去了意义。如前所述，评价指标体系在城市轨道交通运营安全管理现代化的过程中，应具有重要的引导和指导作用，因此，它的科学性和可靠性尤为重要。评价指标体系应完全符合安全系统工程的基本原理，符合城市轨道交通运营安全的总体目标要求。

⑨ 动态性与稳定性相结合

评价指标体系内容不宜频繁变动，在一定时期内应保持相对的稳定性，这样有利于评价的连续可操作性和可比性；同时，指标体系也不是一成不变的，应随着社会发展和技术进步而逐步调整。

（3）评价指标体质的特点

评价指标体系的建立既要考虑我国城市轨道交通运营的特点，又要结合国外现行评价指标体系的应用情况。评价指标应具有以下特点：

① 符合我国城市轨道交通运营安全的特点；

② 从人、机、环境、管理四方面综合反映影响城市轨道交通运营安全状况的因素；从已发生事故数、事故严重程度和发生事故可能性等多角度评价安全水平；

③ 以事故预防工作为基础，适用于不同类型的城市轨道交通线路；

④ 应用本体系既可以进行综合分析和评价，也可以采用其中的单项指标对其中某一系统，例如城市轨道交通消防系统，进行分析、比较与考核。

2）运营安全评价指标体系的组成

本书的评价指标体系可以用图7-15来表示其构建过程和各层之间的相互关系。

城市轨道交通运营系统是一个复杂的系统，在进行运营安全评价时涉及的评价指标众多，只有通过这种分层细化的方法才能建立运营安全评价指标体系。这样构建指标体系的优势：首先是有助于指标的量化，处于最底层的指标一般比较具体，克服了高层、复杂指标的抽象性；其次是结构清晰，便于进行评价分析，能够直接对应找出城市轨道交通运营安全问题的存在之处，从而便于有针对性地提出改进意见；最后体现了指标体系的完整性，便于对城市轨道交通运营的安全水平进行综合评价。

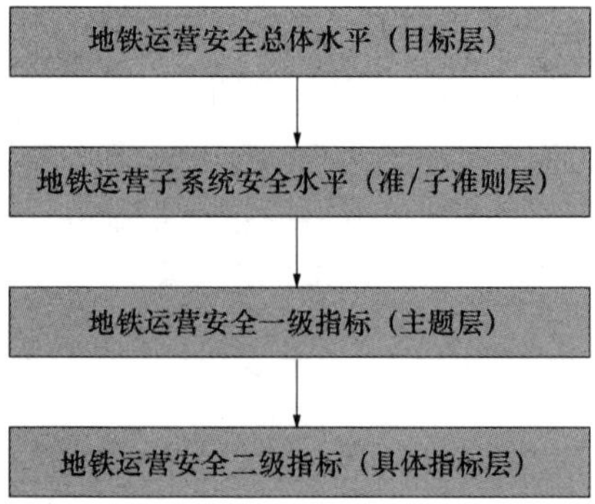

图7-15 城市轨道交通运营安全评价指标体系的层次结构图

按照上一节中阐述的评价指标体系的建立原则，通过对我国城市轨道交通运营体系现状的分析、研究，构建如图7-16所示的基础安全评价指标体系框架。从中可以看出这个评价指标框架基本做到涵盖了影响城市轨道交通运营安全的各个方面。下面将对各个子系统中的一级和二级评价指标做详细的介绍。可按一级指标划分评价单元。

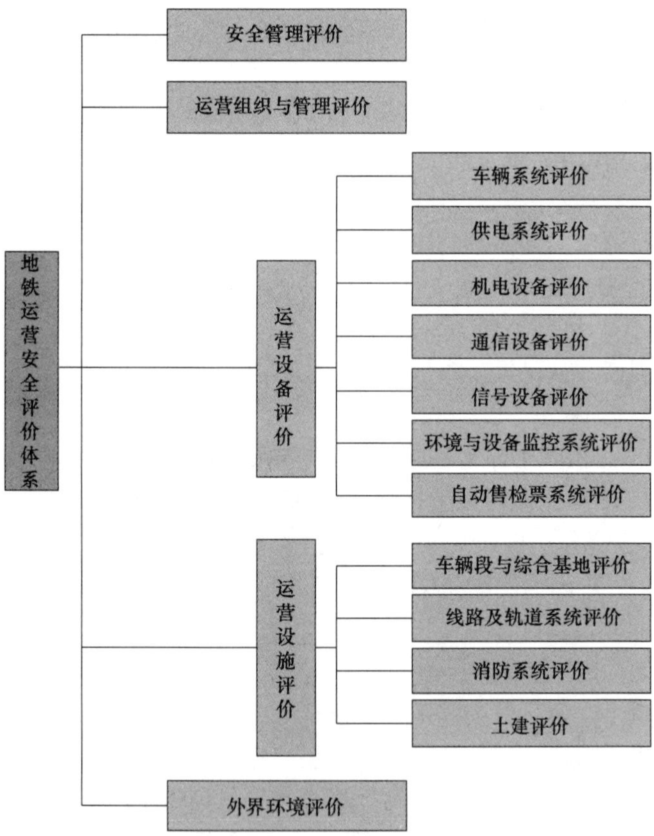

图7-16 城市轨道交通运营基础安全评价指标体系框架

（1）以安全管理评价单元为例进一步细化指标体系

下面以安全管理评价单元为例进一步细化指标体系。

城市轨道交通运营系统的安全管理是为实现列车安全、正点运行，保障乘客安全而组织和使用人力、物力、财力等各种资源的过程。主要评价内容包括：

① 安全管理机构。城市轨道交通运营公司必须设有完善的安全管理组织结构。

② 安全生产法律法规。运营管理部门在运营生产的不断实践和探索中，出台并颁发各种安全规则及专业工种安全规则，城市轨道交通运营系统的各部门分别就各自的工作特点及范围进一步制定和完善自身的制度，从而建立起一套较为完善的规章制度。

③ 安全教育。安全教育即利用各种形式的教育和训练。

④ 应急预案评价。突发事件处理预案应包含应急组织机构及其职责、通告程序、应急设备与设施、应急资源、信息发布、事故后的恢复程序等。

根据以上评价内容建立城市轨道交通运营安全管理的评价指标体系见表7-13。

安全管理评价指标体系 **表7-13**

一级指标	二级指标
安全管理机构与人员	安全管理机构
	安全管理专职人员
	安全管理人员资质
安全生产责任制	主要负责人
	实施管理人员
	安全生产责任档案管理
安全管理目标	安全生产控制指标
	各级安全生产目标
	目标实现所需要的资源
安全生产投入	安全投入保障制度
	安全投入落实
	安全奖惩制度
事故应急救援体系	应急救援组织机构
	预案制定情况
	预案管理情况
	应急救援设备和应急救援人员配备情况及救援设备的维护体系
	事故应急培训与应急救援演练
	当年紧急事故处置评价

续表

一级指标	二级指标
安全教育培训	安全教育培训制度
	特种作业人员安全培训
	临时工安全培训
	租赁承包人员安全培训
安全信息交流	信息交流机构
	乘客意见反馈
	员工意见处理
事故隐患管理	事故隐患清查
	事故隐患治理
	事故隐患监控
	事故隐患档案管理
安全作业规程	—
安全检查制度	检查制度
	检查档案管理

（2）子系统权重的确定

由于城市轨道交通运营系统包括多个子系统，且每个子系统所含的评价指标都很多，在进行综合评价时，从评价的总目标来看，各个子系统对评价对象的作用并不是同等重要的。为了体现各个子系统在评价体系中的作用、地位以及重要程度，在评价体系确定后，必须对各子系统赋予不同的权重系数。权重也称加权，是以某种数量的形式对比、权衡被评价事物总体中诸因素相对重要程度的量值。同一评价体系，不同的权重系数，会导致截然不同的甚至相反的评价结论。因此，合理确定权重对评价、决策有着重要意义。加权的方法大体上可以分为两种：

① 经验加权，也称定性加权。它的主要优点是由专家直接估价，简便易行；主要采用的有专家咨询法，它依靠专家的经验做出判断。

② 数学加权，也称定量加权。它以经验为基础，数学原理为背景，间接生成，具有较强的科学性；目前使用比较成熟的主要有层次分析法。

通过经验和数学加权的结合，得出如下运营安全评价体系层次总排序权重（表7-14）。

（3）ALARP原则的应用

前面解决了“如何评价城市轨道交通基础安全现状安全性”的问题；利用“ALARP原则”对城市轨道交通基础安全现状进行分级，来解决

"被评价的城市轨道交通目前的安全性如何"的问题。

根据ALARP原则，风险水平可划分为不可接受、可接受和可忽略三个层次。

城市轨道交通运营安全评价体系层次总排序权重　　表7-14

评价项目		权重
安全管理		0.263
运营组织		0.165
设备评价0.368	车辆系统	0.093
	供电系统	0.093
	机电设备	0.054
	通信设备	0.029
	信号设备	0.054
	环境与设备监控系统	0.029
	自动售检票系统	0.016
设施评价0.155	车辆段与综合基地	0.013
	线路及轨道系统	0.024
	消防系统与管理	0.077
	土建	0.041
外界环境		0.049

根据实际情况，通过评价体系层次权重确定各评价体系指标表。

通过对比国内城市轨道交通各线的设备性能差异和对国内地铁进行试评价，得出基础安全评价的风险分级：88～95分为风险可接受区；88分以下为风险不可接受区；95分以上为风险可忽略区。

通过考察地铁运营系统所采取的各种必要的控制措施的情况和效果，最终得到该地铁运营系统的安全状况或风险水平。通过评价，梳理了地铁运营系统的安全工作，为进一步降低风险水平提供了方向。基础安全状态与系统风险状态关系如图7-17所示。

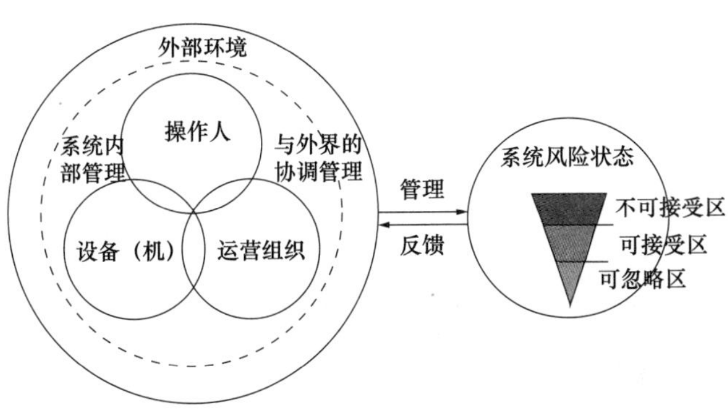

图7-17　基础安全状态与系统风险状态的关系

7.4.4 基于风险评价的运营安全评价研究

（1）竣工验收安全评价阶段剩余风险监控建议的处置

为保证竣工验收安全评价的有效性和对风险在运营期的消除、减轻或持续控制，系统初次运营安全评价的重要任务之一就是对竣工验收评价阶段剩余风险控制措施的落实检查和对可接受风险监控建议的处置，即运营安全评价处置竣工验收安全评价阶段剩余风险的互动。

建议按表7-15的设置进行检查。其中危害编号、危害说明、可能成因、剩余风险和剩余风险建议措施均与竣工验收安全评价中一致。

竣工验收安全评价阶段剩余风险安全对策措施落实检查表　　表7-15

危害编号	危害说明	可能成因	剩余风险	剩余风险建议措施	检查意见

（2）新的危害识别

如有新的危害发现，补充初始危害清单，形成新的危害清单。

（3）风险容许准则

根据我国事故等级分类，结合我国各轨道交通的事故等级分类，城市轨道交通运营安全评价事故等级和危害程度如表7-16所示。

事故等级分类表　　表7-16

危害程度 事故等级	人身伤亡	直接经济损失	行车事故
特别重大事故	死亡30人及以上	1000万元及以上	—
重大事故	死亡3人以上或重伤5人及以上	500万元及以上	中断行车时间180min及以上
大事故	死亡1～3人或重伤3人及以上	100万～500万元	中断行车时间60min及以上
险性事故	—	—	列车冲突、脱轨、分离或运行中重要部件脱落； 列车冒进信号、擅自退行或溜车； 向占用闭塞区段发车； 列车错开车门、夹人走车、开门走车或运行中开启车门； 线路或车辆超限界
一般事故	重伤1～2人	1万元及以上	20min

对于管理、设备设施、人员等指标相对较为稳定，随机因素较小，对于事故的发生，随机因素较大，宜采用风险指数评价法。英国地铁采用“等效死亡”换算的方法，而我国城市轨道交通运营时间相对较短，发生伤亡

事故少，不适用此方法。通过对我国主要地铁近几年发生的事故进行统计和分析，目前我国城市轨道交通可采用“等效一般事故”换算的方法来计算城市轨道交通事故风险等级。事故折算因子如表 7-17 所示。

事故折算因子表　　表7-17

	责任事故	非责任事故
特别重大事故	100	10
重大事故	22	2.2
大事故	11	1.1
险性事故	3.5	0.35
一般事故	1	0.1

根据北京、广州、上海三地 6 条地铁线 2003 ~ 2005 年事故统计，按照《北京市地铁运营有限公司运营事故处理规则》中事故分类标准划定事故等级，最终折合成一般事故发生件数统计计算见表 7-18。

城市轨道交通事故安全评价计算表　　表7-18

地铁	年份	重大事故	大事故	险性事故	一般事故	事故苗子	折算事故单位（个）	运量（万人次）	运营里程（万车公里）	年度百万车公里等效事故率（个/百万车公里）
	2003	0	0	0	2		2	20805	2978	0.07
A	2004	1	0	0	3		14	25519	2992	0.15
	2005	0	0	0	4.6		4.6	27962	2988	0.16
	2003	0	0	0	3		3	24172	1931	0.28
B	2004	0	1	0	2		13	29222	1963	0.35
	2005	0	0	0	5.6		5.6	31866	2022	0.40
	2003	0	0	0	7		7	7556	1179	0.55
C	2004	0	0	0	5		5	9717	1249	0.59
	2005	0	0	0	10		10	12278	1558	0.64
	2003	0	0	0	2		2	3258	580	0.66
D	2004	0	0	0	6		6	6444	1084	0.79
	2005	0	0.2	0	8		9.7	9064	1563	0.84
	2003	0	2	0	2		9	19710	1927	1.25
E	2004	0	0.5	0	1.3		6.8	22630	1971	1.60
	2005	0	0.1	0	1.3		3.5			
	2003	0	1	0	1		4.5			
F	2004	0	0.1	0	1.3		1.6			
	2005	0	0.1	0	0		3.5			

注：1. 事故系数折算方法：一起重大事故、大事故、险性事故、事故苗子分别折算成一般事故为22、11、3.5、0.1件；

2. 非责任事故按责任事故的0.1计算。

按年度百万车公里等效事故率（个/百万车公里）进行统计，由W检验法（夏皮罗—威尔克检验），以上13个有效数据进行统计检验是否符合正态分布，过程见表7-19。

W统计量计算表n = 13 表7-19

k	$x_{(k)}$	$x_{(n+1-k)}$	$\Delta=x_{(n+1-k)}-x_{(k)}$	α_k	$\alpha_k \cdot \Delta$
1	0.07	1.25	1.18	0.5359	0.63
2	0.15	0.84	0.68	0.3325	0.23
3	0.16	0.79	0.64	0.2412	0.15
4	0.28	0.66	0.39	0.1707	0.07
5	0.35	0.64	0.30	0.1099	0.03
6	0.40	0.59	0.19	0.0539	0.01

注：$x_{(k)}$是对数据x_i（$i=1, 2, \cdots, 13$）进行从小到大排序后的值；
系数α_k可查相应的W检测表；
$L=\sum(\alpha_k \cdot \Delta)=1.12079$
$\xi=(\sum x_i)/n=0.52$
$W=L^2/\sum(x_i-\xi)^2=0.9529$
在$\alpha=0.05$水平下，由夏皮罗—威尔克检验统计量的概率分位数表可知$W_{0.05}=0.866$。

经计算，$W_{0.05}< W <1$，因此可认为13个数据服从正态分布，经计算服从N（0.52，0.332）。年度百万车公里等效事故率分布如图7-18和表7-20所示。

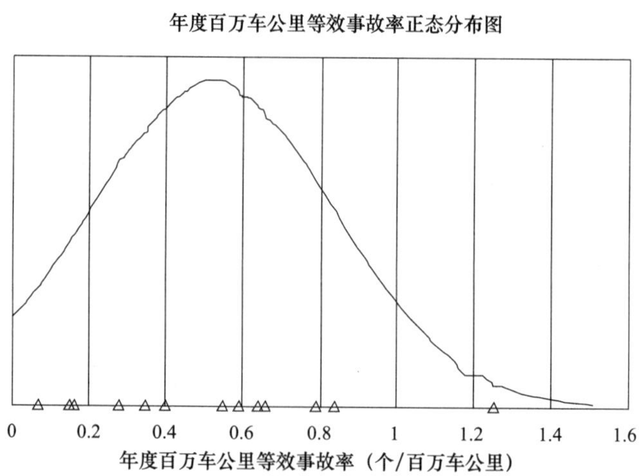

图7-18 年度百万车公里等效事故率分布曲线图

年度百万车公里等效事故率表 表7-20

序 号	年度百万车公里等效事故率（个/百万车公里）
1	0.07
2	0.15
3	0.16

续表

序　　号	年度百万车公里等效事故率（个/百万车公里）
4	0.28
5	0.35
6	0.40
7	0.55
8	0.59
9	0.64
10	0.66
11	0.79
12	0.84
13	1.25

根据ALARP原则，风险水平可划分为不可接受、可接受和可忽略三个层次。

从图7-18和表7-20可以看出，各城市轨道交通运营公司年度百万车公里等效事故率集中分布在0.15～0.84之间。通过对我国城市轨道交通发展现状和发展趋势的分析，确定0.2～0.65作为风险可接受区；0.65以上为风险不可接受区；0.2以下为风险可忽略区。事故水平评价如图7-19所示。

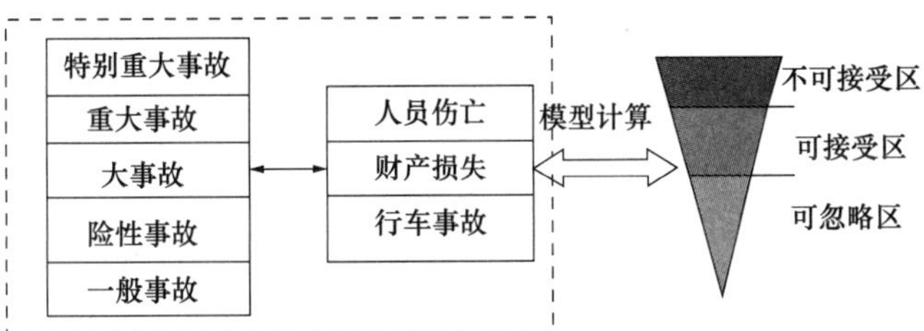

图7-19　事故水平评价图

（4）风险等级确定

按照风险矩阵，对风险进行评价得到危害风险等级评价统计表（表7-21）和危害风险等级统计汇总表（表7-22）。

危害风险等级统计表　　表7-21

数　　量	原有风险	剩余风险
1.可忽略		
2.可接受		
3.不可接受		
合计		

危害风险等级统计汇总表 表7-22

序号	单元名称	危害状态统计（项）					
		可忽略		可接受		不可接受	
		现有	剩余	现有	剩余	现有	剩余
1							
2							
合计							

（5）建议减轻危害风险的措施

根据制定的风险矩阵，根据施工已采取措施评估危害的现有风险，对各危害提出相应的建议持续监控措施。填写表7-23。

危害风险评估及监控表 表7-23

评价单元						
危害编号	危害说明	可能成因	已采取的措施	风险评价（是否可接受）	剩余风险	剩余风险建议措施

城市轨道交通系统的风险减低与消除，应根据不同的实施阶段（设计、施工、运营、维护）来制定相应的风险应对具体措施。

（6）风险持续监控建议

提出对可接受级风险的持续监控建议。

（7）危害的结束

如果危害未能结束，或未能把风险等级降至R3或以下，危害管控单位须向业主提交证明或具体分析，以确定/证明危害的风险等级已是“最低实际可行（As Low As Reasonably Practicable）”。

采取危害的全部减轻措施后，剩余风险等级应降至R3或R4级。若现有的风险等级被评估为R3级，但没有其他有效的方法，把风险降至R4级，经业主确认后，可确定这危害已结束。

（8）危害分析结果总结

将上述安全评价表格进行整理汇总，并填写表7-24，存档。

安全评价表格汇总 表7-24

内容	附件
安全管理单元危害分析结果	
运营组织单元危害分析结果	
设备评价单元危害分析结果	
设施评价单元危害分析结果	
外界环境评价单元危害分析结果	

7.5　运营安全评价的实施

城市轨道交通运营安全评价报告的编制程序主要包括三个阶段：准备阶段、实施评估阶段和评估评审阶段。

1）准备计划阶段

（1）成立运营安全评价组织

评价组织由总体评价组和按评价单元划分的各专业评价小组组成，总体评价组组长对整个评价工作和评价结果总负责，各专业评价小组组长对本评价单元的评价负责。评价成员应由从事城市轨道交通安全管理的人员、从事城市轨道交通专业技术并具备高级职称的技术人员和具有安全评价资格的安全评价人员共同组成。或聘请具有相关资质的独立安全评价机构参与安全评价工作。

（2）前期准备

① 制定评价方案。安全评价方案中应包括以下内容：确定本次评价对象和范围；根据评价对象的特点，确定本次评价工作的重点。

② 制定城市轨道交通运营企业需要提供的图纸、文件、资料、档案、数据目录；收集国内外相关法律法规、标准、行政规章、规范及其他城市轨道交运营安全评价工作所需的基础资料。

③ 现场初步调研。

④ 制定评价进度计划。

2）实施评估阶段

制定城市轨道交通竣工验收安全评价的进度计划，确定重要时间节点。

进驻现场根据城市轨道交通运营安全评价的内容开展安全评价。包括：

① 安全评价现场检查；

② 实施符合性评价和风险评价；

③ 做出安全评价结论；

④ 做出安全评价结论；

⑤ 编制城市轨道交通运营安全评价报告。

3）评估评审阶段

城市轨道交通工程安全评价报告应由政府主管部门按照程序组织专家对其进行评审。

7.6　城市轨道交通运营安全评价报告编制要求

7.6.1　城市轨道交通运营安全评价报告内容要求

根据城市轨道交通安全涉及的评价系统，城市轨道交通运营安全评价报告至少应包括以下内容。

1）城市轨道交通运营安全评价报告编制说明

城市轨道交通运营安全评价报告编制说明，作为城市轨道交通运营安全评价报告的首要章节，总体上要交代清楚本报告编制的依据、目的、范围、原则、程序等内容，从而指导以下各项工作的具体开展。

（1）编制依据

（2）评价目的

（3）评价范围

（4）评价原则

（5）评价程序

2）城市轨道交通运营系统概况

城市轨道交通运营系统概况包括运自然条件、运营系统系统状态、组织管理机构及制度等内容。

3）城市轨道交通运营安全危害

城市轨道交通运营安全危险源、有害因素分析首先通过国内外同类城市轨道交通典型事故案例统计与分析，寻找常见及重大的事故原因，作为危险、有害因素进一步分析的依据。然后，根据城市轨道交通运营安全涉及的对象，分别从城市轨道交通运营系统周边环境、城市轨道交通运营各子系统、城市轨道交通运营系统人员的行为危害、自然灾害危险性分析等方面分别进行危险源、有害因素的分析。

4）评价方法选择

在上述城市轨道交通运营安全危险源、有害因素分析的基础上，进行评价单元的划分。应科学、合理、便于实施评价、相对独立且具有明显的特征界限。

安全评价方法按特性可以分为定性评价、定量评价与综合评价。应根据评价单元的特性，选择合理的评价方法后，对城市轨道交通运营系统发生事故的可能性及其严重程度进行定性、定量评价。

5）评价内容

包括针对具体线路，利用安全检查表和风险评价法进行评价的具体内容。

6）城市轨道交通工程安全评价结论

城市轨道交通运营安全评价结论是以运营系统现状及其他相关资料为依据，通过安全分析，做出城市轨道交通运营安全水平的评价，并提出相应的对策与措施。

7）可持续的风险监控建议

7.6.2　城市轨道交通运营安全评价报告的基本格式要求

报告格式参照预评价报告格式。

7.7 小结

通过对城市轨道交通运营安全评价的深入研究，根据现阶段我国城市轨道交通的实际情况，本章给出了运营安全评价的内容和评价方法和基于检查表法和风险分析法相结合的运营安全评价评价指标体系和评价参数，并提出运营安全评价处置竣工验收安全评价阶段剩余风险的互动关系。

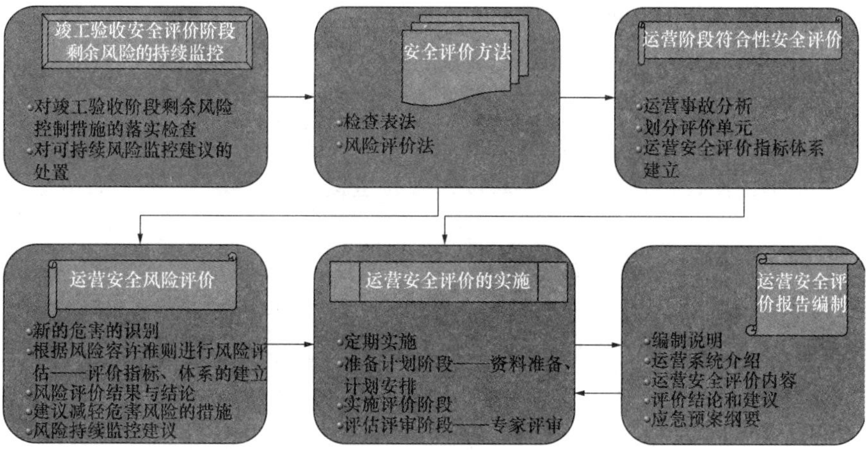

图7-20 城市轨道交通运营安全评价内容、流程

首次建立了城市轨道交通运营系统涵盖14大项488子项的科学全面的安全检查表体系，确立了相应的评价方法和对应权重。结合我国城市轨道交通发展的特点，本书从风险管理的角度，首次提出了以“年度百万车公里等效事故率”为核心的风险评价方法，在统计分析的基础上给出了人身、财产、行车等不同类别，不同大小事故的折算系数从而较好地解决了事故风险量化问题。

本书通过统计分析我国城市轨道交通安全情况，结合国外风险评估和风险接受原则（英国ALARP原则，法国GAMAB原则，德国MEM原则）确定了系统基础安全状态与系统风险状态，划分了不可接受、可接受和可忽略三个等级的数量界限，使评价结论落到实处便于操作。

本书在评价单元的设计和评价结论应用等各个环节都注重安全评价的可实施性。充分考虑到成果的应用对象，既可以是政府也可以是企业，既可以对整段线路进行整体评价又可以对某一单元的某些具体问题进行评价。并且在第六章专门规定了运营安全评价的程序和评价报告的内容和体例，提高了安全评价的可实施性。

7.8 还需深入研究的问题

轨道交通运营安全评价在国外得到广泛的应用，并取得良好的收效。

但在我国还仅仅是个开端，应用也并不普及。因此的研究除了在这方面进行了积极的探索之外尚存在一些欠缺或不足，有待今后的研究不断深入和完善。

（1）由于我国城市轨道交通历史不长，运营线路出现的问题有限，因此在危险有害因素的识别上，造成来自媒体报道的外国事故案例损失大，而过程描述粗，国内现实的事故案例损失小，覆盖不够全面，存在两类事故上下脱节的倾向。下一步研究中应注意广泛收集和积累各种不同类型的事故数据并使数据连贯形成整体。

（2）由于本次城市轨道交通运营安全评价研究尚属初次探索，在评价单元设计上本着“宁多勿漏”的原则，设计的评价内容偏多，评价的方法也多为人工评价和感观评价。今后在有一定评价实践经验的基础上，可适当简化，使评价目标更有针对性，使轨道交通运营安全评价程序化、电算化。

（3）随着城市轨道交通事业的不断发展，面对层出不穷的新问题，运营管理水平必然不断提高，同时也必然出现各种新的技术、新的方法、新的理念。因此应不断总结各地运营的经验对系统的评价单元、评价方法和权重进行持续不断的改进，以适应新的形势要求。

第 8 章 城市轨道交通施工安全评价

8.1 国内城市轨道交通施工安全管理现状

8.1.1 北京

多年来，在城市轨道交通建设的大规模开展以及复杂的工程地质环境的严峻安全形势下，北京城市轨道交通建设者始终扎扎实实地狠抓安全管理，对安全管理进行创新：建立、实施了安全风险技术管理体系，开发、应用、推广了安全风险信息化管理系统，为工程建设的顺利、安全开展奠定了扎实的基础，为安全施工和相应的工程管理提供了最直接的依据。

近年来，为了应对轨道工程建设规模逐年增大、轨道工程多为地下作业、施工难度大，专业性强，再加上地面、地下情况复杂，易发生突发性事故的现状，北京市住房城乡建设委依据《北京市突发公共事件总体应急预案》、《北京市建设工程施工突发事故应急预案》、《建设部建设工程重大质量安全事故应急预案》及相关规定和文件，2011年制定发布了《北京市轨道工程施工突发事故应急预案》。预案内容包括指导思想及原则、事故分级、应急指挥组织机构及职责、预测预警、应急响应、后期处置、信息报告、后勤保障、宣传教育与演练以及预案的制定、修改和实施等。

2017年，为进一步推进我市城市轨道交通建设工程绿色安全建造发展，加强安全质量管理工作，北京市住房城乡建设委、市重大项目办、市规划国土委、市安全监管局、市环保局制定了《北京市城市轨道交通建设工程推进绿色安全建造指导意见》。为推进我市城市轨道交通建设工程绿色安全建造发展，从指导思想、发展目标、主要任务、保障措施提出了指导意见。

2016年8月，由北京市轨道交通建设管理有限公司主编的地方标准《城市轨道交通工程建设安全风险技术管理规范》（DB11/T 1316-2016），经北京市质量技术监督局批准，北京市质量技术监督局、北京市住房和城乡建设委员会共同发布。

一系列城市轨道工程建设安全管理相关制度、标准的发布，表明北京城市轨道交通管理和建设部门对施工安全管理的高度重视，北京市城市轨道交通工程建设安全管理已迈入制度化、规范化的管理进程。

8.1.2　武汉

以武汉为例介绍目前施工安全管理技术现状。

在城市轨道交通工程施工的安全评价中，武汉市积极地引入了安全预警系统，使业主、施工单位、工程监理单位、勘察单位、设计单位及其他相关单位切实履行各自在轨道交通工程施工中安全管理的相关职责，提高了安全监管水平。

该系统将把安全管理工作流程、责任机制、管理措施内嵌到城市轨道交通安全预警系统中，使安全管理工作、技术与现代信息技术有机结合。通过系统应用帮助业主代表、施工单位、监理单位、监测单位、勘察单位、设计单位等落实相关安全管理职责，调动各参建单位进行安全监管的积极性和主动性，确保城市轨道交通建设的安全顺利开展。该系统自2008年8月在武汉轨道交通二号线一期全线推广实施。该系统的具体作用体现在以下几个方面。

（1）动态监测

动态监测功能与服务：通过集成多种监测体系（施工监测与第三方监测等）、多种监测项目（沉降、位移、测斜、应力监测等）、多种监测手段（人工、自动等）获取的监测数据与施工工况，监督各方监测工作实施到位的情况，规范各方监测数据的及时性、有效性、可靠性，利用系统内嵌的监测控制标准自动进行海量监测数据挖掘与分析，同时依托项目组丰富的工程经验与科研实力进行超限监测点的专家分析，及时形成数据曲线、数据比对、数据安全状态判断等结果。

（2）主动监管

主动监管功能与服务：建立涵盖施工工法风险源、工程环境风险源、人员行为风险源等在内的工程安全风险源信息库，根据工点实际情况辨识所有可能的风险源并进行评估。每日通过施工现场各作业面及工程环境巡视，编制专业性分析报告帮助参建各方了解各风险源的控制目标、现行状态参数、技术控制方案等；会同施工单位、监理单位进行各工点风险源梳理排查；对重大安全隐患通过专家分析，向业主提出工程咨询建议。

（3）安全评估预警

安全评估预警功能与服务：根据工程数据的动态监测与现场安全风险巡视的结果，系统每日发布各工点安全评估分析报告，包括计算各监测项目与主要施工参数的关系、计算多种工况下基坑、隧道、管线、建筑物受力和地层变形状况、根据现有监测数据进行深基坑、隧道施工、工程环境等的分析和预测等。通过系统内嵌的各种预警报警模型，一旦触发预警报警事件，将采用自定义模式分级发布预警报警信息通知相关人员，并在经过参建各方协力消除安全隐患后根据实际情况解除预警报警。

（4）应急管理

应急管理功能与服务：系统通过内嵌城市轨道交通建设应急救援预案标准，督促各方开展各标段城市轨道交通应急救援预案体系的建立，帮助业主掌握城市轨道交通应急救援组织人员、资源配置落实信息，通过及时掌握和了解全线工程中的安全事件和事故信息，根据情况严重程度启动相关应急联动反应。

城市轨道交通工程的施工安全需要多重防御，多层次、多途径、多方面编制安全网。安全预警系统从数据动态监控到现场安全风险巡视、从安全评估预警到应急指挥管理，多层次全方位筛查安全隐患，及时发现和解决工程安全问题。通过系统实施应用，从海量工程监测数据中及时发现超限点，结合现场巡视情况进行动态安全评估，对工点安全状态发布预警事件，提出咨询处理意见并由业主督促落实。若一旦发生工程险情，系统启动应急资源调度和联动指挥管理，协助做好工程抢险工作，有力地提高了武汉市轨道交通建设中的施工安全。

我国在构建城市轨道交通施工安全评价方面还处于探寻摸索的阶段，限于一定的研究实力以及研究环境，还未能累积发展到成为一个成熟的理论体系，并且现有城市轨道交通安全评价方面的研究还未能系统地应用于实践。

8.2　城市轨道交通施工安全评价的必要性分析

8.2.1　城市轨道交通施工安全事故概况

近几年正是我国地铁建设的高峰期，由于地铁工程建设难度大、施工风险高，加上安全管理控制不利，造成了我国城市轨道交通工程施工事故频发的局面，我国在这个时期中出现了相当多的地铁事故。

据不完全统计，从2003年至2008年，我国城市轨道交通工程施工四级以上重大事故共发生30多起；全国各主要城市轨道交通工程建工保险赔付金额高达10.75亿，总赔付率为265%。根据所查找的资料对2003年到2008年的城市轨道交通建设在挤压伤害（坍塌、塌方）、物体打击（机械伤害）、其他（爆炸、管线泄漏等）等方面发生的事故进行了分类统计，统计结果见表8-1所示。

依据表8-1所统计的部分重大轨道交通事故，绘制的地铁施工事故原因分布图如图8-1所示。从中可以看坍塌和塌方事故是威胁城市轨道交通施工安全的主要因素，其发生事故量占城市轨道交通建设安全总发事故量的65%左右。

城市轨道交通施工安全事故不完全统计表 表8-1

事故类型	事故发生时间	事故发生地点	事故产生原因及后果
1.坍塌、塌方事故	2003年7月1日	上海地铁	联络通道涌入大量泥沙，导致隧道受损，地面沉降，三幢建筑物严重倾斜，以及防汛墙出现裂缝、沉陷等险情，直接经济损失1.5亿人民币
	2003年10月8日	北京地铁	地梁钢筋支架连同支架上已架设的钢筋倾覆倒塌，造成现场作业人员3人死亡、1人轻伤，直接经济损失29.7万元。
	2004年3月17日	广州地铁	基坑内土体塌方，1人死亡
	2004年4月1日	广州地铁	地下连续墙围护结构塌方，直接经济损失216万元
	2004年5月10日	北京地铁	地陷致1行人掉入塌陷坑内受轻伤
	2004年9月25日	广州地铁	基坑大面积塌方，直接经济损失58万元
	2004年10月6日	北京地铁	风道塌方致正上方地面沉陷
	2005年7月14日	深圳地铁	施工工地塌方致交通堵塞2小时
	2005年7月21日	广州地铁	一施工广场基坑支护坍塌威胁地铁安全，并致3死4伤
	2005年8月3日	北京地铁	污水管破裂塌陷
	2005年8月9日	北京地铁	隧道拱顶坍塌
	2005年9月16日	北京地铁	隧道渗水塌陷
	2005年11月7日	广州地铁	桩位附近局部塌方，未造成太大影响
	2005年11月30日	北京地铁	基坑倒塌致水管断裂、翻斗车被埋
	2006年1月3日	北京地铁	污水管线漏水致部分主辅路塌陷
	2006年1月4日	广州地铁	地陷事故
	2006年6月27日	北京地铁	施工标段塌方，致使2人死亡
	2006年8月2日	广州地铁	基坑塌方，致1死2伤
	2007年3月28日	北京地铁	基坑坍塌，6人死亡
	2007年5月28日	南京地铁	基坑土体滑坡，2人死亡
	2007年6月6日	北京地铁	隧道塌方
	2007年8月20日	北京地铁	隧道塌方
	2007年10月12日	深圳地铁	路面塌陷约30m^2，无人员伤亡
	2008年4月1日	深圳地铁	立柱模板坍塌，3人当场死亡，2人受伤
	2008年11月15日	杭州地铁	路面大面积塌陷事故，导致该路面风情大道75米路面坍塌，并下陷15米，21人遇难
	2009年8月	西安地铁	在建的西安地铁一号线洒金桥站施工现场发生坍塌事故，两名正在作业的工人不幸被埋身亡。这已是西安地铁施工现场在7个月内发生的第四次事故

续表

事故类型	事故发生时间	事故发生地点	事故产生原因及后果
2.机械伤害事故	2004年2月16日	广州地铁	土块坠落致1人在躲避时撞到刀盘开口缝而死亡，另有1人轻伤
	2004年3月24日	广州地铁	1人因滑倒被传动轴卷入搅拌桩机死亡
	2005年8月1日	北京地铁	吊车倒塌致一行人死亡
	2005年9月24日	北京地铁	路面塌陷致一龙门吊倒塌
	2005年10月25日	北京地铁	钻机倒塌，砸毁轿车一辆并阻塞交通
	2005年11月3日	广州地铁	电缆崩脱坠落，4名工作人员被坠落电缆先后击倒，造成2死1重伤1轻伤
	2006年2月27日	北京地铁	起重机电动葫芦钢丝绳断裂导致吊斗坠落，将井下施工的3名工人当场砸死。
	2006年4月24日	广州地铁	风管爆炸致4人受伤
	2007年4月3日	上海地铁	打桩机附近一水泥构件折断坠落，致一人当场死亡
	2007年9月30日	上海地铁	隧道工程下行线管片坠落致1人死亡
3.其他事故	2007年2月5日	南京地铁	渗水塌陷，天然气管道断裂爆炸，近5000居民生活受影响
	2007年5月4日	北京地铁	自来水管线断裂致马路被淹，交通受阻
	2008年4月15日	广州地铁	不明气体泄漏导致爆炸，1人死亡，4人重伤，3人轻伤

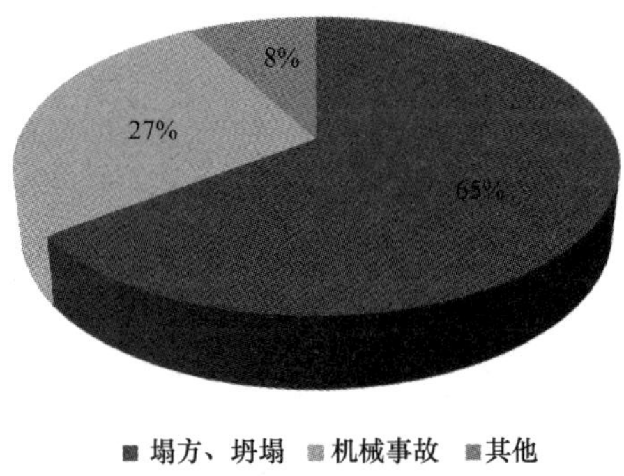

图8-1 城市轨道交通施工事故原因统计图

频频发生的地铁工程施工安全事故，造成了严重的人员伤亡和财产损失。而且，随着我国城市轨道交通事业快速发展的步伐，地铁工程安全事故率也随之上升。这些数据再一次为我们制定地铁相关标准工作敲响了警钟。

总结城市轨道交通施工阶段安全事故的原因，主要体现在以下几个方面：

（1）施工安全重要性认识不足；

（2）安全措施不到位；

（3）施工中风险分析不足，缺乏系统的研究；

（4）地质条件、地下环境恶劣，易出现危险；

（5）安全管理不到位；

（6）低价中标对施工的不良影响、挂靠施工的影响和投资、工期等其他因素的影响。

8.2.2　城市轨道交通施工安全评价的必要性

我国在构建城市轨道交通施工安全评价方面还处于探寻摸索的阶段，限于一定的研究实力以及研究环境，还未能累积发展到成为一个成熟的理论体系，并且现有城市轨道交通安全评价方面的研究还未能系统地应用于实践，但我国城市轨道交通工程施工安全评价的思路总体归纳起来主要注重以下几个方面。

（1）城市轨道交通工程施工技术方面

城市轨道交通工程施工安全评价的重点之一就是要对施工技术、施工工法进行评价，而目前大多数城市的轨道交通工程施工安全评价在一些技术方面显得较为薄弱，包括城市轨道交通行驶线路的安全设计，信号系统联锁技术的研究，智能监视系统以及屏蔽门设备的有关探讨等等。

（2）城市轨道交通过程施工中的应急系统和应急预案方面

这个方面国外的相关研究要领先一步，尤其是高科技手段的应用以进行人员疏散、事故报警机制等处理方面。我国也积极进行仿真模拟的城市轨道交通事故人员疏散，事故演练，但就技术含量而言还应注意与国际接轨。城市轨道交通工程施工安全评价对应急系统和应急预案方面还有待加强。

（3）城市轨道交通工程施工安全文化建设方面

虽然我国城市轨道交通安全研究硬件设施等还不能接轨国际，但是对城市轨道交通安全文化研究却具有一定的成就。安全专家金磊在有关安全文化建设的论文“倡导大安全观的建设”中从韩国大邱城市轨道交通火灾的惨剧谈到了我国城市轨道交通安全文化建设的必要性和紧迫性，并且从城市安全的角度论述了城市轨道交通安全文化建设的意义和途径。但是目前在我国的城市轨道交通施工安全评价中还未重视城市轨道交通安全文化建设方面。

（4）城市轨道交通工程施工安全评价标准的出台

针对城市轨道建设的安全评价，目前我国已有安全预评价、安全验收评价、安全现状综合评价、安全专项评价，并已有了这方面的评价标准，但在国内城市轨道交通工程施工安全评价标准正在编制中，所以我国尚未形成一个统一的标准来评价城市轨道交通工程施工中的安全情况，安全预评价与竣工验收评价工程跨度太大，又无法指导城市轨道交通工程施工安全评价，各地也是根据自己的情况进行评价，所以我国的城市轨道交通施工安全评价的工作还亟须出台城市轨道交通工程施工安全评价的标准。

（5）加强对城市轨道交通工程施工安全评价中的分析

对城市轨道交通工程施工安全方面的特征研究不够深入，潜在安全隐患分析不足。大部分城市的轨道交通工程施工安全评价的主要内容以防火、防洪、防震为主，缺乏对轨道交通工程施工阶段的系统安全性的研究，内容不全。尤其对消除危及施工人员及公众生命安全的隐患的保护措施及影响等因素的分析不够深入。在今后的城市轨道交通工程施工安全评价中应加强对城市轨道交通工程施工阶段的系统安全性的分析。

（6）城市轨道交通工程施工安全评价的措施应得力

一些地方在轨道交通建设过程中，片面强调时间和费用，忽略了施工安全管理的重要性。虽然在轨道交通工程中进行施工安全评价，但一些项目的安全措施落实严重不到位，施工中隧道塌方、结构位移、涌水、基坑灌水、高处坠落、机电伤害等造成重大伤亡事故不断发生，对社会造成极其恶劣的影响。城市轨道交通工程施工的工法、技术涉及城市轨道交通工程沿线的工程地质、水文环境复杂多变，工程周边既有建筑、地下管线环境复杂，施工作业条件受自然天气影响较大，施工理论研究还有不成熟的地方等多方面因素，因此施工工法、技术须反复论证，尤其是新技术的采用更须慎重，城市轨道交通工程施工安全评价的措施也须和不同的施工工法、技术相吻合。

总体而言，这六大方面的安全研究还未能从整个城市轨道交通系统出发，探讨适合我国城市轨道交通特点的安全评价模式。而随着城市轨道交通安全工作的不断深入，城市轨道交通安全评价研究将朝着更全面更具体的方向发展。近几年举行的“城市交通首届中青年专家论坛”将城市轨道交通安全的讨论重点放在如何建立系统的城市轨道交通安全管理体系，加强城市轨道交通系统的软件环境建设，营造城市轨道交通安全文化氛围。安全评价重点及事故分析方法、人—机关系的安全理论及技术、轨道交通重大事故应急预案研究、重大事故与灾害分析、安全施工技术和管理事故救援与运营的恢复以及灾害下专用防护技术都是大会的热点讨论专题。同时对于城市轨道交通施工安全评价的研究也越来越着重从系统论的观点，从事故预防、安全保障以及事故应急救援角度，搭建整体的安全评价研究的框架结构体系，将系统理念贯穿于整个安全评价研究之中。而这种研究理念也符合了国际先进的安全评价理论的要求。这也说明城市轨道交通的整体安全评价研究已经成为一种国际趋势，人们对于城市轨道交通安全评价的认识已经提到一定的高度，对于它的研究也更加全面，更加深入。

8.3 城市轨道交通施工安全评价的定义、目的和意义

8.3.1 城市轨道交通施工安全评价的特点

与一般地面工程相比，城市轨道交通施工有以下几个特点：

（1）建设规模大，一个城市的轨道交通线路一般有百余公里至数百公里。

（2）技术要求高，几乎涉及现代土木工程、机电设备工程的所有高新技术领域。

（3）建设周期长，单线建设周期要4 ~ 5年，线网建设一般要30 ~ 50年。

（4）投资大，每公里造价达3 ~ 6亿元，线网建设则需要数百亿元。

（5）系统复杂，要考虑轨道交通工程的策划、建设、资源利用的关系，项目管理涉及的管理要素繁杂。

（6）项目质量要求高，技术复杂，技术风险大。城市轨道交通与地下工程水文地质条件、建设中的技术方案和机械设备以及周边环境（包括建筑物、道路和地下管线）具有复杂性和不确定性，在土木工程中最具有挑战性。

城市轨道交通施工安全评价，应针对我国城市轨道交通施工的特点，进行安全评价。与城市轨道交通施工的特点相对应，城市轨道交通施工安全评价具有下列特点：

（1）城市轨道交通施工安全评价不仅考虑到城市轨道交通系统内的危险物质、危险结构，而且也应考虑到系统的安全防护设施及其之间的相互作用关系状态，以及城市轨道交通周边的环境因素；

（2）城市轨道交通施工安全评价并非完全根据有关的规程、标准来制约技术和工程，而主要是根据客观被评价对象的存在状态、结构关系、灾变机理，灾害物质的物化特性等评价系统可能的危害；

（3）城市轨道交通施工安全评价的结果中，应包含人类的认识水平和接受能力，应该是对城市轨道交通系统整体在施工过程中安全状态的综合评价。

（4）城市轨道交通施工安全评价的目的是为了正确掌握城市轨道交通系统施工过程中的安全状态水平，了解城市轨道交通系统施工安全中的薄弱环节，从而采取措施，改进城市轨道交通系统施工的安全水平，降低城市轨道交通系统施工中潜在的对人类的威胁程度。

8.3.2 城市轨道交通施工安全评价的定义

安全评价又可以称为危险评价，是用系统科学的方法对一个系统、一个企业或者一个生产过程中的危险源及其控制的评价。危险评价的目的在于找出危险源控制的薄弱环节，采取措施降低危险性，进一步加强安全管理。城市轨道交通施工安全评价，是在城市轨道交通工程施工阶段，即已具备经批准的规划方案、可行性研究、勘察报告、设计文件、施工组织设计文件，经工程招投标、签订合同后确定施工企业，已领取施工许可证或开工报告已经按照国务院规定的权限和程序批准，正式开工建设为始至工程通过竣工验收并交付使用为止的城市轨道交通工程施工建设期间，以城市轨道交通工程区间、车站施工过程中的环境、分部分项工程施工、组织及管理为评价对象，找出评价关键点、明确评价标准、评价依据、评价方法，提出合理可行的安全对策和措施及建议。

8.3.3 城市轨道交通施工安全评价的目的

进行城市轨道交通施工安全评价，是为了贯彻“安全第一，预防为主”的方针，加强城市轨道交通工程施工阶段的安全管理工作，实现城市轨道交通工程施工安全现状评价工作的规范化和制度化，减少各类事故的发生，降低工程经济损失和人员伤亡。

城市轨道交通施工安全评价，通过施工企业自身的安全生产评价管理，可以转变安全管理理念，加强安全管理规范化、制度化、标准化建设，完善安全生产条件，实现施工过程安全生产的主动控制，促进施工企业安全生产管理的基本水平的提高，从而不断地使安全生产管理系统获得改进。

（1）实现城市轨道交通施工全过程的安全控制

系统地从城市轨道交通施工全过程进行控制。通过安全评价找出施工过程中潜在的危险因素，分析引起系统灾害的工程技术状况，论证安全技术措施的合理性。

（2）建立系统安全的最优方案，为决策者提供依据

通过对城市轨道交通工程施工进行安全评价，分析城市轨道交通工程系统在施工阶段存在的危险源，在评价过程中分析系统存在的危险源、分布部位、数目、事故的概率、事故严重度预测提出应采取的安全对策、措施等，决策者可根据评价结果从中选择系统安全最优方案和管理决策。

（3）为实现城市轨道交通施工安全技术、安全管理的标准化和科学化创造条件

通过城市轨道交通工程系统在施工过程中的安全性是否符合有关技术标准、规范、相关规定进行评价，对照技术标准、规范找出存在问题和不足，对城市轨道交通工程系统实行标准化、科学化管理。

（4）促进实现城市轨道交通工程施工的本质安全化

通过安全评价对事故进行科学分析，针对事故发生的各种原因和条件，提出消除危险的最佳技术措施方案。首先是从设计上采取相应措施，做到即使发生误操作或设备故障时，系统存在的危险因素也不会导致事故发生，实现施工的本质安全化。

8.4 城市轨道交通施工安全评价方法

安全评价又可以称为风险评价，是用系统科学的方法对一个系统、一个企业或者一个生产过程中的危险源及其控制的评价。风险评价的目的在于找出危险源控制的薄弱环节，采取措施降低危险性，进一步加强安全管理。

根据安全评价方法一章的分析，结合轨道交通建设实际情况，本章节以《地铁及地下工程建设风险管理指南》为基础，同时查阅了国内外关于风险管理以及地铁风险等相关中英文文献，推荐以下评价方法。

8.4.1 安全检查表法

施工阶段符合性安全检查是指针对被评价对象的工程特点，制定相应的安全评价指标，用于检查城市轨道交通工程的土建工程及设备安装工程的安全生产管理措施到位情况、安全生产规章制度健全情况以及满足安全生产法律法规、标准、行政规章、规范要求的符合性情况，从整体上确定城市轨道交通的施工安全管理状况，做出安全评价结论的活动。

符合性安全检查评价属于阶段性安全评价工作，适用于在施工开工前、施工过程中、施工完成后三个阶段的安全评价，可作为下一阶段工作的许可依据。

8.4.2 作业条件危险性评价法（LEC）

1）熟悉并分析整个城市轨道交通施工的流程，把系统按照施工过程分解为相应的子系统，结合对过去有关事故的总结确定需要分析的重点子系统。同时涉及各个工程子系统的相互交叉作业，互相影响。对每一个子系统工作过程结合相应的环境条件进行具体的危险性预先分析，确定实施过程中应该控制的具体工作点。

在城市轨道交通施工安全管理过程中，通过危险性预先分析对整个系统进行分析处理，可以辨识危险的子系统和环节，找出在施工过程中的危险环节、危险程度、损失估计和各种事故发生的原因，有利于采取适当的措施，制定针对事故控制和安全管理的制度、标准和法规，减少不必要的安全制度约束限制和不良的安全投入，增加必要的规定和必要环节的安全投入，提高事故控制的效果，减少事故发生。

2）对每一个子系统的多个工作环节进行分析，确定相应的危险发生可能性（见表8-2）和危险后果严重性的级别（见表8-3），给出各个分析对象的具体级别数值，确定相应的危险情况。

危险发生的可能等级 表8-2

特　征	等　级	发生特点
频繁	A	经常会遇到
很可能	B	在工作期限内将发生几次
偶然	C	在工作期限内可能会几次
很少	D	并非不可能发生
不可能	E	发生的概率接近零

危险后果严重性等级 表8-3

等级	名称	特征
1	灾害性的	人员死亡，系统报废
2	危险的	人员严重受伤，系统损失较大
3	边缘的	人员较小损失，系统较小损坏
4	可忽略的	人员无损伤，系统无损失

具体方法是运用危险性评价的“打分法”把评价危险程度大小的因素归纳为危险或事故发生可能性（用L表示）、暴露于这种危险环境的频率（用E表示）和一旦发生事故可能产生的后果（用C表示）这三个指标，也就是通过专家打分法把L、E、C三个定性指标给予科学合理的量化，完成这一步工作后，子系统的危险性（用D表示）可用下式计算：

$$D=L\times E\times C \tag{9-1}$$

其中L、E、C根据有关资料提供，可按不同情况分别赋予一定值（参考4.1.6节LEC赋值中的分值表）。按照分析对象的具体情况，分别从两个表中查得相应的值，带入上式计算出危险性的分数值。并把结果和D分数值表中的值（参考4.1.6节LEC赋值中的分值表）对比，可知该子系统的危险程度。

3）根据各个子系统危险情况，制定相应对策措施。

将LEC施工安全评价方法与其他评价方法做一比较分析，我们不难发现，LEC法具有以下特点：

（1）作业条件危险性评价法（LEC法）在进行风险评价时，从多个因素进行考虑。考虑的三个因素分别为：事故发生的可能性（L）、人员暴露于危险环境的频繁程度（E）、一旦发生事故可能造成的后果（C）。

事故或危险事件发生的可能性与其实际发生的概率有关，作业人员暴露于危险环境的频率与受到伤害的可能性有关，事故或危险事件发生的可能结果则考虑了人身伤害或物质损失的较宽的变化范围。

（2）作业条件危险性评价法（LEC法）以上述三种因素指标值之积来评价系统人员伤亡风险的大小，通过将所得作业条件危险性数值与规定的作业条件危险性等级相比较，从而确定作业条件的危险程度。

这种方法综合考虑了影响危险程度的三个指标，在运用中，借助专家经验进行三个指标在不同情况下的分数值，使得人们可以根据所评价的对象的情况进行“打分”，然后根据公式$D=L\times E\times C$计算出其危险性分数值，再在按经验将危险性分数值划分的危险程度等级表得出相应的危险程度。

（3）作业条件危险性评价法（LEC法）简单易行，便于操作，危险程度的级别划分比较清楚、醒目。

作业条件危险性评价法（LEC法）以表格的形式，直观、透彻、深入、准确地分析系统危险、危害因素，这有助于安全预评价和安全验收评价的工作。

（4）作业条件危险性评价法（LEC法）除了用于系统安全风险评价外，还可根据作业条件危险性分析得出的结果为依据，编制出设计用安全检查表或投产后的定期安全检查表，为工程设计、安全检查提供依据。

然而，不可否认的是，LEC法虽然已经在地铁工程施工风险评价中得到了应用，但是仍然存在一定的局限性，即依靠专家的经验来确定3个因素的分数值及划定危险程度等级。但是，只要在应用时充分适当地利用专家的经验，可以避免主观上的局限性。此外，在具体应用时，还可根据自己的经验、具体情况对该评价方法作适当修正，因而该方法应用上具有很大的灵活性。对该方法有如下灵活应用和修正的建议。

（1）评价专家的选取和结果的处理

应成立专门的评价小组，并由长期从事城市轨道交通施工现场工作的工程技术人员以及长期进行施工研究的行业专家组成。在开展评价前期，应做好LEC评价的培训，熟练掌握评价的流程和方法，在评价过程中评价小组成员应现场仔细考察，结合头脑风暴法，集思广益，划分恰当的评价单位，分析其风险程度和概率，并秉承客观公正的标准打出符合实际情况的得分，并去掉最低分和最高分，求出平均值。

由于评价对象的危险性程度是由三个指标的乘积得出，因而存在以下这种情况：当其中两个指标的分值很高已经超出可以接受的分值时，第三个指标的分值却特别小，这就使得最终的分值D分值很小，这就会让人误以为评价对象的危险程度很低，甚至可以接受。因此，LEC法在应用中应注意：当指标中存在任意一个分值超过可以接受的程度时，不论其他两个指标的得分如何，均应对该评价对象予以特别的关注。

（2）公式的修正

作业条件危险性评价法评价人们在某种具有潜在危险的作业环境中进行作业的危险程度，该法简单易行，危险程度的级别划分比较清楚、醒目。但是它主要是根据经验来确定3个因素的分数值及划定危险程度等级，因此具有一定的局限性。在LEC法中，对L项（事故发生的可能性）的判定通常注重系统自身的客观不利因素，对人的管理行为、安全防范措施等主观因素疏于考虑。近年来国内部分学者对LEC法进行修正，重点是对L项的取值参数进行修正，提出了用于建筑行业系统隐患评估的取值标准。其修正方式是以达到一定规模的危险性较大的分布分项工程系统客观固有的能量作为B_1取值参数，以人员的素质、工艺技术安全措施、安全防范措施、安全管理活动等作为B_2的取值参数，令$L=B_1-B_2$，修正后的LEC法公式变为：

$$D=(B_1-B_2)\times E\times C \tag{9-2}$$

该修正法用系统能量与人为能量控制的关系来确定隐患是否存在，使L项的取值更加科学、准确，并且强调了人对事故隐患控制能力的作用，隐患治理要重点转向对人的管理，强化安全教育，提高人为控制能力，在近年的实际隐患评估中取得了较好的效果。

（3）LEC法的灵活应用

在实际使用作业条件危险性评价法（LEC法）作为城市轨道交通施工风险评价的时候要注意区分风险事故和风险因素的不同，风险事故是在某个时间点突然发生的，是个既定事件，已经产生了财产损失或人员伤亡；而风险因素是一个时间连续性的可能会产生损失的，但不一定会发生的安全影响要素。

风险事故没有发生并不意味着风险因素并不存在，风险因素实际上是在某一段时间内一直存在的（如基坑开挖后导致人员从高处坠落这一影响因素在土方回填之前一直存在），只是由于一些原因其可能导致的风险事件没有发生（如采取临边防护等措施），在某些特殊情况下（如临边防护失效），才会导致风险事故的发生（如人员高处坠落造成伤亡）。因此风险因素是一个关于时间的连续量，即E考虑了在某段时间内某风险因素发生的频率，若评价时采取LEC法，是凭借专家的经验和对以往事故的分析基础上，考虑的是某一段时间内对风险发生可能性和概率的预测。

但是针对已经发生的风险事故，为取得该事故的风险等级和找出事故发生的影响因素，由于该事件已经发生，则在评价时可采取LC法，即基于风险的分析方法，不考虑时间维，即不考虑在某一段时间里发生的频率E。

4）案例分析

以地铁施工中的基坑支护分项工程为实例，进行预先危险性分析结果和其子系统危险性评价，其中L、E、C的取值应根据建设工程管理专家进行打分处理之后确定。

基坑支护分项工程预先危险性分析表 **表8-4**

子系统	触发事件	结果	发生可能性等级	后果严重性等级	措施
施工方案	执行方案	伤亡、损失	A	1、2、3级	支护设计方案必须上级审批
临边防护	光线暗	伤亡、损失	C	2、3级	设置灯光标示
坑壁支护	自重力或外力作用	伤亡、损失	B	2级	按设计方案施工
排水设施	施工过程	损失	C	3级	有效的降水措施
坑边荷载	负载工作	伤亡、损失	B	3级	按规定堆放，采取支护措施
上下通道	其他事故	伤亡	D	4、5级	通道设置和施工同时进行
土方开挖	场地限制	伤亡、损失	B	2级	按方案施工
支护变形	地质异常	损失	C	4级	定时监测
作业环境	自然环境限制	伤亡、损失	B	2、3级	设置足够的照明

基坑支护分项工程子系统预先危险性分析评价　　表8-5

子系统名称	分数值			危险性 $D=L\times E\times C$	危险程度
	L	E	C		
施工方案	10	6	40	2400	极其危险
临边防护	5	3	7	105	显著危险
坑壁支护	6	6	25	900	极其危险
排水设施	3	1	7	21	可能危险
坑边荷载	6	3	7	126	显著危险
上下通道	1	0.5	4	2	稍有危险
土方开挖	6	3	7	126	显著危险
支护变形监测	3	1	40	120	显著危险
作业环境	6	6	5	180	高度危险

通过对基坑支护分项工程LEC结果可以看出，施工方案子系统的危险性D值达到了2400，远远大于极其危险的最低线数值320，属于不能继续施工的状态。结合工程实际可知，如果基坑支护没有施工方案、方案针对性差、基坑深度超过5m无专项支护设计或设计及方案未审批，对后期土方开挖、地基处理和基础施工都会带来巨大的潜在隐患和危险，所以施工方案的针对性和合理性非常重要。而上下通道的设置的危险性D的值为2（<20），即处于稍有危险，可能被接受的状态。实际工程中上下通道的设置主要起方便施工人员的进出，如果有事故发生时疏散人员的作用。所以它的危险性很小，不是影响事故发生的重要的环节。

从以上的分析结果可以看出，在这张表中的各个子系统的危险性有很大的差别，表示各个子系统对安全事故重要性的差别很大，所以在安全检查过程中对不同子系统的重视程度应该不同，施工方案子系统应该最重要，它在所有的子系统中所占的重要性比例也应该最大，而上下通道的危险性最小，则其所占的重要性比例也应该最小。

通过LEC法对地铁工程施工风险进行分析，可以预先得出不通施工过程子系统的危险程度，进而采取相应的控制措施，合理使用安全投入，使施工的安全状况得到改善，从而控制工程事故的发生。

8.4.3　基于风险分析的施工风险评价法

城市轨道交通施工风险分析评价是指对施工阶段系统中存在的危险、有害因素进行辨识与分析，判断工程、系统发生事故和急性职业危害的可能性及其严重程度，提出安全对策建议，并检查风险辨识和分析后是否采取了相应的对策和措施，以及对策和措施的实施效果是否有效，达到了抑制风险的最终目的。

施工风险分析应由施工单位在施工开工前便进行风险的辨识和分析，

并且随着施工的进程不断地更新危险源清单，定期进行风险措施的检查评价工作，确保每个危险源都得到了有效的控制。该评价既可作为日常的安全检查依据，也可作为阶段性的安全检查依据。

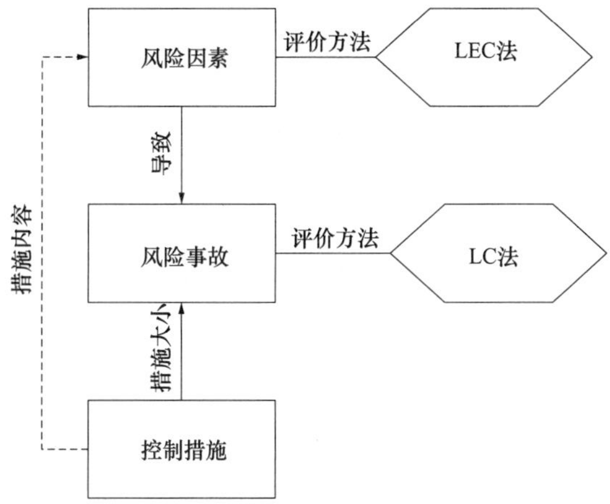

图8-2　风险分析法

（1）风险发生的可能性等级标准

根据工程风险发生的可能性可分为五级，具体等级标准见表8-6、表8-7。

工程风险概率等级标准　表8-6

等级	A	B	C	D	E
事故描述	不可能	很少发生	偶尔发生	可能发生	频繁
区间概率	$P<0.01\%$	$0.01\%\leq P<0.1\%$	$0.1\%\leq P<1\%$	$1\%\leq P<10\%$	$P\geq 10\%$

注：P为风险事故发生概率

按社会信誉损失划分风险等级标准　表8-7

等级	1	2	3	4	5
描述	可忽视的	需考虑的	较严重的	严重的	恶劣的

（2）危害程度分级

危害程度分级是根据危险程度判断其等级，并作为制定控制措施的依据。

危害分级标准　表8-8

危害程度	风险等级	备注
极其危险，不能继续作业	AAAAA	制定风险控制措施时须重点关注
高度危险，须立即整改	AAAA	
显著危险，须整改	AAA	
可能危险，须注意	AA	指定风险控制措施时须考虑
稍有危险，可能被接受	A	

（3）风险矩阵建立

根据不同的风险概率等级和风险损失等级，建立风险事件分级评价矩阵（简称风险评价矩阵），风险评价矩阵见表8-9。

风险评价矩阵　　表8-9

危害发生的概率		危害后果的严重程度				
		1.可忽略	2.需考虑	3.严重	4.非常严重	5.灾难性
发生概率	A：$P<0.01\%$	一级	一级	二级	三级	四级
	B：$0.01\leqslant P<0.1\%$	一级	二级	三级	三级	四级
	C：$0.1\%\leqslant P<1\%$	一级	二级	三级	四级	五级
	D：$1\%\leqslant P<10\%$	二级	三级	四级	四级	五级
	E：$P\geqslant 10\%$	二级	三级	四级	五级	五级

8.5　城市轨道交通工程施工符合性安全评价内容

通过前节评价方法的选择和介绍，城市轨道交通施工安全符合性评价采用检查表法，对施工安全符合性安全检查则采用单项扣分法的形式，按照评价项目逐项进行打分，不符合便酌情扣除相应的分数。

8.5.1　施工安全评价单元的划分思路

城市轨道交通施工过程安全评价，主要是在施工准备工作完成后正式施工开始的安全评价阶段，针对施工组织管理、施工技术管理、施工环境管理、施工监控预警等方面的安全评价。

城市轨道交通施工是一个由人、设备、技术、环境、管理五个方面组成的复杂系统，它们之间具有相互联系、相互制约的关系，即事故的原因取决于人、设备、技术、环境四者之间的联系，而这四者又受管理状态的制约。换句话说，只要管理上存在着缺陷、不善、混乱或失误，就会直接导致事故发生或导致人的不安全行为、设备的不安全状态或环境的不安全因素的存在，进而引发安全事故，可见管理缺陷是诱发安全事故的关键原因。为了更好地减少事故的发生，提高对施工安全管理的重视程度，必须构建一套城市轨道交通施工安全评价指标体系，并使用该指标体系对城市轨道交通施工的安全管理情况进行综合评价分析。

城市轨道交通施工过程安全评价，是为了加强城市轨道交通施工阶段的安全管理工作，减少各类事故的发生，降低工程经济损失和人员伤亡。安全评价的核心内容是通过风险辨识，抓住施工过程中的安全风险点，全面梳理、分析各种风险的控制手段，进而构造城市轨道交通施工安全评价体系。

针对城市轨道交通工程施工过程，根据4M1E理论、风险管理理论和事故致因理论，应用安全系统工程原理和方法，根据大量的工程实践经验对地铁工程施工事故的影响因素进行辨识和总结，确定城市轨道交通工程施工过程安全评价内容。根据4M1E理论，影响地铁工程施工安全的主要因素即为人、设备、技术、环境、管理5个方面，对安全影响因素的辨识和总结是为了进一步有针对性的建立全面可靠的安全评价体系，即针对容易出事故的地方，控制安全影响源头，评价安全措施，从而保障整体系统的安全。城市轨道交通工程施工过程安全评价体系应涵盖这5个方面，针对该5个方面制定相应的评价内容和评价指标，如图8-3所示。

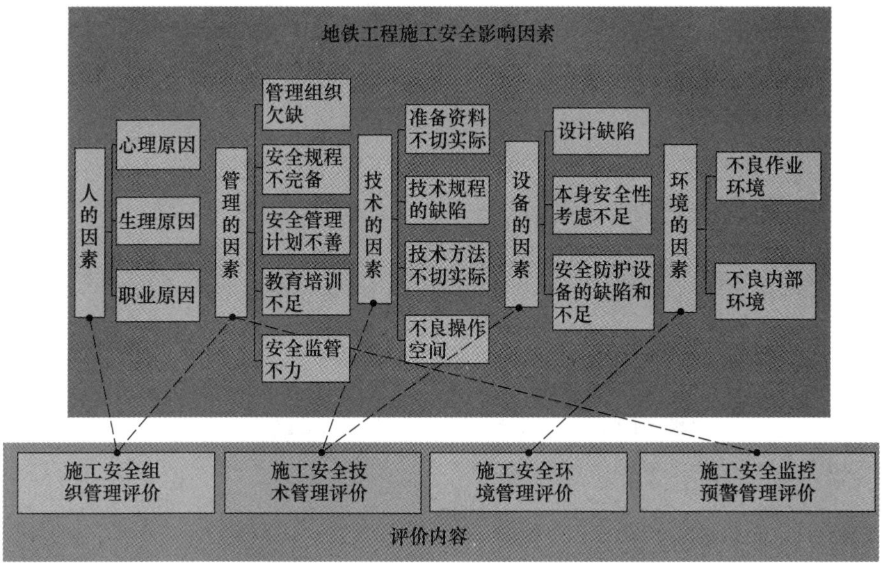

图8-3 地铁工程施工安全评价内容

城市轨道交通施工安全评价是针对地铁施工的全过程中，各参与主体（建设单位、施工单位、勘察设计单位、监理单位、监测单位）进行安全管理工作评价，针对各施工过程的作用对象（环境、实体、行为、设备）进行评价，以及针对各参与主体和施工对象之间的相互作用进行的安全监控和保障。对于施工涉及的设备、技术因素合并为施工技术一个大因素；同时考虑到预警管理的重要性，在城市轨道交通施工安全评价的影响因素时，需要将城市轨道交通施工的预警管理作为安全评价的一个部分。因此，地铁工程施工安全评价的内容分为四个部分：施工安全组织管理评价、施工安全技术管理评价、施工环境安全管理评价和施工监控预警评价，具体内容如图8-4所示。

（1）施工安全组织管理评价。基于“以人为本”的指导思想，依据城市轨道交通施工的各参与主体，分别对建设单位、施工单位、设计单位、监理单位、监测单位进行评价。并根据《建设工程安全生产管理条例》对建设单位、施工单位、设计单位、监理单位、监测单位应当承担的建设工程安全生产责任的规定，将能够反映这些参建单位安全管理职责现状和水平的安全管理措施，如安全管理机构及人员设置、安全管理制度等，作为城市轨道交通施工安全组织管理评价的指标。如图8-5所示。

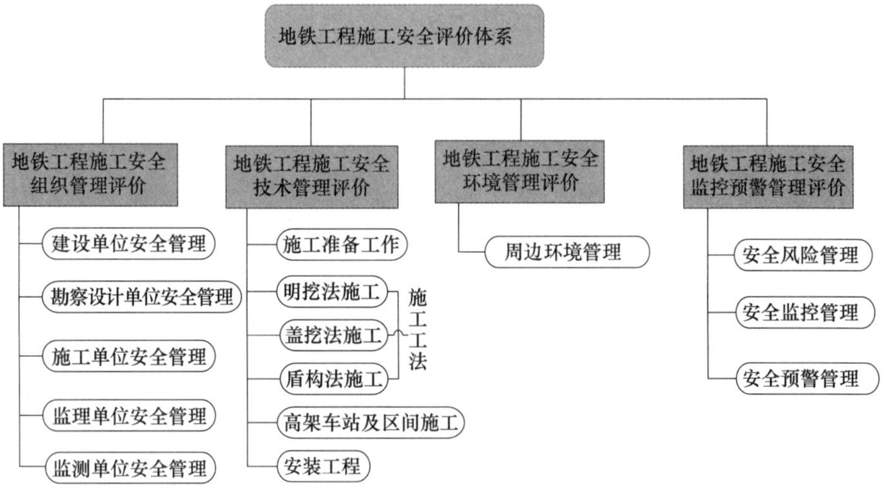

图8-4　地铁工程施工过程安全评价内容体系

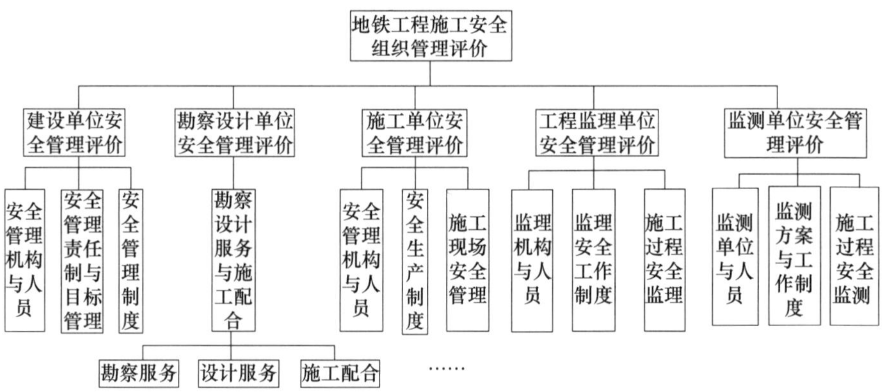

图8-5　地铁工程施工安全组织管理评价指标

（2）施工安全技术管理评价指标。由于城市轨道交通施工分为土建工程施工和设备安装两大内容，其中土建工程施工又分为地下施工和地上施工；地下施工即涉及各种施工的工法，如明挖法、暗挖法、盾构法，本书基于各种工法的施工过程进行评价，同时由于各种工法在准备阶段的相似性，故将各种工法准备阶段的工作汇总成一节；地上施工即为高架车站及区间施工。各节划分的思路如图8-6所示。

基于风险管理理论，根据现有标准中与地铁隧道和车站主要施工方法及安装工程安全相关的技术要求，进行主要施工方法的危险源分析，找出安全相关的重大危险源，全面梳理、分析各种重大危险源的控制手段，并将这些控制措施作为城市轨道交通施工安全技术管理的评价指标，来考察和指导城市轨道交通施工单位的安全技术管理工作。评价指标如图8-7所示。

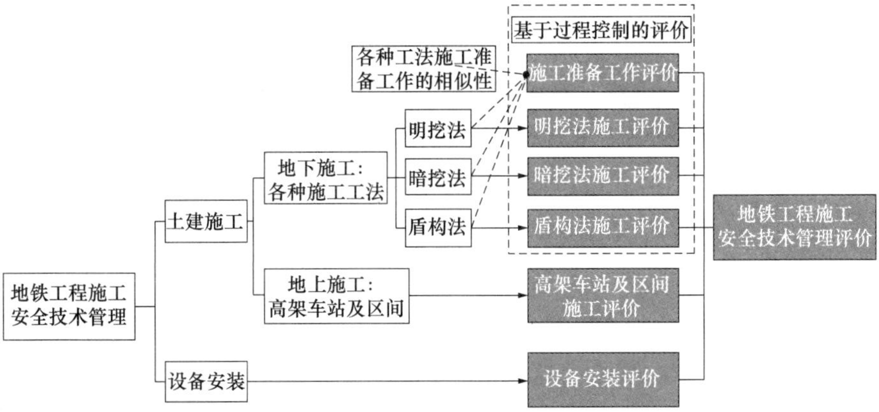

图8-6 地铁工程施工安全技术管理评价思路

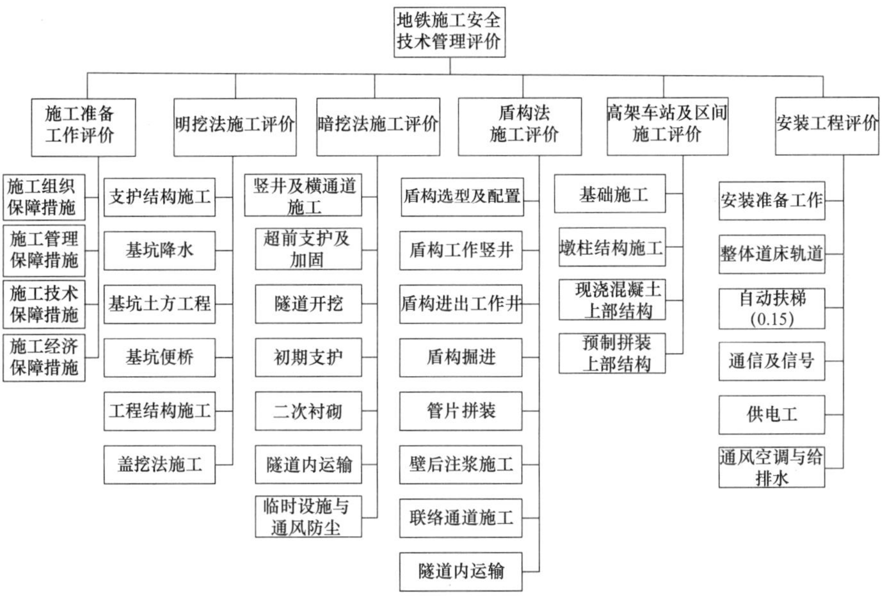

图8-7 地铁工程施工安全技术管理评价指标

（3）施工安全环境管理评价指标。地铁工程环境涉及周边环境（地铁施工影响范围内的地质水文、地表形状、建筑物或构筑物、地下管线等状况），因此本标准针对这个方面进行评价。为确保作业人员的安全以及周边环境的安全，施工周边环境以及现场环境必须采取合理的安全管理措施。这些环境安全管理措施，就是进行城市轨道交通施工环境安全管理评价的指标。评价指标如图8-8所示。

（4）施工安全预警与应急管理评价指标。根据城市轨道交通施工全面监控预警的内容划分本章的评价内容，把涉及安全风险管理、安全监控管理、安全预警管理组织和实施的管理工作，作为城市轨道交通施工安全监控预警管理的评价指标。指标体系见如图8-9所示。

综上所述，城市轨道交通施工安全评价应以安全系统工程理论为指导，根据大量的工程实践经验对城市轨道交通施工安全事故的影响因素进行辨识和总结，对施工阶段划分合理的评价单元；选取易导致安全事故的关键因素建立评价指标，形成评价标准；制定相应评价方法和评价程序。

城市轨道交通应从施工安全组织管理评价、施工安全技术管理评价、施工安全环境管理评价、施工安全监控预警管理评价四大方面展开评价。

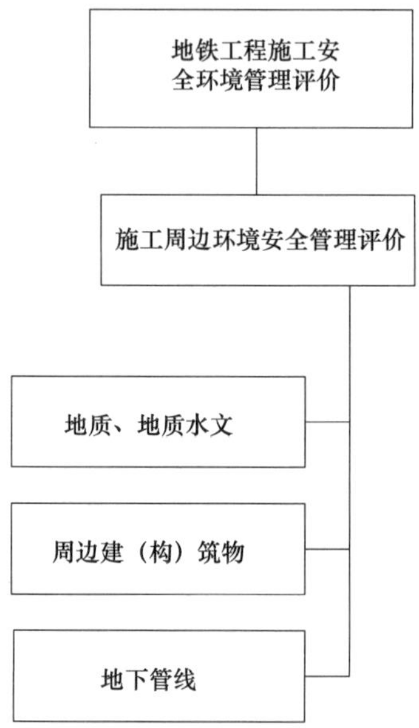

图8-8 地铁工程施工安全环境管理评价指标

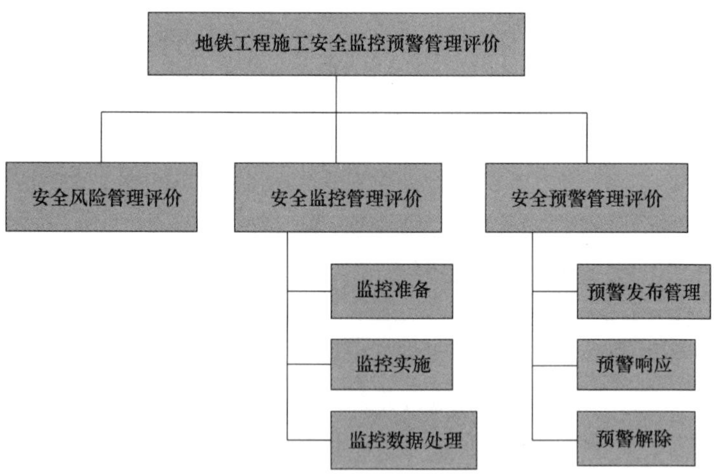

图8-9 地铁工程施工安全监控预警管理评价

（1）施工安全组织管理评价：针对地铁工程施工全过程的参与主体（人），包括建设单位、勘察设计单位、施工单位、监理等单位的施工安全管理工作进行评价，即施工安全组织管理评价。其评价内容包括建设单位、施工单位、设计单位、监理单位、监测单位5个单位的安全管理评价，重点评价这些单位履行各自施工安全管理职责的现状和水平，确保参与单位切实履行法定的安全管理职责。

（2）施工安全技术管理评价：对于地铁工程施工过程，将施工涉及的机械设备、材料、方法三个因素合并为“施工技术”一个因素，即对施工安全技术管理进行评价，包括针对施工过程的机械设备、材料的安全管理工作进行评价，针对施工过程中涉及的各种施工方法的安全管理工作进行评价。根据地铁工程常用施工方法，施工安全技术管理评价的内容主要包括施工明（盖）挖法施工、暗挖法施工和盾构法施工等主要施工方法的安全评价，高架车站及区间施工评价，安装工程安全评价等。其中，施工准备工作对于整个施工阶段的安全起着关键性的作用，且各种施工方法的施工准备阶段安全管理工作具有相似性，因此，将施工准备工作从各个施工方法中提出单独进行安全评价。

（3）施工安全环境管理评价：由于地铁工程施工会给周边环境，如周边建（构）筑物、地下管线等带来扰动以及出现未探明的特殊情况，可能会形成新的危险源；同时施工产生的噪声、振动，以及影响的水和大气环境，给施工人员的现场作业带来了极大的安全隐患，必须对施工过程中周边环境以及现场环境采取合理的安全管理措施。因此，该标准针对地铁工程施工周边环境和施工现场环境两个方面的安全管理进行评价。

（4）施工安全监控预警管理评价：安全监控预警管理，能够协助各参建单位及时发现风险、控制风险、快速反应、排除工程隐患，从而提高安全风险的适时预警与警戒能力，以及灾害性事故发生的预测和防控能力，对地铁工程施工过程安全的控制有着非常重要的作用，在进行安全评价时，将其从技术、环境因素中独立出来，单独作为安全评价的一部分。

综上所述，施工安全评价单元划分为施工安全组织管理评价单元、施工安全技术管理评价单元、施工安全环境管理评价单元和施工安全监控预警管理评价单元4个单元。

8.5.2　施工安全评价指标体系

以施工组织安全管理评价单元和建设单位安全管理评价子单元作为案例分析施工安全评价指标体系的建立。《建设工程安全生产管理条例》规定了建设单位、施工单位、设计单位、监理单位应当依法承担建设工程安全生产责任。参编单位安全管理水平直接影响建设工程安全水平，也一定程度上反映履行安全生产法定职责的水平。施工安全管理评价依次从建设单位、勘察设计单位、施工单位、监理单位的安全管理评价进行。施工安全评价指标体系详见表8-10。

建设单位安全管理评价分为安全管理机构与人员、安全管理责任制与目标管理、安全管理制度三部分。建设单位应设有专门的安全管理机构和安全管理人员，其职责应明确、合理。主要负责人及安全管理人员应签订安全管理责任状，并落实其履行情况。企业应在管理规章制度中明确施工安全管理目标，并加以控制。建设单位应有相应的安全投入制度、安全培训制度、安全检查制度、安全技术保障制度，切实保证企业管理安全。

施工组织安全管理评价指标 表8-10

评价单元	评价子单元	评价分项	评价子项
工程安全管理评价	建设单位安全管理评价	安全管理机构与人员	安全管理机构
			安全管理人员
		安全管理责任制与目标管理	安全管理责任制
			安全目标管理
		安全管理制度	安全投入制度
			安全培训制度
			安全检查制度
			安全技术保障制度
	勘察设计单位安全管理评价	勘察设计服务与施工配合	勘察服务
			设计服务
			施工配合
	施工单位安全管理评价	安全管理机构与人员	安全管理机构
			企业资质和从业人员资格
			对分包单位资质和人员资格管理
			对供应单位管理
		安全生产制度	安全生产制度
		施工现场安全管理	危险源标识
			安全技术交底
			安全隐患排查
			施工现场从业人员管理
			机、电及特种设备管理
			民爆、化学危险品管理
			防雷管理

续表

评价单元	评价子单元	评价分项	评价子项
工程安全管理评价	监理单位安全管理评价	监理机构及人员管理	监理机构及人员管理
		监理安全工作制度	监理安全工作制度
		施工过程安全监理	安全监理准备阶段
			安全监理实施阶段
			安全监理总结阶段

对施工组织管理进行评价的主要依据有《建设工程安全生产管理条例》（国务院令第393号）、《建设工程质量管理条例》、《中华人民共和国建筑法》和《中华人民共和国安全生产法》、《施工企业安全生产评价标准》、《建筑行业职业病危害预防控制规范》GBZ/T 211-2008、《建设工程施工现场供用电安全规范》GB 50194-93、《建设工程监理规范》GB 50319-2000以及建设部2006年10月16日颁布的《关于落实建设工程安全生产监理责任的若干意见》中的相关规定等。

建设单位安全管理评价表如表8-11。

建设单位安全管理评价表 **表8-11**

评价项目	评价分项	评价标准	应得分	扣分	实得分
（Ⅰ）安全管理机构与人员 分数：	安全管理机构	1.未设立专门的安全管理机构，扣30	60		
		2.安全管理机构职责不够明确、合理，扣8～15			
		3.未制定安全管理规章制度和流程，扣8～15			
	安全管理人员	4.未配备与工程规模相适应的专职的安全管理人员，扣10～25	40		
		5.安全管理人员职责不够明确、合理，扣8～15			
（Ⅱ）安全管理责任制与目标管理 分数：	安全管理责任制	1.负责人、安全管理人员未签订安全管理责任状，扣15～30	60		
		2.安全管理人员的职责履行情况与安全管理责任状不一致，扣15～30			
	安全目标管理	3.企业管理规章制度中无明确的施工安全管理目标，扣5～10	40		
		4.未对施工安全管理目标进行明确的量化分解，或不符合国家规定，扣5～10			
		5.各年度未进行安全目标评价，或无记录，扣10～20			

续表

评价项目	评价分项	评价标准	应得分	扣分	实得分
（Ⅲ）安全管理制度 分数：	安全投入制度	1.企业年度预算中无配备劳动防护用品及安全生产培训经费，扣3～8	20		
		2.工程项目概算或预算中无安全施工措施费或不是按合同约定及国家的相关规定及时足额支付给施工单位，扣3～6			
		3.未及时办理与施工安全相关的保险，扣3～6			
	安全培训制度	4.每年组织对施工安全法规、政策文件、管理制度、安全技术技能的培训少于两次，或无培训记录，扣5～10	20		
		5.未对每一批新员工都进行安全法规、安全技能培训和考核，或无培训记录，扣5～10			
	安全检查制度	6.每季度组织对地铁工程施工现场安全状况的全面检查少于一次，或无记录，扣2～5	20		
		7.未责令施工单位、监理单位及时消除检查出的隐患，或未达到安全施工的要求，或无记录，扣2～5			
		8.每季度组织对本单位施工安全管理的自查少于一次，或无相关记录和总结报告，扣2～5			
		9.无施工安全管理档案制度或不完整，扣2～5			
	安全技术保障制度	10.未向勘察设计单位、施工单位提供规划方案，以及施工现场周边建（构）筑物、地质水文、地下管线等的相关资料，或无移交资料记录，扣2～4	20		
		11.未组织专家对工程的重大风险源进行风险评估，或无评估报告，扣4～8			
		12.未审查施工采用的新技术、新材料、新工艺或无相应记录，扣2～4			
		13.未委托有专业资质的单位对施工影响范围内的重点建筑物和构筑物进行检测鉴定，或未制定应对方案，扣2～4			
	应急救援预案及演练	14.未组织编制应急救援预案，或不符合相关法规、标准的规定，扣4～8	20		
		15.急救援预案的内容不完善具体，相关组织机构和职责、事故预防措施和应急程序，以及救援保障措施不明确，扣3～6			
		16.每年未组织施工现场应急预案和事故救援的演练，或没有文字记录或视听资料，扣3～6			

8.6 基于风险的城市轨道交通施工安全评价内容

8.6.1 施工危害识别

1）城市轨道交通施工危害识别和分析的流程

危害辨识和分析可分为5个步骤：确定参与者、收集阅读相关资料及专家咨询、风险辨识、风险筛选、编制风险辨识报告，流程如图8-10。

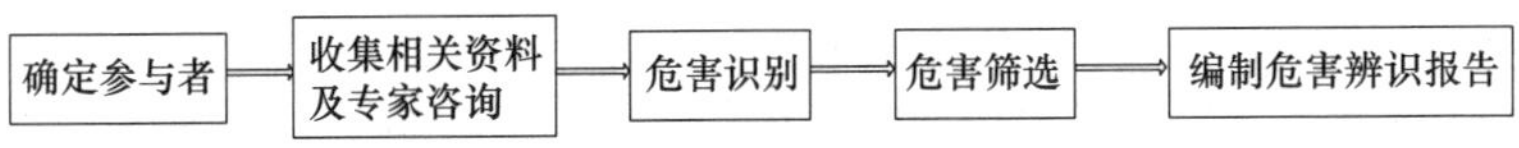

图8-10 风险辨识流程图

（1）确定参与者

城市轨道交通施工安全风险管理的参与者包括项目建设各方、保险公司及其他有关人员等，根据城市轨道交通建设的不同阶段和风险辨识的具体要求，由建设单位确定参与城市轨道交通风险辨识的人员。

城市轨道交通风险辨识人员应熟知工程建设的基本信息，了解城市轨道交通风险管理的目标和需求，具备城市轨道交通建设的经验。

（2）收集阅读相关资料及专家咨询

城市轨道交通风险辨识时，应广泛收集工程相关资料，并向有丰富经验的专家咨询。其中，须收集的主要资料包括：

① 工程周边水文、地质、自然环境以及人文、社会区域环境等资料；

② 类似工程的施工经验和风险事故或相关数据；

③ 工程规划、可行性分析和工程地质勘察等资料；

④ 工程周边的建（构）筑物（含地下管线、民防设施、道路等）资料；

⑤ 工程临近已有地铁及地下工程等资料；

⑥ 工程的设计、施工方案或其他相关文件；

⑦ 可能存在业务联系或影响的相关部门与第三方等信息；

⑧ 其他相关资料。

（3）危害识别和分析

在广泛收集了工程相关资料，并向有丰富经验的专家咨询后，运用上述方法进行风险辨识。风险辨识主要包括以下三个方面：

① 危害因素分析

系统分析工程建设基本资料，对工程建设的目标、阶段、活动和周边环境中存在的各种风险因素进行分析。

② 建立初步辨识清单

利用风险调研表或检查表建立初步风险清单，清单中明确列出客观存在的和潜在的各种风险，包括影响工程安全、质量、进度、费用、环境、信誉等方面的各种风险。

③ 确定危害事故

根据初步风险清单中整理的风险因素，分析与其相关联的各种潜在的损失或影响，明确工程风险事故及其发生原因。

（4）危害筛选

根据风险辨识的结果对工程风险进行二次辨识，整理并筛选与工程活动直接相关的各项风险，删除其中与工程活动无关或影响极小的风险因素及事故，并进行进一步辨识分析，确定是否有遗漏的风险点。

（5）编制危害识别报告

在工程风险辨识和筛选的基础上，根据建设各方的具体要求，结合工程特点和需要，以表单形式给出详细的风险点，列出所有工程风险清单。

2）城市轨道交通施工危害识别过程研究

（1）危险源分析

通过以下事项分析确定危险源。

① 风险类型以及子类型

风险类型以及子类型属性中，城市轨道交通施工风险的类型一般包括四种：施工工法风险、环境风险、行为风险，其中施工工法风险包含车站风险与区间风险，在一张表格内根据具体情况只可能出现一个。

② 重大危险源名称

是指各种可能存在的风险因素，需要建立风险（源）清单。

a.存在条件/风险描述

"存在条件/风险描述"风险属性，是针对该重大风险的简单描述和其成为风险的条件。一般来说，若"存在条件/风险描述"涉及建筑物、构筑物等，应标明其基础埋深、类型等，地下管线则须标明其用途、直径和材质。

b.空间位置关系

"空间位置关系"风险属性，是指建筑物、构筑物、地下管线与工程平面、剖面位置关系。

c.控制时间

"控制时间"风险属性，是指该风险预计控制起始时间和时间长度。

d.可能造成的后果

"可能造成的后果"风险属性，是指该风险可能造成的人员、财产、工程进度方面的损失以及影响。

e.危险性大小

根据影响作业条件危险性的因素是L（事故发生的可能性）、E（人员暴露于危险环境的频繁程度）和C（一旦发生事故可能造成的后果）。用这三个因素分值的乘积$D=L\times E\times C$来评价作业条件的危险性。

f.危险源等级

"危险源等级"即按照危险性大小根据上一节分级标准确定。

g.风险控制责任人

“风险控制责任人”风险属性是指在施工过程中负责该风险控制的责任人。

h.汇总成工程重大危险源清单表。

对识别出来的危险源进行汇总成工程重大危险源清单表。

表格须填写属性主要包括风险类型、风险子类型、重大风险名称、存在条件/风险描述、空间位置关系、控制时间、可能造成的后果、风险等级、控制措施、风险控制责任人等属性。下面将针对各个危险源属性进行详细的介绍。

工程重大危险源清单 **表8-12**

<table>
<tr><td colspan="15">工程重大危险源清单</td></tr>
<tr><td colspan="3">标段名称</td><td colspan="2"></td><td colspan="2">车站/区间</td><td colspan="2"></td><td colspan="3">工法</td><td colspan="3"></td></tr>
<tr><td rowspan="2">序号</td><td rowspan="2">风险类型</td><td rowspan="2">风险子类型</td><td rowspan="2">重大危险源名称</td><td rowspan="2">存在条件/风险描述</td><td rowspan="2">空间位置关系</td><td rowspan="2">控制时间</td><td rowspan="2">可能造成的后果</td><td colspan="4">危险性大小</td><td rowspan="2">危险源等级</td><td rowspan="2">风险控制责任人</td></tr>
<tr><td>L</td><td>E</td><td>C</td><td>D</td></tr>
<tr><td>1</td><td>施工工法</td><td></td><td></td><td></td><td></td><td></td><td></td><td></td><td></td><td></td><td></td><td></td><td></td></tr>
<tr><td>2</td><td>施工工法</td><td></td><td></td><td></td><td></td><td></td><td></td><td></td><td></td><td></td><td></td><td></td><td></td></tr>
<tr><td>3</td><td>施工工法</td><td></td><td></td><td></td><td></td><td></td><td></td><td></td><td></td><td></td><td></td><td></td><td></td></tr>
<tr><td>4</td><td>施工工法</td><td></td><td></td><td></td><td></td><td></td><td></td><td></td><td></td><td></td><td></td><td></td><td></td></tr>
<tr><td>5</td><td>施工工法</td><td></td><td></td><td></td><td></td><td></td><td></td><td></td><td></td><td></td><td></td><td></td><td></td></tr>
<tr><td>6</td><td>环境</td><td></td><td></td><td></td><td></td><td></td><td></td><td></td><td></td><td></td><td></td><td></td><td></td></tr>
<tr><td>7</td><td>环境</td><td></td><td></td><td></td><td></td><td></td><td></td><td></td><td></td><td></td><td></td><td></td><td></td></tr>
<tr><td>8</td><td>环境</td><td></td><td></td><td></td><td></td><td></td><td></td><td></td><td></td><td></td><td></td><td></td><td></td></tr>
<tr><td>9</td><td>环境</td><td></td><td></td><td></td><td></td><td></td><td></td><td></td><td></td><td></td><td></td><td></td><td></td></tr>
<tr><td>10</td><td>行为</td><td></td><td></td><td></td><td></td><td></td><td></td><td></td><td></td><td></td><td></td><td></td><td></td></tr>
<tr><td>11</td><td>行为</td><td></td><td></td><td></td><td></td><td></td><td></td><td></td><td></td><td></td><td></td><td></td><td></td></tr>
<tr><td colspan="6">施工单位负责人</td><td colspan="8">监理单位负责人</td></tr>
<tr><td colspan="6">年　月　日</td><td colspan="8">年　月　日</td></tr>
</table>

（2）重大风险清单

通过以下事项分析确定重大风险。

① 重大风险名称

“重大风险名称”是指各具体工法、工序、建筑物、构筑物、地下管线、机具操作中存在的风险名称。

② 发生概率

即该风险事件发生的可能性。

③ 可能造成的损失

即该风险事件发生时可能产生的不利后果

④ 风险等级

“风险等级”即按照风险评价矩阵分级标确定。

⑤ 控制措施

是指针对该风险在施工过程中应当采取的必要措施。

⑥ 汇总成工程重大风险清单表

依据风险等级标准对识别出来的风险进行评价，并汇总成工程重大风险清单表（表8-13）。

表格须填写属性主要包括重大风险名称、发生概率、可能造成的损失、风险等级、控制措施等属性。下面将针对各个风险属性进行详细的介绍。

工程重大风险清单　　**表8-13**

工程重大风险清单						
标段名称			车站/区间		工法	
序号	重大风险名称	发生概率	可能造成的损失	风险等级	控制措施	
1						
2						
3						
4						
5						
6						
施工单位负责人				监理单位负责人		
年　月　日				年　月　日		

（3）城市轨道交通施工危害识别案例：某地铁工程明挖法施工危险源辨识和分析流程

明挖法施工过程风险辨识同样可分为5个步骤：确定参与者、收集阅读相关资料及专家咨询、风险辨识、风险筛选、编制风险辨识报告。下面对每个流程进行具体分析，介绍明挖法施工流程不同阶段运用不同方法进行风险辨识的实际各流程。

① 确定明挖法施工参与者

前面已介绍，城市轨道交通施工安全风险管理的参与者包括项目建设各方、保险公司及其他有关人员等。

明挖法施工阶段也是包括这几个大的方面，其中主要的风险管理者是施工单位、监理单位以及第三方安全管理单位。

② 收集资料并进行专家咨询

明挖法风险辨识时，应广泛收集明挖法工程相关资料，并向有丰富经验的专家咨询。其中，须收集的主要资料包括：工程周边水文、地质、自然环境以及人文、社会区域环境等资料，类似工程的施工经验和风险事故或相关数据，地质勘察资料，周边的建筑物，工程临近已有地铁及地下工程等资料以及设计，第三方等数据信息。

③ 明挖法风险辨识

在广泛收集了工程相关资料，并向有丰富经验的专家咨询后，运用合理的风险辨识方法对明挖施工进行风险因素辨识和分析。即通过明挖法施工的基本资料的系统分析，对施工的各个阶段进行划分，分析各阶段的风险因素和周边环境中存在的各种风险因素。表8-14为某车站明挖施工的部分危险源因素调查表。

危险源因素调查表（节选） **表8-14**

序号	作业活动	存在地点、部位	危险因素	可导致事故	收集部门	备注
12	基坑开挖	施工现场	拆除支撑顺序颠倒	坍塌	安质部	
13			在陡坡、滑体等下边施工	坍塌	安质部	
14			掏挖作业	坍塌	安质部	
15			周边建筑物沉降、位移	建筑破坏	安质部	
16			坍塌	机械损坏人员受伤	安质部	
17			开挖时机械伤人	人员受伤	安质部	
18			运输渣土时渣土装的过满	落渣人员伤害	安质部	
19			运输渣土时现场未及时清扫	渣车启动碾压石子飞溅伤人	安质部	
20			装渣设备操作人员违章作业	设备损坏人员伤害	安质部	
21			钢支撑失稳坠落	坠落伤人	安质部	
22			喷锚作业不规范	人员伤害	安质部	
23	降水井作业	施工现场	降水井更换水泵	脱落伤手	安质部	
24			水泵电缆漏电	触电	安质部	
25			更换水泵葫芦故障	水管失稳坠落伤人	安质部	

制表： 审核： 检查日期：

④ 明挖法施工风险筛选

根据风险辨识的基本方法，包括经验分析法、现场调查法、危险性预先分析、事件树等，得出风险因素调查表。进一步对工程风险进行二次辨识，整理并筛选与工程活动直接相关的各项风险，删除其中与工程活动无关或影响极小的风险因素及事故，并进行进一步辨识分析，确定是否有遗漏的风险点。

某标段根据危险源检查表，调研表等形成了危害识别清单，见某地铁某标段危险源辨识详细清单。通过本书上一章内容提到的风险评价推荐方法——LEC法对上述风险因素进行筛选，最后得到该车站的重大危险源清单，见表8-15某地铁标段明挖法施工重大危险源清单。

某地铁某标段危险源辨识详细清单 表8-15

序号	作业活动		危险源	可能导致的事故	LEC打分法				风险等级	是否重大	控制措施	措施有效性	是否可接受
	活动场所或岗位	工作活动内容			L	E	C	危险等级D					
1	高处作业	高处作业平台、走道、斜道、脚手架超载	坍塌、坠落	人身伤害	3	6	15	270	AAAA	重大	方案、制度		
		高处作业移动电焊设备、设施	物体打击	人身伤害	3	6	7	126	AAA	一般	制度、措施		
		高处作业时抛掷或掉落工具	物体打击	人身伤害	3	6	7	126	AAA	一般	制度、措施		
		在脚手架装修混凝土外墙	物体打击	人身伤害	3	6	7	126	AAA	一般	制度、措施		
		安全网上杂物未及时清理	物体打击	人身伤害	3	6	7	126	AAA	一般	制度、措施		
		脚手板有探头板	高处坠落	人身伤害	3	6	7	126	AAA	一般	制度、措施		
		防护用品使用不正确	高处坠落	人身伤害	6	6	3	108	AAA	一般	制度、措施		
		未使用防护用品	高处坠落	人身伤害	6	6	3	108	AAA	一般	制度、措施		
		作业区域的孔洞、通道口、预留口等未装盖板或防护栏或安全网	高处坠落	人身伤害	3	6	7	126	AAA	一般	制度、措施		
		高处作业人员需行走的方向未设水平安全防护栏	高处坠落	人身伤害	3	6	7	126	AAA	一般	制度、措施		
		恶劣天气下高处作业或冬季施工无防滑防冻措施	高处坠落	人身伤害	3	3	15	135	AAA	一般	制度、措施		
		作业区未按要求装设防护栏杆及挡脚板，安全网装设不符合要求	物体打击	人身伤害	3	6	7	126	AAA	一般	制度、措施		

续表

序号	作业活动		危险源	可能导致的事故	LEC打分法				风险等级	是否重大	控制措施	措施有效性	是否可接受
	活动场所或岗位	工作活动内容			L	E	C	危险等级D					
2	脚手架搭设及拆除	作业人员无证操作	坍塌、坠落	人身伤害	3	6	7	126	AAA	一般	制度、措施		
		作业人员安全防护用品佩戴不全	高处坠落	人身伤害	6	6	3	108	AAA	一般	制度、措施		
		施工前未进行技术交底	坍塌	人身伤害	3	6	7	126	AAA	一般	制度、措施		
		脚手架搭设未按方案执行，不符合要求	坍塌	人身伤害	1	6	40	240	AAAA	重大	方案、制度		
		脚手架拆除未按正确顺序操作	坍塌	人身伤害	1	6	15	90	AAA	一般	制度、措施		
		搭设、拆除时随意抛掷料具	物体打击	人身伤害	3	6	7	126	AAA	一般	制度、措施		
		施工方案不合理，无验收手续	坍塌	人身伤害	0.5	6	15	45	AA	一般	制度、措施		
		悬挑式脚手架超负荷使用	坍塌	人身伤害	3	6	15	270	AAAA	重大	制度、措施		
		作业人员携带工具上下脚手架扒梯未使用工具袋	高处坠落	人身伤害	3	6	7	126	AAA	一般	制度、措施		
3	基坑开挖	施工前未进行技术交底	坍塌、物体打击	人身伤害	1	6	7	42	AA	一般	制度、措施		
		掏挖作业	坍塌	人身伤害	6	3	7	126	AAA	一般	制度、措施		
		人、机混合同时作业	机械伤害	人身伤害	6	3	7	126	AAA	一般	制度、措施		
		机械作业操作人员无证作业或操作失误	坍塌、机械伤害	人身伤害	3	6	7	126	AAA	一般	制度、措施		
		运土车辆司机操作失误	机械伤害	人身伤害	1	6	15	90	AAA	一般	制度、措施		
		恶劣天气下作业	坍塌	人身伤害	10	1	15	150	AAA	一般	制度、措施		
		无排水、防水设施	坍塌、淹溺	人身伤害	0.5	6	15	45	AA	一般	制度、措施		
		支撑未按设计执行，不符合受力要求	坍塌	人身伤害	1	6	40	240	AAAA	重大	方案、制度		
		围护结构质量不符合设计要求	坍塌	人身伤害	1	6	40	240	AAAA	重大	方案、制度		
		支撑拆除顺序颠倒	坍塌	人身伤害	3	3	15	135	AAA	一般	制度、措施		

续表

序号	作业活动		危险源	可能导致的事故	LEC打分法				风险等级	是否重大	控制措施	措施有效性	是否可接受
	活动场所或岗位	工作活动内容			*L*	*E*	*C*	危险等级*D*					
4	车站、区间土方施工	开凿方案错误	坍塌	人身伤害	6	3	15	270	AAAA	重大	制度、方案		
		开凿未打探孔	坍塌	人身伤害	6	2	7	84	AA	一般	制度、措施		
		开凿后未及时支护	坍塌	人身伤害	6	6	7	252	AAAA	重大	方案、制度		
		支护加固不到位	坍塌	人员伤害	6	3	10	180	AAA	一般	制度、措施		
		承压水及断层带断面开挖	突泥、涌水、周边沉降	坍塌、人身伤害	1	6	40	240	AAAA	重大	方案、制度		

某地铁某标段明挖法施工重大危险源清单（节选） **表8-16**

序号	活动/施工/工序		危险源	可能导致的事故
	活动场所或岗位	工作活动内容		
1	高处作业	高处作业平台、走道、斜道、脚手架超载	坍塌、坠落	坍塌、人身伤害
2	脚手架搭设及拆除	脚手架搭设未按方案执行，不符合要求	坍塌	坍塌、人身伤害
		悬挑式脚手架超负荷使用	坍塌	坍塌、人身伤害
3	基坑开挖	支撑未按设计执行，不符合受力要求	坍塌	坍塌、人身伤害、财产损失
		围护结构质量不符合设计要求	坍塌	坍塌、人身伤害、财产损失
4	车站、区间土方施工	开凿方案错误	坍塌	坍塌、人身伤害
		开凿后未及时支护	坍塌	坍塌、人身伤害

⑤ 编制明挖法危害识别报告

在工程危害识别和筛选的基础上，根据建设各方的具体要求，结合工程特点和需要，以表单形式给出详细的风险点，列出所有工程危害清单。表8-17为某明挖法施工危害清单详细表。

某明挖法施工风险详细表单（节选） 表8-17

序号	作业活动		危险源	可能导致的事故
	活动场所或岗位	工作活动内容		
1	高处作业	高处作业平台、走道、斜道、脚手架超载	坍塌、坠落	人身伤害
		高处作业移动电焊设备、设施	物体打击	人身伤害
		高处作业时抛掷或掉落工具	物体打击	人身伤害
		在脚手架装修混凝土外墙	物体打击	人身伤害
		安全网上杂物未及时清理	物体打击	人身伤害
		脚手板有探头板	高处坠落	人身伤害
		防护用品使用不正确	高处坠落	人身伤害
		未使用防护用品	高处坠落	人身伤害
		作业区域的孔洞、通道口、预留口等未装盖板或防护栏或安全网	高处坠落	人身伤害
		高处作业人员需行走的方向未设水平安全防护栏	高处坠落	人身伤害
		恶劣天气下高处作业或冬季施工无防滑防冻措施	高处坠落	人身伤害
		作业区未按要求装设防护栏杆及挡脚板，安全网装设不符合要求	物体打击	人身伤害
2	交叉作业	垂直交叉作业层未设严密、牢固的防护隔离措施	物体打击	人身伤害
		未经同意任意拆除安全防护设施	物体打击 高处坠落	人身伤害
		交叉施工时上下传递投掷物料	物体打击 高处坠落	人身伤害
3	脚手架搭设及拆除	作业人员无证操作	坍塌、坠落	人身伤害
		作业人员安全防护用品佩戴不全	高处坠落	人身伤害
		施工前未进行技术交底	坍塌	人身伤害
		脚手架搭设未按方案执行，不符合要求	坍塌	人身伤害
		脚手架拆除未按正确顺序操作	坍塌	人身伤害
		搭设、拆除时随意抛掷料具	物体打击	人身伤害
		施工方案不合理，无验收手续	坍塌	人身伤害
		悬挑式脚手架超负荷使用	坍塌	人身伤害
		作业人员携带工具上下脚手架扒梯未使用工具袋	高处坠落	人身伤害
4	基坑开挖	施工前未进行技术交底	坍塌、物体打击	人身伤害
		掏挖作业	坍塌	人身伤害
		人、机混合同时作业	机械伤害	人身伤害
		机械作业操作人员无证作业或操作失误	坍塌、机械伤害	人身伤害
		运土车辆司机操作失误	机械伤害	人身伤害
		恶劣天气下作业	坍塌	人身伤害
		无排水、防水设施	坍塌、淹溺	人身伤害
		支撑未按设计执行，不符合受力要求	坍塌	人身伤害
		围护结构质量不符合设计要求	坍塌	人身伤害
		支撑拆除顺序颠倒	坍塌	人身伤害

续表

序号	作业活动		危险源	可能导致的事故
	活动场所或岗位	工作活动内容		
5	桩基施工	井口无标注	淹溺	人身伤害
		泥浆池周围无防护栏杆	淹溺	人身伤害
		需要维修钻机时攀爬钻机未系安全带	高处坠落	人身伤害
6	车站、区间土方施工	开凿方案错误	坍塌	人身伤害
		开凿未打探孔	坍塌	人身伤害
		开凿后未及时支护	坍塌	人身伤害
		支护加固不到位	坍塌	人员伤害
		承压水及断层带断面开挖	突泥、涌水、周边沉降	坍塌、人身伤害
7	模板制安和拆除	模板堆码超高	坍塌	人身伤害
		模板加工使用机械时未按操作规程执行或操作失误	机械伤害	人身伤害
		作业人员沿模板上下	高处坠落	人身伤害
		模板废钉、紧固件未清除	物体打击	人身伤害
		模板安装支撑系统未按设计执行	坍塌	人身伤害
		未按顺序拆除模板	物体打击	人身伤害
		模板拆除前未制定安全措施	物体打击	人身伤害
8	钢筋工程	作业人员沿钢筋笼（网）等攀登、行走	坠落、物体打击	人身伤害
		未掌握操作技术或不按操作规程操作钢筋加工机械设备如钢筋调直机、切断机、弯曲机、对焊机等	机械伤害	机械伤害、人身伤害
		电力线附近加工钢筋时防护措施不全	触电	触电
9	混凝土施工	无防护用品或有却未使用	机械伤害	人身伤害
		无安全操作平台如箱梁混凝土浇筑	坠落	人身伤害
		指挥输送泵操作不当或输送泵出口处站人	机械伤害	人身伤害

⑥ 城市轨道交通施工危害清单

根据城市轨道交通施工的具体情况，通过上述危害识别过程，可以获得危害清单（见表8-18），本章总结的施工危害清单见附件。其中危害编号、危害情景编号可根据具体情况编制。

危害清单列表示例　　**表8-18**

施工危害清单							版　次
序号	危害编号	危害	危害情景编号	可能因素	危害情景	危害是否用于本单元	评价阶段

8.6.2　建立风险矩阵

在8.4.3节中，研究确定的施工安全评价矩阵如下。

（1）危害分级D

危害分级是根据危害程度判断其等级，并作为制定控制措施的依据。

危害分级标准　表8-19

危害程度	等级	备注
极其危险，不能继续作业	AAAAA	制定风险控制措施时须重点关注
高度危险，须立即整改	AAAA	
显著危险，须整改	AAA	
可能危险，须注意	AA	指定风险控制措施时须考虑
稍有危险，可能被接受	A	

（2）风险矩阵

建立风险事件分级评价矩阵（简称风险评价矩阵）见表8-20。

风险评价矩阵　表8-20

危害发生的概率		危害后果的严重程度				
		1.可忽略	2.须考虑	3.严重	4.非常严重	5.灾难性
发生概率	A：$P<0.01\%$	一级	一级	二级	三级	四级
	B：$0.01\leqslant P<0.1\%$	一级	二级	三级	三级	四级
	C：$0.1\%\leqslant P<1\%$	一级	二级	三级	四级	五级
	D：$1\%\leqslant P<10\%$	二级	三级	四级	四级	五级
	E：$P\geqslant 10\%$	二级	三级	四级	五级	五级

8.6.3　对风险的评估和持续监控建议

（1）风险评估

按照风险矩阵，对风险进行评价得到危害风险等级评价统计表（表8-21、表8-22）和危害风险等级统计汇总表（表8-23）。

危害风险等级统计表　表8-21

数　量	原有风险	剩余风险
1.AAAAA		
2.AAAA		
3.AA		
4.A		
合计		

危害风险等级统计表 表8-22

数　量	原有风险	剩余风险
1.可忽略		
2.须考虑		
3.严重		
4.非常严重		
5.灾难性		
合计		

危害风险等级统计汇总表 表8-23

序号	单元名称	危害状态统计（项）							
		可接受		可容忍		不理想		不可接受	
		现有	剩余	现有	剩余	现有	剩余	现有	剩余
1									
2									
合计									

（2）风险持续监控建议

提出对可接受级风险的持续监控建议。

（3）危害的结束

如果危害未能结束，或未能把风险等级降至R3或R3以下，危害管控单位须向业主提交证明或具体分析，以确定/证明危害的风险等级已是“最低实际可行”。

采取危害的全部减轻措施后，剩余风险等级应降至R3或R4级。若现有的风险等级被评估为R3级，但没有其他有效的方法，把风险降至R4级，经业主确认后，可确定这危害已结束。

（4）危害分析结果总结

将上述安全评价表格进行整理汇总，并填写表8-25，存档。施工安全组织管理评价、施工安全技术管理评价、施工环境安全管理评价和施工监控预警评价。

安全评价表格汇总 表8-24

内　容	附　件
施工安全组织管理评价单元危害分析结果	
施工安全技术管理评价单元危害分析结果	
施工环境安全管理评价单元危害分析结果	
施工监控预警评价单元危害分析结果	

8.7　城市轨道交通工程施工安全评价的实施

8.7.1　实施程序

城市轨道交通工程施工安全评价报告的编制程序主要包括三个阶段：准备阶段、实施评估阶段和评估评审阶段。城市轨道交通施工安全评价的程序框图见图8-11。

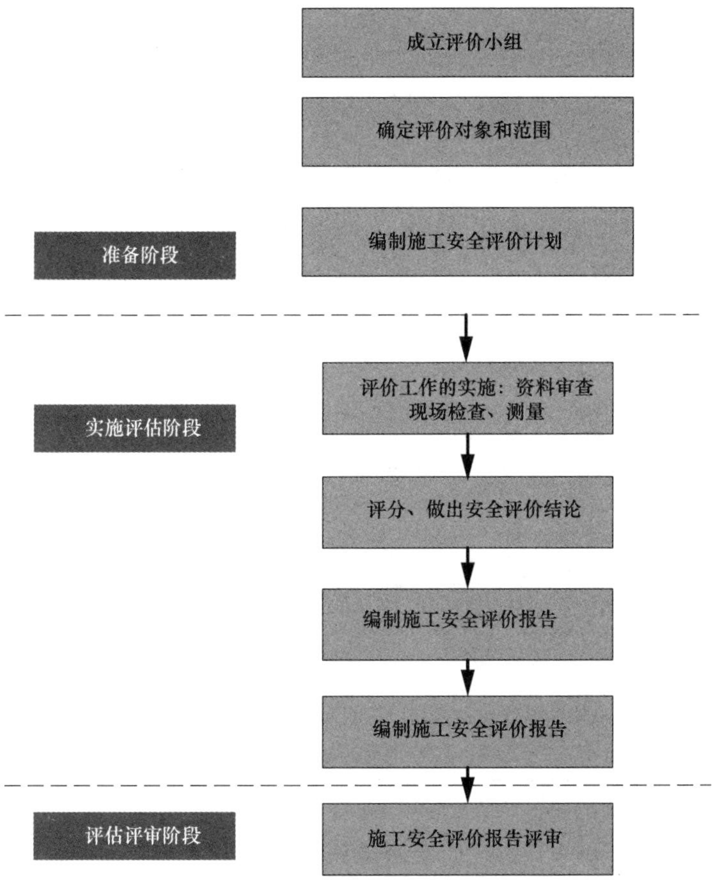

图8-11　城市轨道交通施工安全评价程序

8.7.2　实施内容

1）准备计划阶段

准备阶段主要包括前期准备、编制施工安全评价计划。

2）前期准备工作

前期准备工作，主要是要确定评价小组的构成，以及明确评价对象，备齐有关城市轨道交通工程施工安全评价所需的资料。

首先，成立地铁施工安全评价组，具体包括评价组组长的任命，评价小组成员的选拔以及评价组成员的职责分配。安全评价机构应为独立第三方，并具备规定的资质，安全评价人员应具备规定的资质。施工相关各方应为安全评价机构创造必备的工作条件，如实提供所需的资料。

其次，确定评价对象和范围。城市轨道交通施工安全评价的基本对象为一个车站或一个区间。如需要对整个地铁线路网或一条线路的施工安全进行评价，可根据需求采用逐一评价的方法，也可采取抽样的方式，抽样数量可参照表8-25的规定进行。抽样时应注意兼顾采用不同类型施工方法的车站或区间。

抽样数量表　　表8-25

N	1	2	3-6	7-12	13-20	21以上
n	1	2	3	4	5	6

注：表中N为总样本数量；n为抽样数。

政府主管部门组织的正式评价、建设单位组织的项目自评、施工和监理单位组织的项目自评应有不同的侧重点，如表8-26所示。

不同类型评价的侧重点　　表8-26

组织单位	建设主管部门	建设单位	施工单位或监理单位
评价人员	评估组	本单位委派的专家	本单位委派的专家
评价类型	全面评价	全面、但侧重于管理方面的项目自评	侧重于技术方面的项目自评
评价侧重点	①施工安全组织管理评价； ②施工安全技术管理评价 ③施工环境安全管理评价中的“周边建（构）筑物评价”、“地下管线评价”； ④施工监控预警管理评价	①施工安全组织管理评价； ②施工安全技术管理评价； ③施工环境安全管理评价中的“周边建（构）筑物评价”、“地下管线评价”； ④施工监控预警管理评价	①施工安全技术管理评价； ②施工环境安全管理评价

最后是相关资料的收集，包括被评价工程的基本情况和进展、施工工法的应用、各单位资格以及人员资质、相应的安全管理工作现状，以及在评价过程中会涉及的相关标准和法规，作为评判的依据。

3）编制施工安全评价计划

编制城市轨道交通工程施工安全评价计划是在前期准备工作基础上，分析城市轨道交通工程施工过程中可能存在的主要危险、有害因素分布与控制情况，依据有关安全生产的法律法规和技术标准，确定城市轨道交通施工安全评价的重点；依据工程实际情况选择安全评价方法，确定评价进度。

评价机构应根据城市轨道交通工程施工安全评价实际运作情况，编制城市轨道交通施工安全评价计划书。

4）实施评价阶段

（1）按计划展开评价工作

评价组应根据计划安排，完成准备阶段的有关工作。包括：准备有关地铁工程施工安全评价所需的相关法律法规、标准等资料；同时，明确本次评价工作应提交的相关材料，说明评价目的、评价内容、评价方式、所需资料（包括图纸、文件、资料、档案、数据）的清单、拟开展现场检查的计划，及其他需要各参建单位配合的事项；最后，评价小组应通知有关被评价方提前准备好评价组织方需要的资料。

评价人员根据评价内容的具体要求选择合理的评价方式，包括现场检查、领导及员工访谈和文件审查。

① 现场考察。评分表中对项目实体及项目现场及周边环境进行评价的项目，评价人员则应在现场人员的带领下，通过实地考察完成该部分评价任务，例如评价标准中施工安全技术部分的大部分内容，需进行现场考察。

② 领导和员工访谈，该方式主要用于评价标准中企业安全管理水平评价部分。通过该方式，可以直观、准确地了解企业的安全管理水平。

③ 文件审核，评分表中需要审核的有关资料，包括图纸、文件、资料、档案、数据等等，评价人员则是通过文件审核的方式完成该部分评价工作。

（2）评分设置

评价标准中，各评价项目满分分值为100分。各评价项目的实得分应为相应评价分项实得分之和。各评价分项的打分采用扣分法，应得分减去扣分即为该项实得分，实得分不得为负，扣减分数总和不得超过该评价分项应得分值。具体评价工作根据评分表进行逐项打分。

各评价分项评分应符合下列要求：

① 评价内容符合要求时，不扣分；

② 评价内容部分符合要求或评价内容不符合要求，但有补救措施时，酌情扣分；

③ 扣分标准见《地铁工程施工安全评价标准》GB 50715-2011附录的评分表。

评分项目有缺项的，其有缺项评价项目的实得分应按公式（8-1）换算。

$$\text{有缺项评价项目的实得分}=\frac{\text{可评项目的实得分之和}}{\text{可评项目的应得分之和}}\times 100 \quad (8\text{-}1)$$

5）做出安全评价结论

（1）计算评分结果

在上述工作的基础上，评价组应根据客观、公正、真实的原则，严谨、明确地提出安全评价结论。

城市轨道交通施工安全评价总分＝∑（项目实得分×权重），可按《地铁工程施工安全评价标准》GB 50715-2011中附录E中表E-1进行安全评分汇总的计算。

城市轨道交通施工安全评价的各级评价项目的权重，由评价组专家根据项目实际情况酌定。

（2）提出安全对策措施建议

根据评价结果，分析各评价子项，具体再依据危险源、有害因素辨识结果与定性、定量评价结果，遵循针对性、技术可行性、经济合理性的原则，提出消除或减弱危险、危害的技术和管理对策措施建议。

提出的安全对策措施建议，应具体详实、具有可操作性。按照针对性和重要性的不同，措施和建议可分为应采纳和宜采纳两种类型。

（3）做出施工安全评价结论

在上述工作的基础上，安全评价机构，应根据客观、公正、真实的原则，严谨、明确的提出安全评价结论。

城市轨道交通工程施工安全评价报告的内容应包括高度概括评价结果，从风险管理角度给出评价对象在评价时与国家有关安全生产的法律法规、标准、规章、规范的符合性结论，给出事故发生的可能性和严重程度的预测性结论，以及采取安全对策措施后的安全状态等。

6）编制安全评价报告

地铁工程施工安全评价报告是安全评价过程的具体体现和概括性总结。地铁施工安全评价报告应根据定性、定量评价的相关内容，对照相关法律法规、技术标准，编制地铁施工安全评价报告。地铁施工安全评价报告应全面、概括的反映安全评价过程的全部工作，文字应简洁、准确，提出的资料清楚可靠，论点明确，利于阅读和审查。

对于评价项目中得分较低的评价项目和对应的评价标准，评价小组应予以重视并进行分析，提出改进措施和整改方案，并提出改进的目标。

7）评价评审阶段

如果评价为政府主管部门对工程进行的安全监管和评价，城市轨道交通工程施工安全评价报告应由政府主管部门组织专家对其进行评审。

如果评价为参建单位自己组织的对工程的安全检查和评价，城市轨道交通工程施工安全评价报告应由各单位自行组织专家对其进行评审。

8.8 城市轨道交通工程施工安全评价报告的编制

8.8.1 城市轨道交通工程施工安全评价报告的主要内容

根据城市轨道交通竣工验收安全评价所涉及的内容，竣工验收安全评价报告的内容应至少包括以下主要内容。

（1）城市轨道交通安全预评价报告编制说明：包括编制依据、评价目的、评价原则和评价程序等。

（2）城市轨道交通工程概况；

（3）城市轨道交通安全评价内容；
（4）城市轨道交通安全评价结论和建议；
（5）应急救援预案纲要。

8.8.2 城市轨道交通工程施工安全评价报告的基本格式要求

报告格式参照安全预评价报告格式编制。

8.9 小结

通过对北京、武汉等典型城市的轨道交通施工安全现状和安全管理现状进行总结和分析，结合当前城市轨道施工事故的统计分析，得出进行城市轨道交通施工安全评价工作是非常必要的，具有重要的作用，并重点对以下内容进行了研究：

- 通过对城市轨道交通施工事故特点的研究和经验总结，提出了施工安全评价阶段基于检查表法的评价单元划分、评价指标体系和评价参数，构建了符合性安全检查表。
- 研究提出了基于风险分析法的施工安全评价阶段风险评价的内容，提出了施工过程的危害清单，构建了施工安全评价风险矩阵。
- 编制了施工安全评价标准（国家标准，已发布）。

城市轨道交通施工安全评价内容及流程如图8-12：

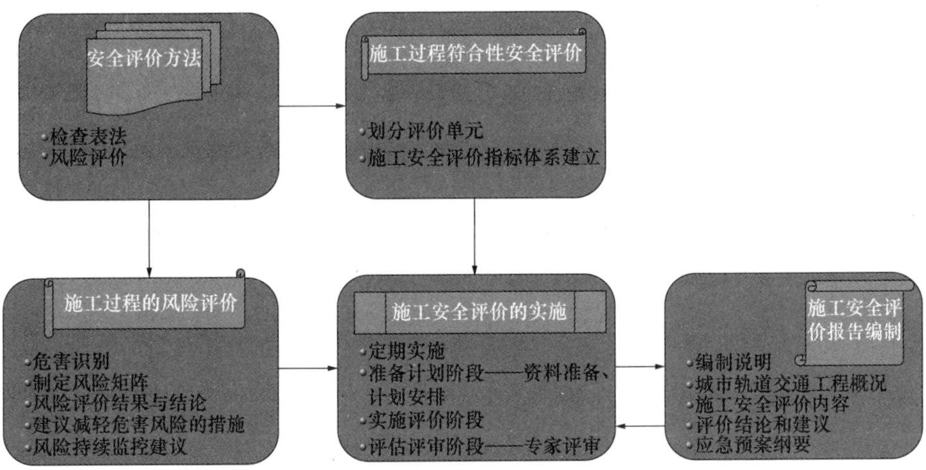

图8-12 城市轨道交通施工安全评价内容及流程

附录A 案例——安全评价方法在北京地铁亦庄线中的应用

A.1 项目背景

A.1.1 综述

北京市轨道交通亦庄线是北京市政府采用国家“首台套”政策实施的第一条国产ATC系统示范工程。交控科技公司作为系统集成商负责整个信号系统的集成，其中包括系统设计、国产ATS和CBI设备供货、项目管理、安全管理、接口管理、供货范围内的调试与综合调试组织管理等。交控科技公司所提供的CBTC系统是以北京交通大学自主开发的ATC系统作为核心技术进行深度集成，同进采用了卡斯柯信号有限公司的计算机联锁（CBI）、列车自动监控（ATS）和维护支持（MSS）系统。核心技术供应商主要负责ATP/ATO设备、DCS的车地无线系统设备的供货，以及系统接口的技术负责，同时负责系统的综合调试技术牵头等。

亦庄线信号系统是一套基于无线通信的移动闭塞系统。该系统可以实现全线列车有人自动驾驶，其采用的移动闭塞原则，使其在系统的可靠性、安全性、可用性、可维护性、行车间隔、停车精度以及可扩展性等方面都能达到或超过招标文件所要求的性能。系统具备点式ATP防护模式下的运营功能，从而缩短整个系统的开通时间。在连续式车—地通信设备或连续式ATP/ATO设备故障以及其他原因导致连续式ATP/ATO功能丧失时，该模式可作为CBTC正常运营的后备模式，从而提高系统可用性。

本系统所采用的国产核心ATP产品已通过了评价机构的产品安全证书；所采用的国产计算机联锁（CBI）系统已在北京地铁2号线、5号线和机场快轨等系统中成功运用；所采用的国产列车自动监控（ATS）系统也已成熟运用于北京地铁1号线、2号线、5号线、13号线、机场快轨和八通线等系统，以上系统曾成功服务于2008年北京奥运会，获得了北京地铁运营公司、北京市交通委员会及世界各地国际友人的高度评价。

A.1.2 安全评价术语和适用标准

在安全评价实施之前，应列出安全评价术语和遵循的相关的标准、指南或重要文档。

本案例安全评价术语见表 A-1。

安全评价术语 表A-1

Assessment 评价	evaluation of the adequacy of a document， process etc. 文档，过程的充分性评价
Audit 审核	evaluation of the compliance to a standard， plan or defined process 针对一个标准、计划和确定的过程的符合性的评价
Cross Acceptance 互认接收	approach to safety demonstration that relies on proven systems accepted by other comparable railway operators， referred to as the proven application in this Plan. 安全证明的一种途径，依赖于已经证实的、由其他类似的铁路运营商接收的系统，涉及本计划中证明的应用
Independent Safety Assessment 独立安全评价	is used to refer to the 3rd party Independent Safety Assessment work being delivered by LRITS as described in this document. 指的是该文件描述的第三方独立安全评价机构提供的第三方独立安全评价工作
Project项目	is used to refer to signalling system of Yi Zhuang Line 指亦庄线信号系统
Safety Case 安全例证	project document making the case for the adequacy of the safety of the signalling system. 信号系统安全的充分性的案例证明
Yellow Book 黄皮书	is Rail Engineering Safety Management， Issue 4.（for guidance） 指的是铁路工程安全管理，第四版（指南）
Technical Specialist 技术专家	is used to refer to an individual who will provide advice on a particular area （e.g. operations or human factors） 指的是在特殊领域（如运营或人因）能够给予项目建议或意见的

本案例遵循的相关的标准、指南或重要文档见表 A-2。

相关的标准、指南或重要文档 表A-2

EN50126	Railway Applications——The specification and demonstration of Reliability, Availability， Maintainability and Safety （RAMS）, 1999 铁路应用——可靠性、可用性、可维护性和安全性的规范和证明,1999
EN50128	Railway Applications——Communications， signalling and processing systems——software for railway control and protection systems,2001 铁路应用——通信，信号和处理系统——铁路控制和防护系统软件，2001
EN50129	Railway Applications——Communication， signalling and processing systems——Safety related electronic systems for signalling,2003 铁路应用——通信，信号和处理系统——信号安全相关电子系统，2003
TR50506-1	Railway Applications——Communication， signalling and processing systems. Application guide for En50129. Cross-acceptance，2007 铁路应用——通信，信号和处理系统.EN50129应用指导. 互认接收，2007

A.1.3　系统设计原则

为了给北京地铁亦庄线工程提供高安全性、可用性和可扩展性的信号系统，我方在系统设计方面将采用以下基本原则：

（1）“故障—安全”的原则。

信号系统中凡涉及行车安全的子系统或设备都满足“故障—安全”的原则。

（2）应符合标准等的规定。

信号系统设备具有高灵活性以及便于将来的扩展，系统设备的设计、制造均符合和遵循相应的国际标准和国内标准。

系统的软件设计、信源编码、数据传输以及与其他系统的接口、数据链路控制规程均符合和遵循相应的国际标准和国内标准。

所有安全系统的设计、开发、制造、调试和维护的全寿命周期安全保证体系满足国际和中国相关标准，对提供的用于运营的系统出示第三方独立权威机构出具的安全评价书。

（3）将速度监督和间隔监测从联锁功能中分离出来。

ATP/ATO子系统和联锁子系统的相互独立可以确保在ATP/ATO子系统发生故障的情况下，线路可以在联锁功能的防护下以人工方式继续运行。

（4）将控制功能和安全监督功能分开。

将安全相关功能置于硬件中比将其应用于监督功能中，“故障—安全”实现起来更加简单。

（5）提供容错的数据传输系统。

数据传输系统对于CBTC列车控制系统非常重要，它必须覆盖整条线路且和所有列车通信，因此采用冗余的无线网络覆盖整条线路，这样的无线系统可以保证在线路上任何位置单个AP故障的情况下保持列车与轨旁设备的通信不间断。

（6）采用必要的冗余措施。

高可用性在轨道交通应用中是必须的，关键设备需要应用冗余措施，但是由于某些不可避免的共模故障的存在，冗余也不总是有效的。如果这些故障情况发生，系统仍然需要能通过降级模式保证持续运营。

（7）其他必需的原则。

车站ATP/ATO和联锁设备采用分布式设置。采用移动闭塞原则和“目标—距离”原则。

基于以上原则，北京地铁亦庄线信号系统的架构如图A-1所示：

总体来说，整个线路的信号系统由四个主要的子系统组成，包括ATP/ATO（列车自动防护/驾驶）、CBI（计算机联锁）、ATS（列车自动监督）和MSS（维护支持系统）。

线路的运营管理主要依赖于覆盖整条线路的骨干传输网络，该网络支持各子系统之间的双向信息传输。

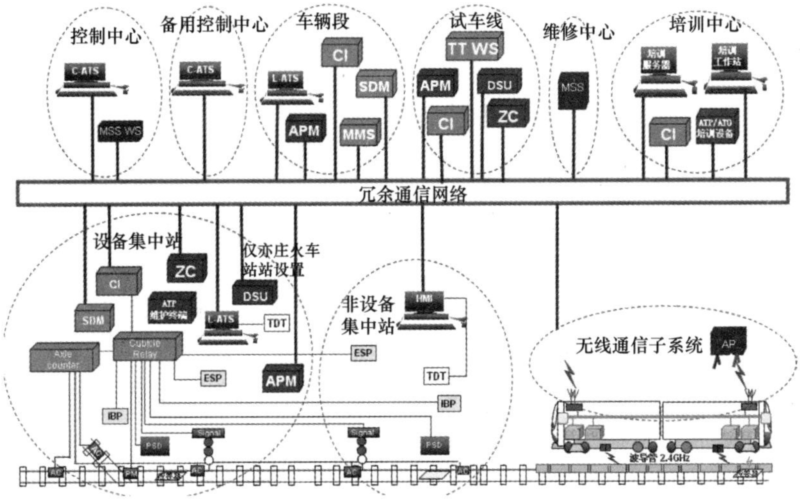

图A-1　亦庄线信号系统架构

通过2.4GHz开放频段传播的无线链路为信号轨旁和车载设备提供了双向安全信息传输通道。沿着全线轨旁分布的无线接入点（AP）和波导管（高架线路部分）、无线自由波天线（隧道线路部分）保证了无线网络对整条线路的覆盖。无线链路传送连续的CBTC信息。

轨旁ATP/ATO设备（区域控制器ZC）、AP管理单元和CBI等设备为分布式设备，位于各个设备集中站，其数量将根据设备集中站的分布来确定。

列车利用铺设于轨道上的应答器来实现定位，也可以通过计轴器来完成辅助定位。对于亦庄线来说，正线区域和试车线装配计轴器，其相关设备由我方提供；车辆段/停车场内通过相敏轨道电路来实现轨道占用检测，其相关设备由买方提供。

所有主要的子系统的配置和信号传输都是冗余的。单个设备和通道的故障都不影响系统的正常工作和系统间的信息传输。

北京地铁亦庄线信号系统由如下各子系统组成：

① 北京交通科技有限公司的ATP/ATO子系统；

② 卡斯柯信号有限公司的计算机联锁子系统（CBI）；

③ 卡斯柯信号有限公司的列车自动监控子系统（ATS）；

④ 卡斯柯信号有限公司的维修支持子系统（MSS）；

⑤ 数据传输子系统（DCS）；

⑥ 骨干传输网络，由买方提供；

⑦ 轨旁/车载无线传输设备，由北京交通大学有限公司提供。

A.1.4　系统配置

位于小营运营控制中心和备用控制中心的中央ATS负责管理整条线路的运营。除了安装在正线各个设备集中站的值班员本地控制设备之外，在车辆段/停车场的派班室和控制室、终端折返站、轮乘室和项目部还各设置一个终端。

安装在全线各设备集中站的6套区域控制器ZC负责管理正线的所有列车的运行，在亦庄车辆段的试车线上单独设置1套区域控制器ZC负责管理试车线上的列车作业。

位于设备集中站的6套计算机联锁设备负责控制正线的所有线路操作。

系统采用通信系统提供的通信骨干网，沿线设置AP，以确保各子系统间的通信和车—地间不间断的双向安全通信；同时在各设备集中站和试车线设置AP管理单元（APM），对所管辖区段内的AP进行管理。

正线设置一套数据存储单元DSU，设于亦庄火车站站内，用于管理整个系统的数据库。另外，在试车线单独设置一套DSU，以实现试车线的数据库管理。

系统结构配置如图A-2、图A-3所示：

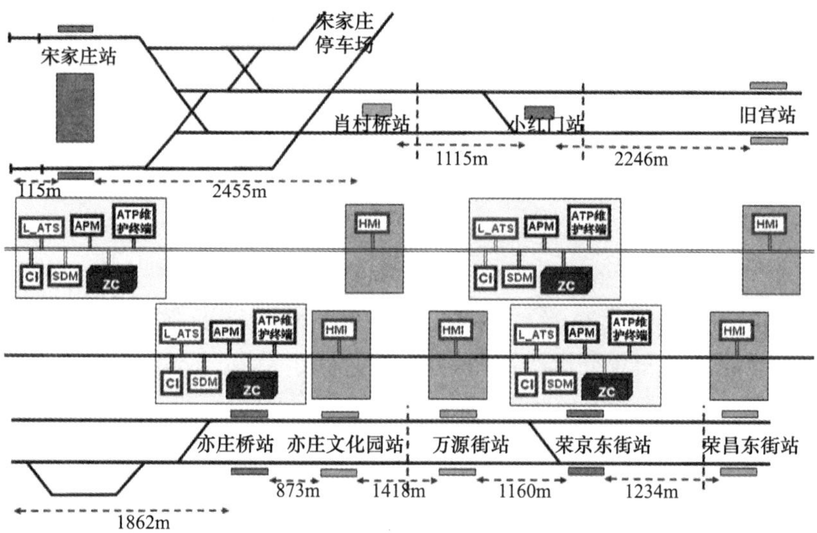

图 A-2　系统结构配置（一）

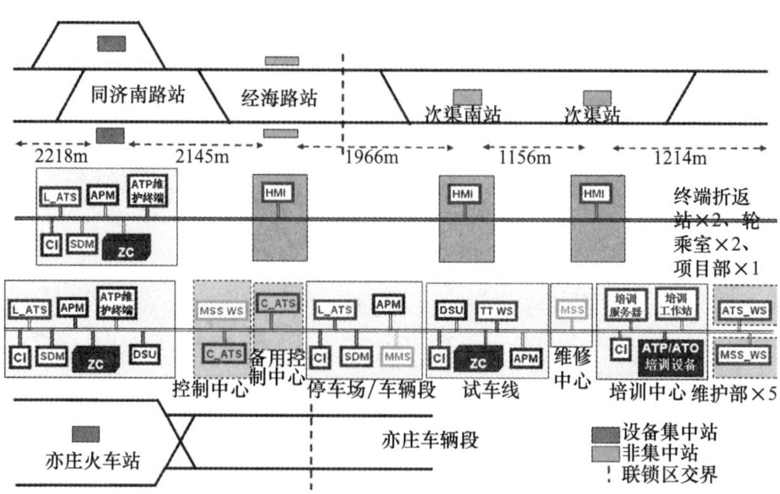

图 A-3　系统结构配置（二）

A.1.5 车载结构

列车的车载信号设备结构如图A-4所示：

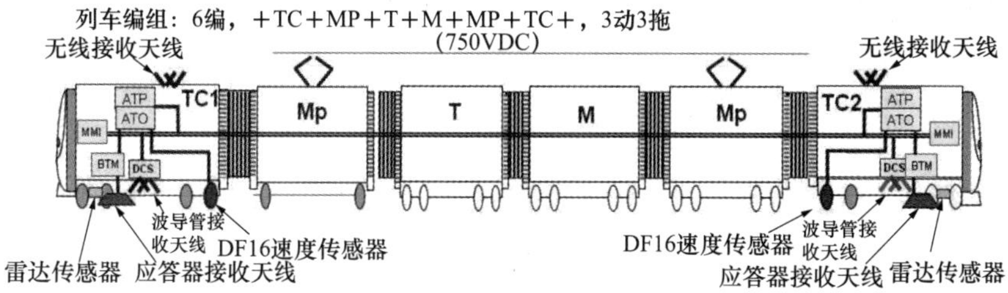

图A-4 亦庄线车载架构

在每列车的两端分别设置1套车载控制器VOBC及相关的I/O模块。除此之外，列车两端配备了相互独立的速度传感器、雷达传感器、应答器天线及BTM主机单元、MMI显示屏、车载DCS无线天线和处理单元等设备。列车两端的ATP/ATO设备通过通信线和电缆进行连接，从而实现折返切换。

A.1.6 整体方案特征

1）安全特征

安全性的目标是由高安全性的列车自动防护、计算机联锁和列车定位检测等设备来保证的。这些子系统之间的通信使用编码技术，符合“故障—安全”原则。

信号系统中涉及安全的设备的安全性完善度等级（SIL）均达到4级或由相关国家权威部门出具等级相当的认证报告，证明其符合或兼容安全完善度等级SIL4级的要求，具体要求如表A-3。

子系统安全完整性水平 表A-3

子系统	安全完整性水平
列车超速防护系统（ATP）	4级
计算机联锁系统（CBI）	4级

整个信号系统安全设备导向危害侧的概率指标≤10^{-9}/h（h为行车小时）。

2）性能特征

本系统采用的移动闭塞CBTC技术保证了系统的行车间隔满足以下指标：

- 正线最小设计行车间隔应小于或等于 90s。
- 设计折返间隔应小于或等于 108s。
- 停车场及车辆段的列车进入正线的设计间隔应小于或等于 108s。
- 后备运行模式下（含点式和联锁级）列车最小行车间隔满足 3 分

钟运营间隔要求。

易扩展性是由骨干传输网络保证的。这一结构允许通过在骨干网上简单地增加模块来实现增加列车、增加车站或者延伸线路。软件方面，线路延伸只需要修改线路配置数据库，不需要修改核心软件。

A.2 安全评价体系

世界发达国家的城市轨道交通系统已经有百余年的发展历史。这些国家不断总结经验教训，完善管理，已经形成了一整套科学的安全评价、管理体系，制订了一系列切实可行的安全技术标准。

A.2.1 相关国际标准概述

IEC61508是国际电子电工委员会（IEC）制定的《电气/电子/可编程电子安全相关系统的功能安全》国际标准，是进行轨道交通安全保障和认证的重要参考标准。

在铁路运输领域里，人们对安全相关系统的研究主要集中于铁路信号控制系统。首先是1963 ~ 1965年有信号保安协会在日本开展起来，所进行的研究是以“电子技术信号设备的研究”为主题开展的，还发布了相关研究报告。

国际铁路联盟研究实验所（ORE）A118课题在1969 ~ 1977年间共出版了13个报告和2个技术文件，系统地考证了“电子技术在轨道交通信号系统中的应用”。A155课题组在1982 ~ 1988年期间发表了《在轨道交通信号设备中电子元器件的应用》报告；在A155课题的基础上，1990年1月，国际铁路联盟（UIC）发布了738R规程，给出了安全信息的处理和传输的一系列建议。

以IEC61508国际标准为基础，欧洲电气化标准委员会（CBELEC）下属的SC9XA委员会，制订了以计算机控制的信号系统作为对象的轨道交通信号系统系列标准。该套标准具有较强的针对性和更好的实用性，在很多国家得到推广，并先后被IEC委员会采用为国际标准。该套标准包括IEC62278、IEC62279、IEC62280以及IEC62425四个部分，如图A-5所示。

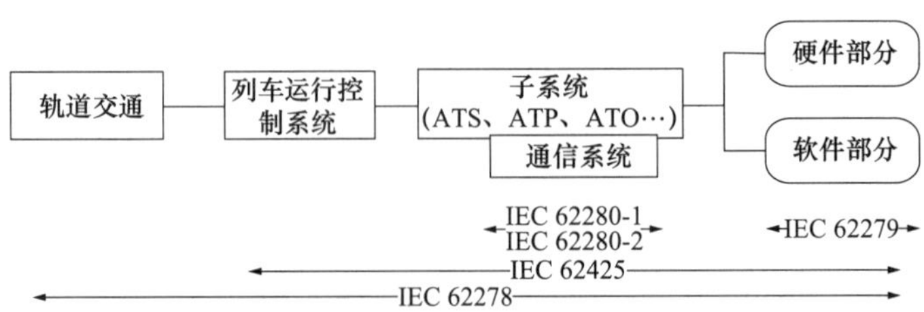

图A-5 轨道交通可信性国际标准

IEC62278（EN 50126）明确了轨道交通系统的可靠性、可用性、可维护性和安全性（RAMS）的概念以及相互关系，并且规范了可信性系统的生命周期框架，以及在每一个生命周期阶段为了保障系统的RAM和安全性所需要完成的工作。

IEC62425（EN 50129）针对列控系统的安全案例、安全完善度等级等方面对IEC62278进行了补充。

IEC62279（EN 50128）是列控系统安全相关软件设计标准，在IEC62278的框架下补充了软件工程内容，规定了不同安全程度的软件设计需要使用的技术和实施的管理。

IEC62280（EN 50159）是轨道交通通信系统安全标准，分为封闭通信系统和开放通信系统两个部分。标准从系统安全性的角度看待信息安全问题，将信息安全技术作为提高系统安全性的措施，使二者在系统设计中实现统一。

A.2.2 国外信号系统相关的安全评价体系研究

欧美国家较早开展轨道交通信号系统的安全研究，目前已形成了比较完善的安全评价体系，如英国基于《工程安全管理手册》（《黄页》）的工程安全管理和认证体系，德国TÜV认证体系等。它们主要以EN铁路标准为基准，依托第三方认证机构，对已有线路和在建项目的信号系统进行安全性论证。

基于风险评价的方法主要是依据EN 5012X的推荐进行。此处使用风险评价不仅可以减少通过检查表进行的评价的工作量，更重要的是在整个轨道交通安全评价的过程中，我们推荐连贯的使用风险评价，因此，在评价时风险评价可以更方便地检查在预评价、验收评价中系统的风险，以及这些风险在运营中可能出现的后果和相应的经济的预防措施，也就是说，风险评价不仅能完成评价的工作，还能很好地跟踪危害，从而最大程度地保证危害在系统中已被控制和防护。

风险的概念由两个元素组成：导致事故或事故组合发生的概率或这些事故发生的频繁程度以及危害后果，即：

$$风险（R）=频率（F）\times 后果（C） \qquad （式A-1）$$

与风险相关的另一个基于风险的评价中常见到的概念是“危害”（Hazard），危害是任何可以导致人员伤害、疾病或死亡的，或者导致设备损伤或损失的，实际或潜在的系统状态或条件，其可能导致事故的发生。现在很多风险评价的方法通常都针对相关的危害进行分析。

实际应用中，基于风险的安全评价方法有很多，既有定性的评价方法也有定量的评价方法，常用的基于风险的评价方法中，定性的主要有风险矩阵法、HAZOP和故障树分析等，定量分析有事件树、初步危害分析、FMECA等。

《黄页》提出以下四个不同的利益攸关方或称为相关方：

- 客户。由客户首先提出铁路改造工程的需求，然后提出改造工程后的运营或使用结论；
- 项目单位。由项目单位管理改造工程并控制风险；
- ISA。ISA 评审改造工程并保证改造工程的风险在合理可行条件下最低（ALARP）；
- 安全授权机构。由安全授权机构认可铁路改造工程及伴生的风险。

“安全授权”有很多表述方式，读者应辨别其中的区别并增减其内容以适合自己。本应用说明使用上面的定义。当然也涉及下面的定义（如果安全授权采用下面的定义，本指导有部分可能不适用）：

- 认可或认证安全授权——与上面定义的安全授权相同。通常是由铁路基础设施管理部门担任该角色。
- 工程安全管理安全授权——在黄皮书中定义的角色，其职责是在单位之内促进 ESM，保证该单位的工作满足安全标准的要求。
- 监督授权——在每个欧盟成员国设立的机构，其主要职责是对欧洲互联互通指令及相关的技术互联互通规范（TSIs）范围内的铁路系统授权。英国的互联互通监督机构是安全与健康执行部（HSE）。
- 政府授权——负责管理、检查和认可铁路改造工程的政府机构。

ISA相关各方的组成及关系如下。

（1）ISA相关各方

为了实用目的和反映现实情况，在本应用说明中归纳出ISA的主要相关方如下：

- ISA 组织（提供 ISA 服务的法定实体）
- ISA 团队（ISA 组织的一部分，提供铁路改造工程相关风险是否可接受的专业意见）
- ISA 工程师（ISA 团队成员，完成规定的独立安全评价活动的个人）

ISA的责任是保证评价的严格程度与系统或设备的安全风险等级相匹配。ISA应保证规定的资源有效地用于注重项目安全风险的技术评价计划。这种做法也与安全工程采用的基于风险观念的做法相一致。

当项目声明所评价的改造工程风险低时，ISA不能轻易接受。ISA一定要检查支持该声明的安全目标的证据是否可靠，保证安全评价有足够深度和严格程度。

作为首次评价活动，ISA应审查哪些标准可应用于项目。如果目前项目采用的标准与ISA不同，ISA应立即向项目提出。

ISA应评审项目的规格书，根据背景情况对其评价以保证项目规格适合目的。黄皮书对有关铁路等级问题的应用说明提供了指导意见。

ISA通过为项目服务，保证主要安全风险及早解决，节约成本和时间，使项目效益提高。ISA不一定要等文件最终稿，可以先对文件进行评审，这样能提高效率。这么做，当然要确认最终稿与先前评审的版本是否有实质差异。如果与最终稿有实质上的不同，需要再次评审。

作为交付项，评价人员偶尔也要评价已被其他安全授权机构认可的系统或设备，即相互认可。

（2）提出观察意见。

观察意见的措辞对保证报告的明确性和避免误解是很重要的。下面对ISA如何客观地描述观察意见、防止主观性以及含蓄地提出建议，提供指导。

如果观察到遗漏性质的错误，ISA应这样表述：“按照‘某标准’要求，该部分未陈述……”。

对安全论据不足的意见，通常比遗漏更难表述。如果论据不清楚或是不充分，那么ISA应证明为什么必须考虑该论据。例如“与人机接口有关的风险是合理可行最低水平的论据不充分”，可以这样表述“人机接口有关的风险是合理可行最低水平的论据，未被人机工程学的评价所证明”。

评价员在表达意见时，应避免或谨慎使用以下的肯定语句：

- “该部分没有陈述……”中所提的任何意见都应一看就明白。如果有必要这么写，应提供有说服力的解释，详细描述不明确之处。
- “评价员关注……”这句话隐含着主观性，意见应客观。如果 ISA要确定某问题是深层次的问题，这种直率表达有益处。但如果这只是意见的目的，就需要解释清楚。否则最好避免使用。
- “评价员希望保证……”是主观的表述，可以客观地表述为“文件中应提供……保证”。

只要能够避免，意见尽量不使用提问方式，特别是“是非性”的问题（也就是只要求回答“是”或“不是”）。如果要使用提问方式，也该是“可以发挥”的问题。例如“如果一米之内的电磁兼容性水平太高，有可能产生危害吗？”的提法，可能得到“不可能”回答，这对安全论据没有益处。最好这样表述：“文件应证明一米之内的电磁兼容性水平不会产生危害。”

对版面（文字、公式、参考资料、标记）错误这样的意见，可以简单地列出所有错误，最好是集中成一条意见。由于评价的重点是安全风险，虽然记录版面错误也重要，但重要性相对较低。如果某文件由于版面错误或文字不通顺，导致读不明白，当然要提意见，最坏的结果是退回文件。

观察意见的分类，例如A类/1类（及其含义），然而，ISA所提的问题可以不限于黄皮书的分类。在评价过程中，ISA还可披露对项目有重大影响的其他问题。ISA应提出和记录这些问题，即使它们不在《黄页》的分类中，与安全无直接关系。然而，由于ISA的预定任务是识别与安全有关的问题，项目不应指望ISA来识别与安全无关的问题。

重要的意见，特别是A类/1类意见， ISA要通过个人沟通、开会或打电话，及早对项目打招呼。

要保存研究ISA意见的会议记录和讨论记录，以便对意见的变化过程进行审核。这对避免误解，提供最终文档证据和上报安全授权部门的ISA报告都是很重要的。

（3）提出主要关注

如果一个ISA团队的成员发现某个重大安全问题，他应马上与ISA领队讨论该问题。如果团队领导也认为确实是重大问题，他应立即报告项目或客户，不要拖延，不能等到下次再报告或遵循正规报告机制。

（4）ISA方法

对ISA的目标，有很多有效的方法。ISA应选择对收集评价员所需证据最有效的那些技术方法。例如，如果需要评价某人的资格，综合面谈与个人简历审查比只是审查个人简历要有效。当然，ISA要在证据的重要性和不同方法收集证据的成本之间进行权衡。

ISA只使用系列的文档评审作为评价安全方法还存在不足。文档评审是重复性的工作。评价员受一连串论据的引导，如果不积极分析论据作出评价会导致判断失误。另外，有很多在各种项目工程活动中出现的安全问题不与特定的单个文件挂钩，例如，人为因素、设备定时行为等，这些问题作为一个专题评价更有效。文档评审时，评价员应创建一个期望检查项目的清单（检查表），通过评审找出遗漏和错误。如果某安全例证文档不充分，ISA不应通过反复评价或补充得出安全例证。

审核、抽样、多样性分析、见证、面谈、可追溯性检查、垂直剖面、检查等技术应与文档评审一起使用，以增加对评价结论的可信度。

（5）工具和技术

ISA应检查项目所选的工具和技术是否合适评价目的，并检查项目是否采用合适的措施减少工具和技术使用的不足。例如，如果某设计工具只能检查某些软件指令，那么设计还要经过进一步的检查。所需补救措施的严格程度取决于评价设备或系统的安全完整性。

A.2.3　基于过程的安全评价

1）评价方法选择

对于本项目，第三方独立安全评价机构（简称评价机构）将使用基于风险的方法来开展安全评价，并在项目早期建立关键风险定义。这对于评价工作的优先顺序安排非常重要。评价员将检查安全计划，并仔细考虑在项目周期内我们希望评价的安全管理工作。本计划将定义评价工作的基础，列出希望检查的文件、审查细节以及见证测试，规划我们的人员，并提供我们可能采用的所有抽样评价的准则。评价机构将适时开展所有的评价，虽然我们预计到在评价后建设方将会提出意见和咨询，但总体上评价工作将在一个检查循环结束。

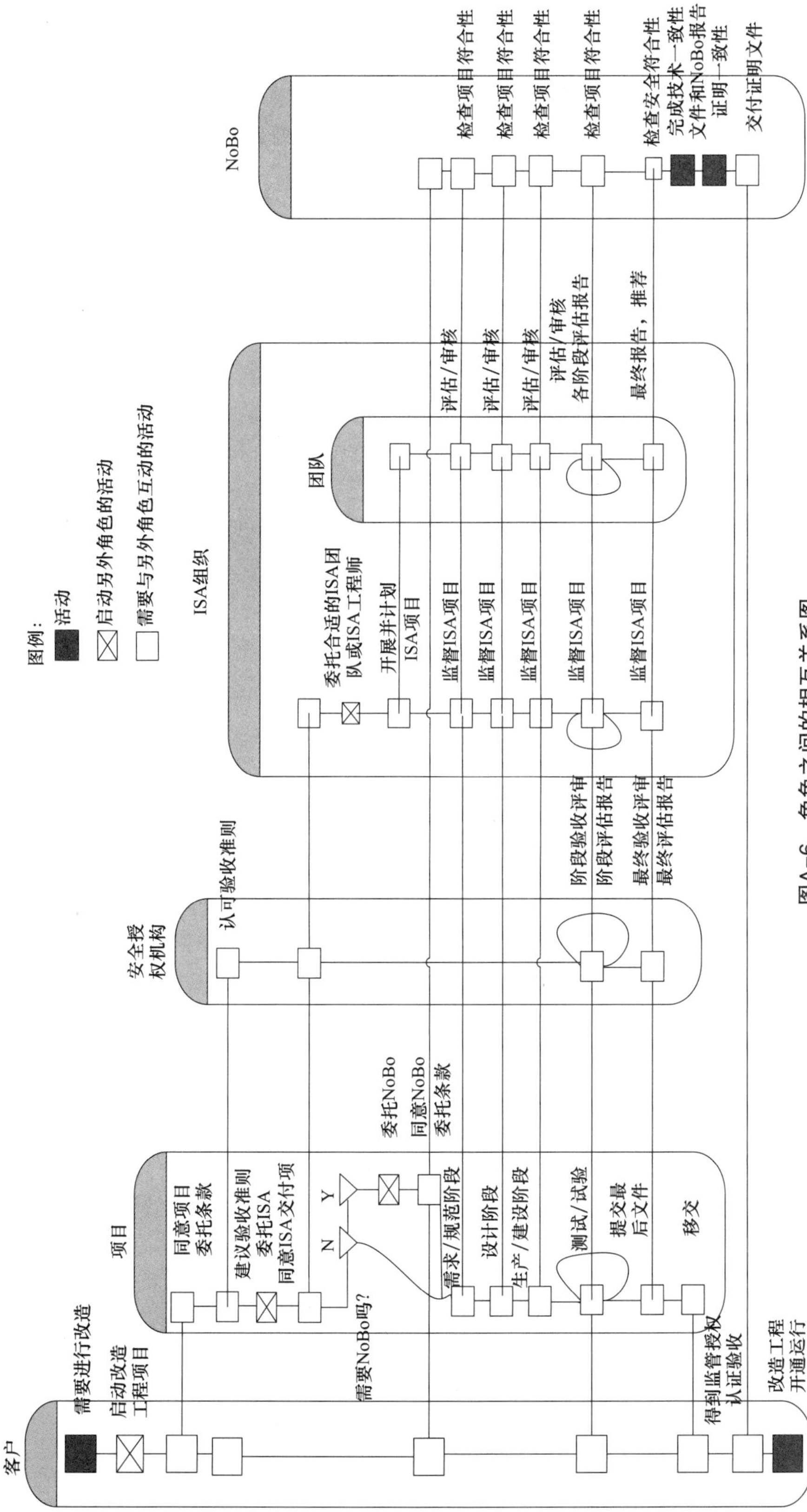

图A-6 角色之间的相互关系图

评价工作将包括评价开发流程，以判断其在建立安全需求（即安全控制措施）方面的有效性；而后开展抽样评价，以确保安全控制措施有效。每个阶段的评价方法将使用以下方式中的一种或多种：

抽样——抽样的目的在于不可能评价所有相关证据，或者为了更有效地利用评价资源的情况下，评价机构依然可以获得对某一特定区域的足够的信心。通常在特定的工程过程内可能产生大量的证据或文件时，才需要抽样。评价员可能抽样评价对某一特定子系统的分析，或者抽样评价某一特定故障模式的分析。评价员会定义并记录所有抽样评价的目的以及论证。如果抽样评价发现重大问题，则须开展进一步评价。

纵向切片分析——纵向切片分析的目的是在系统生命周期内追踪危害减轻措施（即不同的安全控制措施）。评价机构将评价针对危害的安全需求（即安全控制措施）、设计要求、规定、实施以及辅助性的验证及确认证据。这样评价员就可以了解在生命周期内建立安全论证的方法。纵向切片分析相对于评价工作只关注某一特定项目阶段的做法，提出了一个非常不同的观点。

访谈——访谈的目的在于深入了解相关问题，如安全文化、人员资质或者项目设计方面的安全问题。访谈的结果应用于指导评价员评价或审查特定区域。评价员也将收集客观证据以证实访谈过程中的观点。在访谈前应事先就访谈的事项、目的以及结果达成一致。

多重分析——多重分析的目的为通过不同方法开展同一分析，来获得对安全报告关键方面的信心。这不代表简单的重复分析，而是开展足够工作以获得对于分析的信心。例如，评价员可能会针对整个系统开展独立危害识别工作，并将其分析结果与供货商的结果进行比较。

评价计划也将详细介绍我们的独立性安排，即我们和设计过程是独立的，我们和我们的辅导人员是独立的。计划将介绍负责评价工作的团队与负责评价工作的团队之间的组织结构。

评价计划将发送至北京市轨道交通建设管理有限公司供其审批，以确定评价机构的项目工作范围。

2）安全分析和安全需求的评价

在针对危害识别及减轻的指导工作后，北京市轨道交通建设管理有限公司将进行危害识别以及分析工作。评价机构安全评价员将开展针对该工作的结果，即安全控制措施的评价。评价会考虑处理危害的减轻措施是否足够。评价将参考北京市轨道交通建设管理有限公司或者供货商编制的分析，并以此为基础建立安全控制措施。

在项目某一恰当阶段，评价机构将抽样检查编制的要求说明、设计说明以及详细设计，以检查安全控制措施的可追溯性。这可以确保信号系统设计过程有效，可以满足所有识别的安全需求（即安全控制措施）。

在本阶段将编制中期报告，详细地介绍我们观测的结果以及发现的所有问题。

3）互认接受报告评价

当信号系统的供货商完成了标准信号产品的使用分析以后，评价机构将检查分析报告，以确保以前使用地点通用应用性与北京亦庄线之间的互认接受已经具备了必要的前提。评价机构安全评价员也将评价供货商产品特定的安全要求已经在项目安全需求中反映出来，所有的应用假设及限制都符合并代表了北京铁路亦庄线的环境，将特别关注信号产品与亦庄线其他子系统之间的外部接口。

同时，我们也会检查相应机构对供货商早期产品做的验收性文件证据，我们不建议对该部分再做相同的重复评价。

4）设计安全报告评价

在危害识别和管理工作完成、安全需求已经确立以及一些设计安全需求已经结束（完全处理）之后，应该编制一个设计阶段安全报告。

信号供货商将编制一份安全报告，总结已经开展的安全管理工作，这些工作的结果、开展安全管理工作的组织架构及所用的资源。安全报告将包括系统需要安全论证的内容。论证基于标准信号设备已经获得安全批准的前提之下，设计采用了良好实践以及额外安全控制措施已经达到ALARP原则。报告也将报告本阶段管理的所有安全要求以及那些没有结束（完全处理）、但可以在设计及测试阶段结束（处理）的要求。

在本阶段将编制中期报告，详细介绍我们观察发现的所有问题（包括按照EN50128审核软件开发流程中发现的问题）。

5）制造

设定在给定的标准信号产品历史以及供货商建立的管理体系下，则不需要直接审查产品制造过程，因为供货商供应的产品具有符合其产品要求的证书。

将针对现场及车载设备的安装开展抽样审查，以验证设计已经在制造阶段得到充分的体现。将根据基于风险的原则确定抽样，而基于风险的原则、基于设备数量、错误后果影响、对运营的影响等因素。在本阶段将编制中期报告，详细地介绍我们观察发现的所有问题。

6）安装、测试和调试

本案例提供的方法不建议供货商设备在北京与其他系统集成之前开展任何见证测试。假设供货商已经建立了公司质量管理流程，并且通过了外部机构的认证，以确保供应的产品可以满足其公布的产品规格书。

我们将会特别关注与系统现场要求相关的测试，既包括布线及建造，也包括软件功能。测试及调试工作的评价将包含检查测试计划及说明，来确保那些只能通过测试方可关闭的安全需求已经得到完全的处理。理想的情况是测试条款可以直接反映特定安全危害。这样测试及调试过程可以证明已经到达所有的系统要求。

评价同时会针对测试及调试文件开展抽样检查，并见证实际的测试。这可以确保以前评价的流程已经得以正确实施，并通过测试及调试过程确认。

7）试运行：运营准备（载客试运行前）

在每次完成实际工作以及转交给客户后，评价机构将于试运营开展评价工作以评价系统是否处于良好的状态、运营规程是否可以有效运行，运营及维护人员已经做好安全运营及管理安全需求的准备。评价工作包括见证一定数量的测试/试验，审查运营维护人员。

我们也将评价载客运营阶段最终安全报告，以确保所有需要在安装及测试阶段结束（完全处理）的危害都已经结束。

本阶段任务为最后一个阶段的任务，通过评价系统是否可以满足安全相关要求以及运营维护人员是否有能力通过运营手册和维护需求管理剩余风险的能力，来确保铁路系统的安全。一些危害可能依然处于未解决状态，但应为可接受或可容忍状况并持续监控。

本阶段评价机构将编制一份关于安全管理体系成果的报告，以及颁发一个“适合运营”的证书。这代表我们同意系统进入载客服务阶段。

评价机构为项目进展的每一关键阶段都准备安全评价报告，最终的安全评价报告将在试运行前准备。

在整个项目生命周期，评价机构将准备下列文档。

独立第三方安全评价交付文档表　　　　**表A-4**

项目阶段	文　　档
项目启动	独立第三方评价计划
初步设计	安全评价报告
系统设计	安全评价报告
详细设计	安全评价报告（点式系统）
	安全评价报告（CBTC）
制造	安全评价报告（点式系统）
	安全评价报告（CBTC）
安装、测试和开通	安全评价报告（点式系统）
	安全评价报告（CBTC）
试运行	安全评价报告（点式系统）
	安全评价报告（CBTC）

A.2.4　基于目标的评价方法

为了保证关于系统安全方面结论的正确性，评价机构特建立了一个基于目标的技术方法，通过评价方法的目标来定义评价方法，而且每个目标将分解到为达成这一目标所需的每一步工作上。该流程是递归的，直到子目标可以通过简单的保证实现目标的策略来描述为止。我们仍遵守基于风险的理念，将我们的工作重点放在最高风险的领域。通过合并，可以保证方法的全面性、完整性以及可预测性。

这些子目标中的一些将适用于开发生命周期的所有阶段，而其他将只适用于开发生命周期中相关的一个或几个（不是所有）阶段。

值得注意的是，独立安全评价是对系统及其设备的安全性提出的安全论据和论证进行评价。提供有效证据是信号系统集成商和产品供应商的职责，独立安全评价工作的过程将促进整体安全案例的编制，但是独立安全评价本身并不负责编制安全案例。

1）目标

最高层目标为：开展评价是为关于系统安全的结论提供足够的信心。

为了实现这个目标，独立安全评价需要建立各种条件，通过它们实现最高的目标。这些条件就是第一层的子目标。下面列出了一些例子，当然这些举例并不是全部的。这些例子包括从开始工作到完全理解了整个信号系统的具体组成的过程。

- 对于变化所提出的基于进度的计划是合适的并且是被遵循的；
- 对于整个系统范围的安全问题采取足够的重视；
- 对于组成系统的各个组件（例如道岔、信号机、计算机联锁设备、ATO 设备、ATP 设备、轨道电路设备、计轴设备等）的安全性采取足够的重视；
- 对于数据准备过程（应用设计）的安全性采取足够的重视等等。

每一个子目标是可以进一步分解的，一直到可以得出一个简单、准确的事实结论（通常存在相关的证据支持这个事实结论）。

这些目标、子目标等等以及相关证据将作为早期的活动开始实施。这些信息对于项目是可以得到的。这个方法的优点就是项目在早期就可以完全理解需要产生何种证据，从而独立安全评价方很早就可以对亦庄线信号系统的安全性得出正面的结论。

2）产品和过程评价

评价机构采用的方法是独一无二的，既包括对生产的产品的检查，还包括对产品生产过程的检查。

产品评价具有下面的缺点：

- 它只告诉什么是缺陷（没有告诉为什么是有缺陷的）；
- 它在项目很晚的时候产生结果（报告），通常在这个阶段更正是很费时和昂贵的；
- 如果有缺陷的问题不涉及具体的产品（比如集成和兼容性的问题），会在整个的评价中产生一些缺口。

如果增加过程评价，这样不但对产品本身进行评价，而且同时对系统的开发过程进行评价。这个过程对于整个系统在其运营环境下的评价是特别有效的。

使用产品和过程评价对于项目具有显著的优点，这些优点是：

- 可以很快地对一些重要问题提供反馈（在更早的阶段提供方便，对于任何缺陷提供成本有效性更高的更正，从而将项目超时以及/超资的风险降到最低）；
- 关于如何更正缺陷问题提供了更多的信息；
- 使得一些很难看到的隐藏问题（比如集成问题）变得可见了；
- 提供一个完全彻底的评价。

使用产品和过程评价，项目可以通过一个更加彻底的评价从中受益，将项目的风险降到最低。

3）评价深度

在如此大型的项目中，一些系统或功能将比其他系统带来更大的风险，因此为了最大限度地利用独立安全评价资源，将针对评价工作开展一个风险分析，并根据分析的结果，修正针对功能或子系统的检查深度。

但假设最初决定针对某一系统仅须开展纵向条分，但是在纵向条分的过程中，评价人员发现了值得注意的问题，评价人员可能针对某一特定区域，开展更全面的分析。

4）管理独立安全评价和系统保障

对于地铁亦庄线，要求评价机构不但提供独立安全评价服务，而且还需要提供一些安全保障的服务。由于独立安全评价的活动必须保持独立性，因此独立安全评价和安全保障不能由同一个团队或者在同一个经理的指导下实行。组织结构的安排在本案例书的其他部分描述。下面主要处理安全保障功能和独立安全评价功能之间的运作关系。

图A-7代表了这种安排下的三种主要参与者：系统开发人员、系统保障团队、独立安全评价团队。

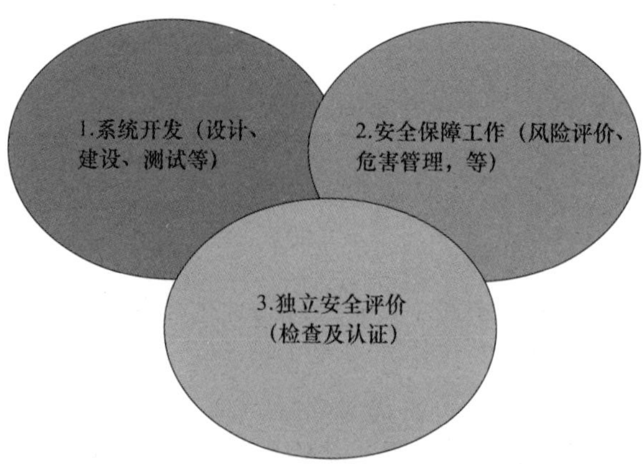

图A-7 运作安排

系统开发团队负责设计、建造和测试产品和系统。

安全保障团队负责实施安全活动，比如开发和管理系统的危害记录、进行风险评价以及诸如FMECA、故障树分析等等具体的分析，这些都建立在系统开发团队所提供的信息基础上。反过来系统保障团队在这些信息的基础上就安全问题通知系统开发团队，系统开发团队进行确认或者根据需要对设计进行修改。

独立安全评价团队对安全保障团队和系统开发团队的工作进行检查，确认所有的安全问题已经正确而有效地进行了控制，从而作为结果，可以（如果合适）对所安装的系统提供安全证书。

在系统生命周期的每一个阶段系统开发团队将承担一些工作，同时安全保障团队会通告安全保障工作的结果。在每一个阶段将会对安全保障团队和系统开发团队的工作进行评价，并且以一些正式或者非正式的形式通报给项目，说明将要安装系统的安全是如何管理和开发的。

在系统整个开发生命周期的每一个阶段应用安全保障和独立安全评价意味着在这三种角色之间的协作关系。这种协作为重要安全系统的开发提供了一条最有效的途径，同时不但在系统的安全确认方面，而且在整个项目的时间和成本方面确保获得最佳的结果。

5）流程审核

总的审核方法在下面描述。同时也会描述将要采用的特定审核类型。

（1）审核方法

ISA将依据黄皮书和相关的清单审核开发工作。审核员将记录所有关于文档的疑问、意见或问题；或者记录使用安全通知的审核流程。审核结果将记录到安全性审核报告。

ISA开展审核工作来满足与审核相关的目标，这些审核工作包括下列方面：

- 基线配置；
- 设计和建造；
- 安全工程；
- 配置管理；
- 安装和开通；
- 培训、运营和维护。

下文将详细描述这些内容。

审核中采用到的技术包括：

- 着重检查系统安全计划、支持工作规程和其他计划文档；
- 主题审核，由特定安全问题的审核组成，例如数据准备；
- 观察（例如：HAZOP 工作坊、工作练习、项目活动和条件）；
- 参加会议；
- 观察原型系统和实际系统的演示；

- 见证（例如：测试流程）；
- 面谈（例如：项目成员、操作人员）。

ISA或项目组对影响安全或项目进程的产品开发活动有特别担心时，ISA可能为此开展一个审核。

（2）基线配置

这部分审核计划包括配置控制、生产过程中的变更管理流程以及原始应用中的设备控制。这将保证定义原始应用的版本信息确认确切使用到的设备、确保有一个明确定义的基线，亦庄线的互认接受认证基于这个基线之上。

（3）设计和建造

这部分审核计划包括确定变更以及实施变更的流程，这些变更是根据亦庄地铁线的实际情况而对原始应用的设备所做的改变。审核工作包括需求、规格书、设计、建造和测试流程。它将重点关注于：

- 确保在设计和建造阶段存在有效的可追溯性；
- 确保为亦庄地铁线应用所做的变更已经得到正确的实施。

（4）安全工程

除下列工程流程外，这部分审核计划还包括安全计划的应用。工程流程包括：

- 危害识别及分析；
- 确认可用的标准并且分析与标准的符合性；
- 危害登记册的维护；
- 确认原始应用与该地铁线应用之间的差异性。

这些审核工作确保在项目中采用的安全工程把系统的风险降低到足够低的程度（ALARP）。

（5）配置管理

这部分审核计划包括变更管理、变更影响分析的有效性以及整个生命周期的变更可追溯性。这将确保系统中配置的设备是符合要求的产品，正确地反映了安全工程流程的结果。

（6）安装和开通

这部分审核计划包括每个开通阶段的产品安装和开通过程中采用的流程。这确保产品按照要求正确地安装和开通。

A.2.5 安全评价实施框架

1）初步危害分析

（1）定义和概念

初步危害分析是在某项工作开始之前，为实现系统安全，而在开发初期阶段对系统进行初步或初始分析。

（2）分析过程

① 通过经验判断、技术诊断或其他方法，确定出危害及危害存在的地点，即识别出系统中存在哪些危害，并确定出其存在的部位，充分详细地调查了解所需分析系统的情况，如生产目的、所用物料、生产装置及设备、工艺过程、操作条件以及周围环境等。

② 依据过去的经验教训和同行业生产中曾经发生过的事故或灾害情况，对系统的影响和损坏程度，用类比推理的方法判断出所需分析系统中可能出现的情况，找出假设事故或灾害可能发生时，能够造成系统故障、物质损失和人员伤害的危险性，分析和确定事故或灾害的可能类型。

③ 对确定的危害进行分类，编制初步危害清单；

④ 识别转化条件，研究危害转变为危险状态的触发条件，危险状态转变为事故或灾害的必要条件，有针对性地寻求预防性的对策措施，并检查对策措施的有效性。

⑤ 进行危险性分级，列出重点和轻、重、缓、急次序，以便进一步处理。

⑥ 制定事故或灾害的预防性对策措施。

（3）初步危害分析的等级划分

在进行初步危害分析时，将各类危险性按照危险程度的不同划分为4个等级，以便衡量危险性的大小以及其对系统的破坏程度。危险性等级划分如下：

危险性等级 **表A-5**

级别	危险程度	可能导致的后果
I	安全的	不会造成人员伤亡及系统损坏
II	临界的	处于事故的边缘状态，暂时还不至于造成人员伤亡、系统损坏或降低系统性能，但应予以排除或采取控制措施
III	危险的	会造成人员伤亡和系统损坏，要立即采取防范对策措施
IV	灾难性的	造成人员重大伤亡及系统严重破坏的灾难性事故，必须予以果断的排除并进行充分防范

（4）预先危害分析的重要事项

充分考虑工艺特点，列出危险性和危险状态，充分考虑其他因素。

在使用初步危害分析方法时，需要分析人员取得如下资料：装置设计标准、设备说明、材料说明以及其他资料。初步危害分析需要收集装置或系统的各类有用资料，以及其他可靠资料。应尽可能从不同渠道收集任何相同或相似的装置，或者即使工艺过程不同但使用的设备和物料相同的装置或系统的有关资料。相似设备的危险性分析，相似设备的操作经验等，以便从中汲取相关的经验。

初步危害分析多数使用在项目开发的初期进行危害的识别，因此能提供的资料是有限的。但为了让初步危害分析能达到预期的效果，分析人员必须至少获取可行性研究报告或工艺过程的概念性设计说明书，必须知道过程所包含的主要化学物质、反应过程、工艺参数等，以及主要设备及其类型，说明装置需要的基本操作和操作目标的有关资料，这些都有助于确定设备的危害类型和操作环境。

2）系统危害分析

系统危害分析（SHA）类同于FHA，表格也类同。SHA是一种识别下列内容的归纳分析方法。

- 产生危害的系统设计特点或组件；
- 产生危害的系统中各部件之间的接口；
- 有利于进行充分系统危害分析的综合系统信息。

这种分析，原则上集中分析组件和它的失效后果或检查子系统不正常的运行功能。按此，电缆插头未插上，或过早地被断开，则系统一定会出现危害。在确定危害特征时，系统运行模式是最重要的。电缆插头的过早断开，将产生不同类型的危害。如果发生在运行期间，插头符合设计的断开不同于非正常断开，分析过程将反映这些不同点。

SHA应说明下列几种危害定义中的要素：触发危害的组件，组件危害方式，系统运行模式（对每个组件，方式可以多于一个），危害影响（对每种运行模式，影响可多于一个）。例如，触发危害的组件是飞行器的电压调节器，它有三种失效方式——高压、低压或无输出。观察高压失效方式，会发现，在巡航飞行期间较准备发射期间的危害水平要高得多。

于是，以FHA方法为基础的SHA，是将这种方法扩充为对每个组件及其潜在危害的检查。

3）运行危害分析（OHA）

在对所探讨的系统进行研究时，运行危害分析（OHA）并不过多地涉及分析过程。在OHA中，集中分析来自任务、活动或系统进行功能的危害，这种危害发生在系统储存、运输、试验过程中。若一件不希望发生的事件引起了伤害，则在某处必然有故障发生。但危害并不都在元件或人员操作故障中，然而，焦点应是在可能造成灾难的唯一最直接原因的运行事件或活动上。

OHA为下列安全设想提供依据：

- 消除危害的设计改动，或提供安全装置和保险器；
- 系统服务、培训处理、储存和运输的特别规程；
- 报警、警告标志、特殊说明或运行的紧急规则；
- 确定与造成危害有关的运行时间和系统功能。

OHA的工作应尽早开始以保证为制订系统试验的技术要求提供依据。为提出修改和附加建议，循环、反复地作运行危害分析是最有效的方式，并且，在系统设计完成之前，应采用OHA评价系统运行功能模式的设计。

进行OHA的分析人员，应熟悉带有技术保障设备的系统的工程知识。在这种分析方法中，要求和规程都是信息库中的一部分。

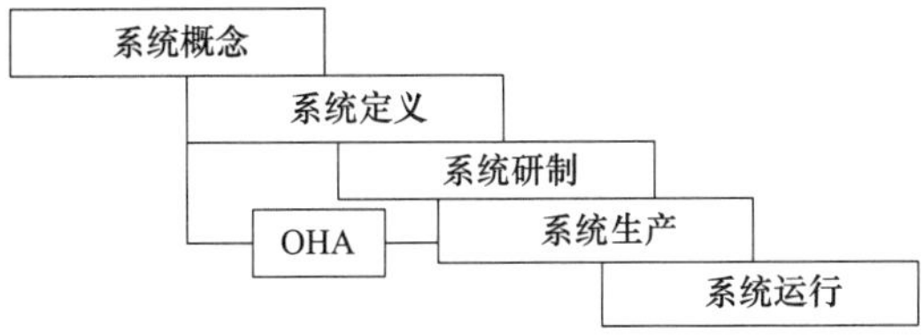

图A-8　运行危害分析（OHA）过程

分析的方式如同PHA，用表格形式找出危害。OHA类似于PHA，只是PHA将运行事件作为预先分析的函数。简单的OHA表格有这样几例：运行事件的描述、危害描述、危害影响、危害控制、要求。

虽然大量的附加信息对OHA是有用的，但OHA一般较FHA及PHA简要些。分析过程随系统的类型及运行环境的不同而有其特点。

4）采用的安全评价技术方法

主要采用基于风险的安全评价方法和安全检查表。

A.2.6　安全评价观察项及报告形式

在进行独立评价之前，需要针对用户需求和相关标准制定一个检查表。检查表可以提供一个系统方法记录独立评价结果和证据，作为评价方的文档保存，以备追溯。

安全评价中发现的问题，称为安全评价观察项，根据问题的严重程度分为三类：

- 类别 1——严重问题，在项目可运营前需要可行的解决方案（作为选择，也可以在短期内采取特定控制措施以控制风险）；
- 类别 2——重要问题，需要在 3 ~ 6 个月内解决，但是项目可以暂时运营或者开发或实现过程可以继续（可能需要防护措施）；
- 类别 3——一般问题。需要在下阶段的审核前改正，不需要单独的活动。

安全评价报告格式如下：

- 评价概述：概述评价任务，总结或建议；
- 介绍：给出工程背景、目标和报告范围；
- 要求：给出涉及报告的评价目标和范围；
- 评价细节：评价活动的描述；
- 调查：描述评价结果，包括任何建议；
- 结论：ISA 将给出安全专业意见并予以陈述，对在审查过程中未关闭的安全通知给出总结。

A.3 安全评价工作及过程

A.3.1 安全评价工作背景

为了保证轨道交通系统的运行安全性，项目开发的轨道交通系统必须在其投入运行之前进行安全评价，只有取得安全授权部门的验收审批才能投入运行使用。参照国外发展成熟的轨道交通系统的标准和认证体系，国内也在逐步发展适合本国开发和运行实际情况的轨道交通安全评价体系框架，从而保证国内线路的运行安全性。然而系统的安全评价并不是一味强调绝对的安全，而更为重要的是把安全意识和新理念体现在系统设计开发全过程中。

轨道交通的安全评价是基于EN5012X系列标准提出的，主要针对铁路的信号系统。在英国《黄页》第四版中对安全评价的定义为：确定铁路上的系统、产品或者其他变更是否满足其安全需求并且其安全需求充分适当的分析过程。

安全评价机构根据信号系统安全完善度等级的要求，指定认证者按照一套标准的程序对于铁路安全相关系统进行认证，安全评价者应该找出系统安全上的任何缺点，并给出改进意见。

基于通信的列车自动控制系统（Communication Based Train Control，简称CBTC）是目前国际上先进的轨道交通运行控制系统，它可以实现最小设计间隔达到90秒的移动闭塞。

2002年开始，为了落实国家发改委的国产化政策，发改委、北京市政府、建设部、科技部、财政部等相继从政策、科技经费与示范工程方面大力支持了具有完全自主知识产权的CBTC系统研究开发、中试、示范工程和产业化。

作为一个保证行车安全、提高运输效率的安全苛求控制系统来说，一般需要的典型过程如图A-9。

应用于亦庄线示范工程的LCF-300型CBTC系统摆脱了用地面轨道电路设备判别列车占用闭塞分区与否的束缚，突破了固定闭塞的局限性，为实现移动闭塞提供可能，在LCF-300型CBTC系统中充分利用802.11标准的通信传输手段，实时地或定时地进行列车与地面间的双向通信联络，使得后续列车可以及时了解前方列车运行实际间隔距离，通过计算后续列车即可给出最佳制动曲线，提高了区间通行能力，由于车地间通信信息量的加大，地面可以实时地向车载信号设备传递车辆运行前方线路限速情况，指导列车按线路限制条件运行，大大提高了列车运行安全性。LCF-300型CBTC系统地面设备包括：ATS子系统、CI子系统、ZC子系统、DCS子系统、用于定位及点式后备的应答器设备等；车载设备包括：车载ATP子系统、车载ATO子系统、车载无线设备等。

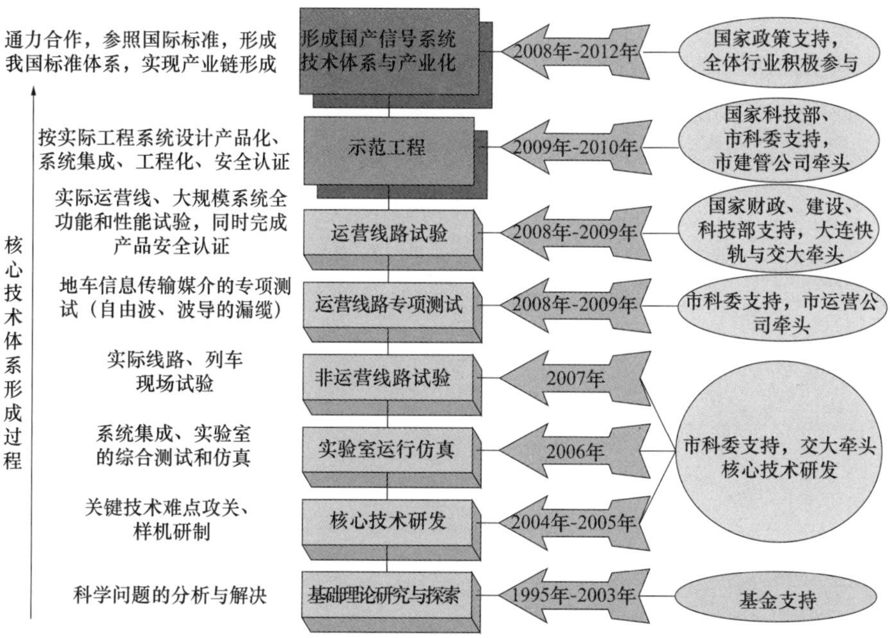

图A-9 CBTC核心技术体系形成过程

A.3.2 安全评价工作时间节点及组织形式

从2008年5月开始，由英国评价机构对于LCF-300列车控制系统产品进行“一般产品”安全评价，到2010年4月为止，已经提交所有要求的文档，经过了评价机构4次现场审核，2010年5月底获评价机构批准颁发一般产品安全证书，证书上写明LCF-300列车控制系统研发过程满足EN50128、EN50129的要求，主要安全功能满足SIL4要求（图A-10）。

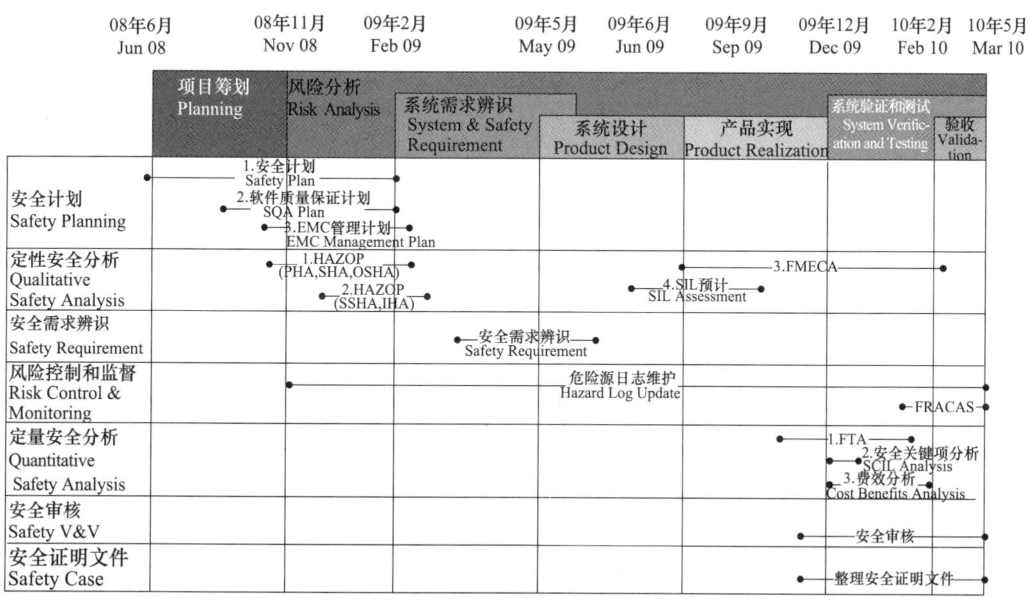

图A-10 工作时间节点图

项目管理和组织是一个项目成功与否的关键因素之一，LCF-300列车控制系统研发项目的组织架构图如图A-11所示。

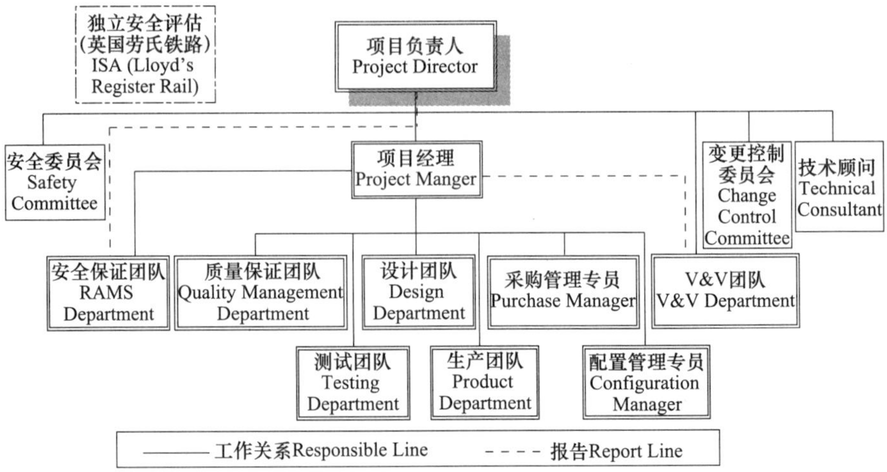

图A-11　项目团队架构图

亦庄线项目安全评价均由评价机构负责审核、发证。

亦庄分5个阶段颁发证书　　表A-6

序　号	里程碑关键点	时间	安全评价的发布
1	试车线联锁开通	2010年6月10日	第一次
2	单车动车调试——全线联锁开通	2010年7月20日	第二次
3	试运行——多车动车调试	2010年9月20日	第三次
4	跑图试运行	2010年10月20日	第四次
5	通车试运营（CBTC模式）	2011年12月18日	第五次

A.3.3　安全评价生命周期过程及文档体系

亦庄信号系统严格按照欧标的安全生命周期流程进行产品开发。系统生命周期是一个阶段序列（每一阶段均包含有任务），包含从初始概念阶段到停用及处置阶段的整个生命周期。生命周期提供一个规划、管理、控制和监控系统所有方面（包括RAMS）的结构，且在系统各阶段中不断完善，以便在协商的时间阶段内交付价格适当且正确的产品。

安全文档体系（用于描述每个文档的生成、认证、维护）包括：

（1）初步危害分析

对于系统设计初期的危害查找，包括特定危害到中间阶段危害的演变。同样还需要查找与系统建立流程相关的危害。初步危害分析报告就是一种首要通过的危害识别与分析报告，用于确定：

- 风险的作用域以及广度；
- 初步设计活动中的可以消除或者控制的潜在危害。

（2）风险认证报告

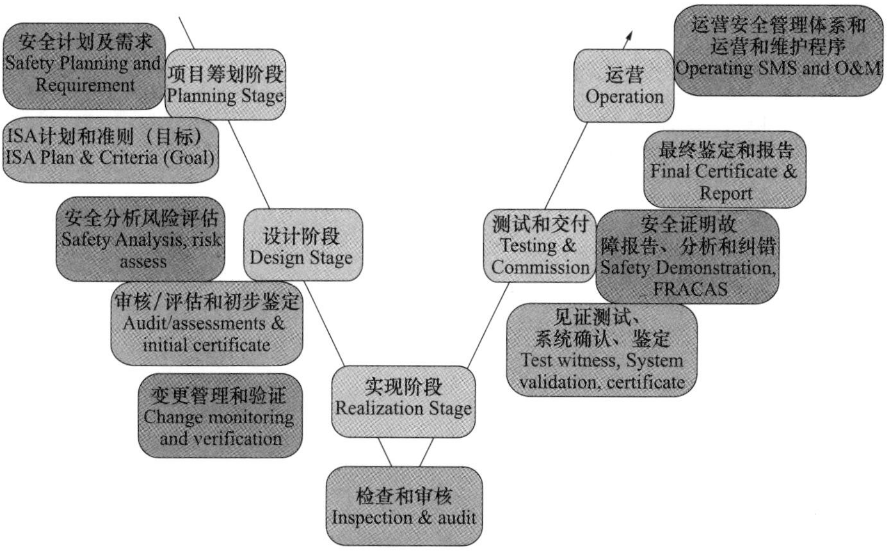

图A-12 生命周期各个阶段安全评价活动示意图

风险的定性与定量分析结果需要汇总到风险认证报告中以便于审查和签署。

（3）危害日志

记录危害细节，以及系统、产品安全分析过程中辨识出的，以及变更和安全日志文档中生成的潜在事故，是危害得以控制的主要证据源。

（4）安全需求规范

用于记录系统级，子系统级以及组件需要实现的功能安全需求以及系统应该体现出的安全特性的文档说明。

（5）安全证明文件

论述产品符合规定安全要求的证明文档。

（6）设计与测试规范

（7）审查报告

（8）测试与认同报告

（9）培训记录

（10）V&V文档

危害日志是安全文档主要的安全文档之一，包括：

- 细化危害及潜在事故信息；
- 维护安全记录列表以及按时间顺序记录了安全行为实体的活动；
- 提供对所有其他安全记录的可追踪性；
- 整理安全证据以支持安全证明文件的生成。

危害日志是一个逐步完善的行为，需要在以下情况进行更新：

- 识别出了一种有关的危害或者潜在事故；
- 有关的突发事件发生的时候；
- 出现了已有的危害，突发事件或者事故的进一步信息；

- 创建了新的或者重新发布了安全文档。

ISA审核方重点审核的文档列表　　表A-7

序号	文档名称
1	系统安全计划
2	系统安全需求规范：包括安全目标和系统的安全完善度等级
3	系统安全原则符合性评价：用来评价和确定与安全需求说明的符合性
4	系统危害分析
5	系统操作和支持危害分析
6	系统接口危害分析
7	系统安全危害记录
8	系统故障模式，影响及危害性分析：包括安全关键项清单
9	系统定量风险分析：包括故障树分析（按照子系统的安全完善度等级目标）和结果分析报告
10	系统安全论据：包括互认接受报告（在适用的情况下）
11	对安全审核报告做出响应
12	系统验证与确认计划：包括安全验证（例如：安全控制验证）和系统（安全功能）测试计划
13	系统验证与确认报告：包括安全验证（例如：安全控制验证结果），系统（安全功能）测试结果和对安全需求的确认
14	调试和质保期内的故障调查和活动报告

A.3.4　测试活动的安全评价与见证

关于验证、测试和确认，北京亦庄线项目组织符合亦庄线项目安全计划。验证人员和确认人员的独立等级符合SIL4系统开发的安全完整性等级要求。

- 设计小组：负责实施设计活动。
- 系统集成测试与确认小组：负责编写系统测试规程和测试案例，进行系统的集成测试与确认，根据测试的结果提交确认测试报告，对系统设计缺陷进行回归测试。
- 独立安全保障小组：安全保障小组负责从过程角度监督所有项目活动并通过技术专家的帮助解决设计员和验证小组成员间的技术分歧。该安全保障小组与设计和 V&V 小组完全独立。

亦庄线系统验证与确认的策略如下：

各子系统负责各子系统内部的验证与确认，在完成了各子系统内部的验证与确认并取得相应的确认报告后，将各子系统提交到交控测试平台进行系统集成与确认测试。

北京地铁亦庄线各级别的测试规程来源如下：

- 子系统各层级的测试用例：子系统各层级的测试用例是根据相关子系统需求和设计文件编写的，以用于对各子系统的功能等方面进行测试；
- 接口测试用例：各子系统之间的接口测试用例是根据接口设计文件编写的，主要是用于对各子系统之间的接口进行测试，以确保子系统之间的通信和功能正常；
- 系统测试用例：系统级的测试用例，也即为《北京地铁亦庄线信号工程—动车调试技术规格书—第 2 部分：测试大纲》，是根据系统需求及以往的经验，并与业主进行沟通评审后得出的。此测试是通过对系统进行测试，以确保 ATP/ATO 系统的功能正常运作。

北京地铁亦庄线产品级的测试是由北京交通大学及卡斯柯公司各自负责完成的。北京交通大学是在基于通用产品LCF-300型列车控制系统的基础上，根据亦庄线的具体应用需求，按北京交通大学的《变更控制程序》，并在公司的IBM Rational Change平台工具上定制专门的变更流程进行变更管理的。北京交通大学对所变更的内容进行评价，以确定进行单元测试、集成测试、子系统集成测试、子系统测试等的内容，并根据评价结果——变更测试影响分析报告对其予以测试。其主要流程及其内容如下。

1）单元测试阶段

单元测试阶段，使用了代码走查。测试侧重每个单元的接口、局部数据结构、路径和错误处理、边界值。这种基于黑盒和白盒的测试，直接或间接给出结果。

在软件单元测试阶段，北京交通大学对北京地铁亦庄线ATP/ATO子系统所包含的各个软件做了全面的测试，在第1轮测试中总共使用了4951个单元测试用例进行测试，发现了12个缺陷，所有发现的缺陷均予以修复。

2）集成测试阶段

集成测试侧重模块间的接口功能测试，这种测试基于白盒测试，直接或间接得到测试结果。

软件集成测试的主要目的是将软件中的各函数进行集成并测试，以验证其接口和集成后的功能，采用灰盒和黑盒测试技术进行测试。测试类型包括接口测试，功能测试。

硬件板级测试主要是针对硬件单板进行测试，以验证其需求是否实现，测试类型包括接口测试、功能测试、性能测试。

在软件集成测试阶段，北京交通大学对ATP/ATO系统软件开展了全面的软件集成测试，在首轮测试中总共使用1125个测试用例进行软件集成测试，发现了2个缺陷，所有发现的缺陷均予以修复。

3）子系统集成测试阶段

子系统集成测试将通过对应的内部接口集成验证子系统，主要是集成子系统内部的交互和功能测试，这种测试基于白盒测试，直接或间接给出测试结果。

子系统集成测试主要针对各软件、硬件之间的接口和各软件功能进行测试，采用测试部搭建的仿真测试环境进行测试。测试类型包括接口测试、功能测试。

4）子系统测试阶段

子系统测试将集成软硬件，主要测试子系统功能、性能测试等，这种测试基于黑盒测试方法，直接或间接给出测试结果。

子系统测试分为三个阶段进行，第一阶段外部接口测试、第二阶段功能测试、第三阶段环境适应性测试。

5）系统集成测试阶段

系统集成测试通过对应的集成验证每个子系统，主要是每个子系统集成后子系统间的交互和功能，这种测试是基于黑盒测试方法，直接或间接给出测试结果。系统集成测试主要针对各子系统之间的接口进行测试，以验证接口功能。

北京地铁亦庄线的系统集成测试开始后，按照如下流程开展测试工作。

（1）室内测试

- 室内集成测试分析：为确保各子系统之间的通信协议正常运作，在北京交通大学的测试平台上开展各子系统之间的集成测试，主要包括CI和LEU集成测试、CI和VOBC的集成测试以及CI和ZC之间的集成测试；
- 室内点对点测试：为确保各子系统之间的接口功能正常运作，在北京交通大学的试验室测试平台上对各子系统之间开展点对点的测试工作，主要为CI和LEU点对点测试、CI和VOBC点对点测试、CI和ZC之间点对点测试等，其中CI和LEU以及CI和ZC之间的点对点测试是针对每个设备集中站开展的。

（2）现场测试

- ZC/DSU单体调试：为设备集中站的ZC以及DSU进行单体调试，为现场一致性测试奠定基础；
- 车辆静态和动态调试：为确保车载设备及车载与车辆之间的接口功能正常运作，在开展现场单车动车测试之前，在车辆段车库内及试车线上分别对每列车进行车辆静态调试和动态调试；
- 现场一致性测试：为确保发送到现场的各子系统之间的接口功能正常运作，在完成室内的点对点测试后，有关的版本将发布到现场对其进行一致性测试，主要为CI和应答器系统一致性测试、CI和VOBC一致性测试、CI和ZC之间一致性测试等，这些测试是

针对每个设备集中站开展的;

- 无线系统测试：为确保无线系统的正常运作，以免影响列车的运行，使用列车对每个设备集中站的无线系统进行测试。

6）系统测试阶段

系统测试将测试整个系统，主要是每个子系统的功能、接口、性能测试，这种测试基于黑盒测试方法，直接或间接给出测试结果。系统测试主要运用黑盒测试方法对系统功能进行验证。

北京地铁亦庄线的系统集成测试开始后，按照如下流程开展测试工作。

（1）室内测试

- 室内确认测试：在北京交通大学的试验室测试平台上针对每个设备集中站进行室内确认测试。此室内确认测试主要为功能确认测试，主要依照测试大纲结合测试数据在室内针对每个设备集中站所涉及的功能进行系统功能的测试验证工作。

（2）现场测试

- 单车动车调试：在完成相关设备集中站联锁子系统的测试，且确保上述的室内及室外测试测试完成后进行现场单车动车调试。现场单车动车调试是根据《动车调试技术规格书—测试大纲》中针对单车动车调试部分的内容（1 ~ 5 章节）来完成的。在单车动车调试阶段，先在北京地铁亦庄线（包括同济南路和荣京东街两个设备集中站）样板段开展测试，然后逐步对其他具备条件的设备集中站延伸，直至完成整条线路的单车动车调试工作;
- 多车动车调试：多车动车调试是在单车动车调试的基础上开展的进一步测试，以验证多车追踪、安全防护及列车通过能力等，以确保实现 ATP/ATO 系统的功能。

（3）试运行

- 试运行是在完成多车动车调试后，为及时发现及解决信号系统投入运行初期可能存在的问题，提高信号系统的性能而进行的试运行工作。

A.4 安全评价结论及工作总结

经过不懈努力，LCF-300列车控制系统已经拿到评价机构的安全证书，为亦庄示范工程打下了坚实的基础，回顾整个过程，我们感受到从风险的角度评价和衡量一个系统或是产品的安全性、抓住产品研发的整个生命周期中的每一个阶段和步骤对于保证产品应用的安全性是至关重要的。未来需要结合我国国情，借鉴国外先进的安全设计和认证方法，探索出适合我们国家的一套安全评价体系。

A.5 案例附录

A.5.1 系统生命周期阶段的各方任务

系统生命周期阶段的各方任务 表A-8

	概念与可行性	需求定义	设计与实现	安装与移交	运用与维护	停用与报废
用户项目组织	➢ 开发ISA需要的文件 ➢ ISA进行筛选 ➢ 促使交付文档获得批准	➢ 维护需要的资料 ➢ 处理ISA的观测报告 ➢ 处理ISA的评价/审核报告 ➢ 与安全授权机构联络	➢ 维护需要的资料 ➢ 处理ISA的观测报告 ➢ 处理ISA的报告 ➢ 与安全主管部门联络	➢ 提交维护资料 ➢ 处理ISA的观测报告 ➢ 处理ISA的评价/审核报告 ➢ 与安全主管部门联络 ➢进行试验	➢ 关闭所有的ISA观测项 ➢ 获得安全授权机构的批准	➢ 按照认可的安全例证要求进行报废
ISA组织	➢ 说明资格 ➢ 对交付文件提出独立和具有商业信用的反馈意见	➢ 监督资格 ➢ 与NoBo进行独立的和有商业信用的联系	➢ 监督资格 ➢ 与NoBo进行独立的和有商业信用的联系	➢ 监督资格 ➢ 与NoBo进行独立的和有商业信用的联系	➢ 监督移交的完成	
ISA团队 ISA工程师	➢ 技术评价计划 ➢ 合格评价员清单 ➢ 任务与进度表	➢ 使用基于风险的分析方法 ➢ 提交观测报告 ➢ 执行评价/审核活动	➢ 使用基于风险的分析方法 ➢ 提交观测报告 ➢ 执行评价/审核活动 ➢ 与安全授权机构联络	➢ 使用基于风险的分析方法 ➢ 提交观测报告 ➢ 执行评价/审核活动 ➢ 与安全主管部门联络 ➢ 进行试验	➢ 编写ISA的最终评价报告 ➢ 建议完成安全授权和移交	
安全授权机构	➢ 制定认可ISA资格的管理办法 ➢ 批准ISA组织 ➢ 修改/批准ISA提交的文件	➢ 评审ISA提交的文件 ➢ 管理项目的IPR ➢ 监督项目组织与ISA组织	➢ 评审ISA提交的文件 ➢ 管理项目的IPR ➢ 监督项目组织与ISA组织	➢ 评审ISA提交的文件 ➢ 管理项目的IPR ➢ 监督项目组织与ISA组织 ➢ 监督试验	➢ 评审工程项目的安全例证和ISA的评价报告 ➢ 签署或认可项目的变更	

本附录提供系统生命周期中独立安全评价（ISA）活动概况的列表（表A.1-1），并在该表后补充说明并提供范例。下文简要描述了在生命周期各个阶段各方需要执行的任务，用于说明在全生命周期内ISA任务的变化以及如何保持ISA的独立。

生命周期以及相关的任务遵循黄皮书，ISA需要在不同的阶段执行本文给出的活动，或更多的活动。本文描述的这些活动不包括ISA基于风险管理方式必须考虑的附加任务。

（1）概念与可行性研究阶段

项目单位必须编写应提交的资料并选择ISA组织。ISA组织、项目单位以及安全主管部门在本阶段应密切协作设定好目标，规定应提交的用于评价的证据，合适的评价/审核流程，怎样让所有组织/部门能够协调一致，确保有效验收。

ISA将参与下面起始阶段的工作：

- 评价初步安全计划；
- 评价初步危害识别，包括关注各种危害及可操作性研究（HAZOPS）；
- 评价危害日志的管理流程，评价危害日志的创建，审核后续过程（贯穿整个生命周期）；
- 评价所有的相关项目和开发的计划，包括验收过程，特别是为满足安全性能的目标（如果目标还没有确定，可延至后面的阶段）计划使用的适当技术和方法；
- 评价分析使用方法的结论以及设计的可行性，以确保安全风险被接受。

如果项目单位在本阶段就关注系统的应用，并且基于对工程后期采用的安全措施的分析，则ISA应按照ALARP原则对这些安全措施进行评价。

除非是明显不符合标准或者违反惯例，ISA不得对项目单位提出如何开发的建议。

在ISA评审或见证HAZOP研究时，认为关键问题未被注意或者危害被忽略，需要提醒对方，其言行不得损害独立性。评价员必须保证不参与领导、管理或者指导HAZOP工作。

（2）需求定义阶段

ISA在需求定义阶段的工作通常包括：

- 评价危害的识别（必须再次观察HAZOP的研究）、危害的分析、风险评价和作为结果的安全需求；
- 领导独立的需求（包括接口需求）评审以确保需求的完备性（对该项任务来说检查表是非常有效的）。这也包括项目需求管理计划以及任何需求管理工具使用的审核；
- 评价全部安全计划；

- 评价确认与验收计划，特别是所有安全需求都要有验收标准。

与上一阶段一样，ISA必须确保他们没有对安全计划的编制施加任何影响，除非明显不符合标准。

（3）设计阶段

ISA在设计阶段的工作通常包括：

- 评价安全需求在设计阶段的分配；
- 评价任何正在进行的危害分析（例如：系统危害分析（SHA））与风险评价，特别需要检查 ALARP 方法；
- 评价设计；
- 审核任何设计及计划的相关验证过程。

在本阶段需要决定关键的设计，要由项目单位自行做出决定，而不是ISA。因此，在本阶段的初期，ISA需要与项目单位的工作保持一定的距离，以避免ISA不适当地影响项目的设计。在初步方案确定之后和在设计评审阶段，ISA可以与项目单位更紧密协作，确保设计提供足够的证据来说明安全风险可以接受。

ISA必须确保在正确的配置管理下保留全部安全证据。这意味着必须保存配置管理中所有对安全论据起作用的文档和证据。任何条款版本的变更（版本升级），ISA应确保项目单位能够全面理解文档或证据修改的含义。因此，ISA应要求项目单位决定这些变化与已有安全论据一致或正在有步骤地更新安全论据以确保论据的连贯性和一致性。

ISA应要求配置管理覆盖所有的项目文档——计划、报告、安全例证、证据以及相关的文件，如各种规定、规章和区域危害日志。安全论据应与自身及其应用和维护的铁路运营政策一致，并应与安全性能目标相称。

由于最初ISA对项目并不熟悉，项目单位必须了解ISA的最初的观察意见。在初始阶段，如果项目单位质疑或者拒绝ISA的观察结果，应提供为何观察结果不正确的确切及合理的解释。这是对项目单位的要求，并会提供ISA独立性的重要证据。

（4）实施阶段

在实施阶段ISA的主要工作：

- 实施评价，例如硬件制造、软件代码、单元测试和验证，以确保与设计一致，并对实施过程进行审核；
- 审核配置管理过程（在生命周期的早期就可以进行审核）；
- 评价正在进行的危害分析（例如失效模式与后果分析（FMEA））以及风险评价，特别是 ALARP 的执行情况；
- 评价项目单位用的安全相关工具；
- 审核确认测试（如果出厂验收测试（FAT）），特别是安全需求，包括测试的见证（可能是基于采样）；
- 评价作为安全例证中证据的安全论据，包括该论据与安全需求的一致性。

审核采样方式的选择要具有代表性或是项目的相互交叉部分。ISA事先通知审核采样方式时，应警惕其对项目单位的影响。

在本阶段，ISA主要检查实施与设计的符合性，因此更多是担任验证审核的角色。但是，项目单位不应要求ISA 只认可实施与设计的匹配。在本阶段，由于评定活动的本性及其合理性， ISA与项目单位需要更为紧密合作，并减少 ISA不适当地影响设计决定的风险。

（5）安装与移交阶段

ISA在这个阶段的主要工作包括：

- 一般通过视察（采样）、安全程序审核、安装记录检查等手段，评价系统安装的正确性；
- 审核验收测试（例如现场验收测试（SAT））和评定测试人员是否具有合适的独立性和资格；
- 评价有足够的后续安排；
- 评价已交付的相关文档，以及接收单位是否具备适当资格并经过充分培训。

从上一阶段开始，ISA就应关注项目单位的保证与监督活动，采样有关的假设与相关性。

对于分阶段的工作和试运行，ISA应保证每一阶段的安全措施明确、适用、安全并有时间限制。

移交时，ISA需要保证所有的假设都是合适的，所有的相关性都是令人放心的，并且所有安全警告都已向负责验收的当事人提供并被当事人完全接受。在该阶段，项目单位与ISA应密切合作。

（6）运行与维护、停用与报废阶段

应在先前阶段就考虑这个阶段的工作。在评价的过程中，ISA要保证对转变为运行与维护、停用与报废阶段有充分的措施。

ISA的有关活动包括：

- 评价减少特定危害的运行与维护程序；
- 保证有合适的数据记录与纠正措施体系（DRACAS）或类似的体系；
- 保证有适当的控制系统变更的程序，并且对其安全进行了充分的考虑（包括适当的恢复测试（regression testing））；
- 评价培训计划和资格要求。

附录 A.5.2 ISA 交付项目检查表

在ISA应用说明中重点是作为基础文件的ISA交付项目，以确保ISA理解其责任，换句话讲，就是清楚客户对ISA的要求。因此下面的表格作为一个形式化的检查表或备忘录，用于ISA编写交付项目。检查表不是非常详尽的，只是通过检查表给出在交付项目中应当包括或者应当描述的要点。

检查表 表A-9

<table>
<tr><td colspan="2">介　绍</td></tr>
<tr><td colspan="2">项目描述</td></tr>
<tr><td rowspan="5">项目内容</td><td>程序组成</td></tr>
<tr><td>项目组成、ISA的主合同</td></tr>
<tr><td>批准主体和批准过程</td></tr>
<tr><td>技术范围</td></tr>
<tr><td>被采纳的允许风险标准</td></tr>
<tr><td rowspan="2">ISA 内容</td><td>ISA组成，有多个ISA单位时，明确牵头的ISA单位</td></tr>
<tr><td>已有的工作，写出已有的ISA业绩，例如国外的独立安全评价/验收或者原先的评价报告</td></tr>
<tr><td colspan="2">ISA要求</td></tr>
<tr><td colspan="2">ISA的技术范围，写明与其他ISA单位的接口</td></tr>
<tr><td colspan="2">独立性（有时需要外部任命）</td></tr>
<tr><td rowspan="11">能力
（有时需要
项目举例）</td><td>基础设施</td></tr>
<tr><td>机车车辆</td></tr>
<tr><td>运行</td></tr>
<tr><td>信号及控制</td></tr>
<tr><td>通讯</td></tr>
<tr><td>供电</td></tr>
<tr><td>维修</td></tr>
<tr><td>电磁兼容性（EMC）</td></tr>
<tr><td>人为因素</td></tr>
<tr><td>安全文化</td></tr>
<tr><td>行业知识（例如那些铁路系统改造工程正在应用）</td></tr>
<tr><td colspan="2">应用标准</td></tr>
<tr><td colspan="2">需要的支持水平</td></tr>
<tr><td colspan="2">ISA工作计划</td></tr>
<tr><td colspan="2">活动要点</td></tr>
<tr><td colspan="2">交付项目</td></tr>
<tr><td colspan="2">进度、程序的内部关联性及里程碑</td></tr>
</table>

附录 A.5.3 相互认可

（1）定义

相互认可是通用术语，特别用于已通过认证的设备之间。很多的认证是基于先前使用过的设备或是经过其他铁路授权机构认可的设备。

依据欧洲互联互通指令，通过相互认可的项目如果是符合生效的欧盟一致性声明的互联互通组成部分，不得再进行任何进一步的安全测试。当然，这并不排除用户针对自己的商业要求进行评价。

（2）背景

相互认可向评价员提出了挑战：

- 对铁路工业来说相互认可是个相对较新事物，在铁路授权机构使用中，“过程”仍不够成熟；
- 缺少处理相互认可的共同方法，尽管某些铁路授权机构发布了指导意见（如，路网公司基础控制设施用产品相互认可指南，由路网公司于 2000 年 /6 月 /15 日发布），其他的团体也发表过一些有用的参考文件；
- 依靠需要相互认可的系统年限，支撑认可的安全信息有效性的水平、深度和质量，都有很大变化。
- 各个国家及铁路权威机构安全审批 / 安全认可的方法互不相同（例如定性分析 / 定量分析的参数等），认可允许风险的方法也不同，例如最小内在死亡率（Minimum Endogenous Mortality），合理可行的最低（ALARP），风险不低于既有系统（Globalement Au Moins Aussi Bon，GAMAB）。

上述这些意味着，评价员应根据设备所使用的认可方法及以前审批的方法确定评价方法。

只有在欧洲广泛使用EN50129标准，安全例证具有标准形式的时候，相互认可才会成为更加标准化的过程。值得注意的是EN50129遗漏了“祖父（再上一代的）权利”，任何涉及相互认可的变更必须通过基础例证考虑其安全例证。

附录 A.5.4 相互认可的各个阶段

当相互认可用于审批时，评价员应考虑以下步骤（基于前面提到的相互认可指导意见）：

- ISA 应针对目标应用环境的操作和应用，评审适用本国环境的系统定义。
- ISA 应评审该产品本国环境的产品认可，包括其范围和验证实体的资格。ISA应检查是否所有的假设、相关性、警告都已清晰标出。
- ISA 应评审产品认可的过程，主要是产品在本国应用的内容，以确保铁路的权威机构应用到的目标环境的正常接受认证流程是等价和一致的。

- 为确认该产品是否已达到本国应用指定的性能，ISA 需要评审产品以往的表现，特别是可靠性，数据报告及纠正措施体系（DRA-CAS）或等价信息。

ISA需要检查项目是否已经尽可能地描述和定义了如何将该产品应用到目标环境，并且清晰标出本国应用与目标应用的差别。例如，差别可能包括宏观地考虑国家之间在运营或维护方面的差别。特别是，ISA应评审识别这些差别（例如，危害识别应注意安全需求的差别及来源，风险评价，危害日志的编写及维护）实施的安全活动。ISA需要特别关注是否需要介绍将设备应用到新场合所做的变更，以及这些变更对风险的影响。如果是非常重大的变更，ISA应考虑这是否会损害相互认可的证据。

ISA应评审针对目标应用的，作为结果的安全需求定义。ISA应评审产品符合相关标准的证据，并检查是否任何背离都被清晰标出。ISA应评审项目出示的新应用的安全证据是否有力并令人令满意，以及是否符合相关的安全需求和准则。

附录 A.5.5　ISA 方法举例

本附录简要叙述一些基本的ISA评审与审核文档的方法，并不意味着提供明确定义和详尽的指导。

（1）采样。采样的目的是为了ISA能够在特定范围获得适当水平的置信度，当评价所有相关的证据是不现实的，或者事实上取样是有效地使用ISA资源。对于已很好定义的工程流程，会产生大量的证据和文档，如故障模式及后果分析（FMEA），或者是软件模型设计，这些场合往往需要采用采样的方法。例如对于FMEA，ISA可以采样那些特殊子系统是怎样分析的，或者采样特殊的失效模式，看其在整个系统中是如何评价的。任何采样的目标和基本原理应被很好地定义并形成文档。如果采样查出重要问题，则需要进一步评价。

（2）垂直剖面分析。此分析的目的是为了在整个系统的生命周期内追踪某个危害的风险降低措施。ISA评价从某个特定的风险引申的安全需求开始、再引申到设计需求、规范、实施，然后是支持验证和确认的证据。因而，评价员需要构思某个特定危害的安全论据在整个生命周期内开发的总体形象。垂直剖面分析给出与大部分的评价活动主要集中在特定的生命周期阶段不同的视角。在评价特别关注的某个危害或评价项目系统工程某个过程的总体效力时，ISA可以采用此评价方法。

（3）会谈。会谈的目的是为了能够查明问题，例如项目的安全文化、能力或工程方面的安全考虑。会谈的输出必须能够指导评价员的评价或特定范围的审核，以便能够收集客观的证据，证实或证伪在会谈中表达的观点。移交项目、目标和会谈的输出需要事先取得一致。

例如，ISA关注项目的安全文化，可以实施一系列的结构化的会谈来收集证实或消除这种关心的证据。

（4）多样性分析。多样性分析的目的是通过进行不同于项目单位的分析，提高安全例证某些关键方面的置信度。也就是说，不能完全重复项目单位的分析，而是要进行能够提高置信度的评审分析。

例如，ISA团队对需要特别关注的地方进行独立的危害及可操作性研究（HAZOPS），并且与项目单位的结果进行比较。与评价员只是评审项目的HAZOPS报告相比，所给出的关键危害识别进程有更高的置信度，这一点已得到很好的证明。

参考文献

[1] 王江. 地铁运营评估 [M]. 北京：中国铁道出版社，2008.

[2] 柴建设等. 安全评价方法、技术、实例 [M]. 北京：化学工业出版社，2008.

[3] 刘铁民等 . 地下工程安全评价 [M] . 北京：科学出版社，2005.

[4] 城市轨道交通安全控制技术规范 GB 50839-2013[S]. 北京：中国建筑工业出版，2012.

[5] European Railway Safety Directive 2004/49/EC.

[6] Statutory instrument.HEALTH AND SAFETY:The Railways and Other Guided Transport Systems (Safety) Regulations 2006，(ROGS). The Stationery Office Limitedunder the authority and superintendence of Carol Tullo，Controller of Her Majesty's Stationery Office and Queen's Printer of Acts of Parliament.

[7] Railway applications —The specification anddemonstration of Reliability，Availability，Maintainability and Safety (RAMS).

[8] 秦国栋，苗彦英 . 关于建立中国城市轨道交通安全保障体系的研究纲要 [J] . 世界轨道交通，2001 (11).

[9] 郜春海，燕飞，唐涛. 轨道交通信号系统安全评价方法研究 [J]. 中国安全科学学报，2005，15 (10).

[10] 张庆贺 . 地铁与轻轨 [M] . 北京：人民交通出版社，2006.

[11] 张素燕，秦国栋. 构建城市轨道交通安全保障体系的思考 [J]. 北京规划建设，2007 (3).

[12] 甄亮 . 事故调查分析与应急救援 [M] . 北京：国防工业出版社，2007.

[13] 陈国华 . 安全管理信息系统 [M] . 北京：国防工业出版社，2007.

[14] 陈宝智 . 系统安全评价与预测 [M] . 北京：冶金工业出版社，2005.

[15] 国家安全生产管理局 . 安全评价 (第 3 版) [M] . 北京：煤炭工业出版社，2005.

[16] 张素燕，秦国栋，苗彦英. 从安全评价的角度看建立城市轨道交通独立事故调查报告制度的必要性 [J]. 城市轨道交通研究，2010 (12).

[17] 刘铁民，张兴凯，刘功智. 安全评价方法应用指南 [M]. 北京：化学工业出版社，2005.

[18] 英国铁路安全及标准局 . 工程安全管理指南 (黄皮书) 第一、二册 (第 4 版) . 2007.

[19] 电子 / 电气 / 可编程电子安全相关系统的功能性安全 IEC 61508. 1997.

[20] 城市轨道交通技术规范 GB 50490-2009 [S]. 北京：中国建筑工业出版，2009.

[21] 上海市轨道交通试运营基本条件沪交客 (2007) 532 号 [Z] .

[22] 安全评价通则 AQ 8001-2007 [S]. 北京：煤炭工业出版社，2007.

[23] 安全预评价导则 AQ 8002-2007 [S]. 北京：煤炭工业出版社，2007.

[24] 安全验收评价导则 AQ 8003-2007 [S]. 北京：煤炭工业出版社，2007.

[25] 城市轨道交通安全预评价细则 AQ 8004-2007 [S]. 北京：煤炭工业出版社，2007.

[26] 城市轨道交通安全验收评价细则 AQ 8005-2007 [S]. 北京：煤炭工业出版社，2007.

[27] 燕飞，唐涛. 轨道交通信号系统安全技术的发展和国外的研究现状 [J]. 中国安全科学学报，2005，15（6）：94-99.

[28] CENELEC. Railway Applications : Safety Related Electronic Systems for Signalling EN 50129-1999 [S] .2003.

[29] CENELEC. Railway Applications : The Specification and Demonstration of Reliability , Availability, Maintainability and Safety (RAMS) EN 50126-1999 [S] . 1999.

[30] Verordnung über den Bau und Betrieb der Straßenbahnen (BOStrab).

[31] 秦进 . 运输安全管理 [M] . 长沙：中南大学出版社，2009.

[32] 黄典剑 . 突发事件应急能力评价 [M] . 北京：冶金工业出版社，2006.

[33] http://www.hbsafety.cn/article.

[34] 刘汉辉 . 民用航空安全之道 [M] . 北京：中国民航出版社，2008.